L'AMÉRIQUE
QUE NOUS VOULONS

Du même auteur

L'Amérique dérape, Flammarion, 2004
Économie internationale, De Boeck, 2003
Pourquoi les crises reviennent toujours, Seuil, 2000
L'Âge des rendements décroissants, Economica, 2000
L'Économie auto-organisatrice, De Boeck, 1998
La mondialisation n'est pas coupable. Vertus et limites du libre-échange, La Découverte, 1998

Paul Krugman

L'AMÉRIQUE QUE NOUS VOULONS

Traduit de l'anglais (États-Unis) par Paul Chemla

Ouvrage traduit avec le concours du Centre national du livre

Flammarion

L'ouvrage original a paru sous le titre
The Conscience of a Liberal
aux éditions W.W. Norton & Company, Inc., New York, 2007

ISBN : 978-2-0812-1443-9

À mes parents

Les notes de l'auteur sont numérotées.
Celles du traducteur, destinées à éclairer le lecteur français sur des points d'histoire, de politique et d'économie américaines, sont signalées par des astérisques.

1

NOS PLUS BELLES ANNÉES*

Je suis né en 1953. Comme à tous ceux de ma génération, l'Amérique où j'ai grandi me paraissait aller de soi – comme beaucoup, d'ailleurs, je dénonçais les injustices bien réelles de notre société, manifestais contre les bombardements au Cambodge, faisais du porte-à-porte pour des candidats libéraux**. Ce n'est qu'avec le recul que l'environnement économique et politique de ma jeunesse a pris l'allure d'un paradis perdu, d'un épisode exceptionnel dans l'histoire de notre pays.

L'Amérique d'après guerre était d'abord une société de classe moyenne. La grande ascension des salaires inaugurée par la Seconde Guerre mondiale avait fait passer des dizaines de millions d'Américains – dont mes parents – des taudis urbains ou de la pauvreté rurale à une vie de propriétaire et de confort sans précédent. Les riches, eux, avaient régressé : il y en avait fort peu et, par rapport à cette classe moyenne

* L'auteur reprend le titre d'un film de Sydney Pollack de 1973, avec Barbra Streisand et Robert Redford (titre original : *The Way We Were*).

** Il s'agit ici des *liberals*, les « libéraux » au sens américain, c'est-à-dire les élus et personnalités politiques les plus à gauche, les plus favorables à l'État-providence, aux dépenses sociales, à l'action réglementaire de l'État. Bref, le contraire des « libéraux » au sens européen, qui sont de droite et se définissent par leur hostilité à tout cela. Cette opposition sémantique s'explique essentiellement par l'apparition à la fin du XIXe siècle d'un puissant courant socialiste en Europe mais pas aux États-Unis. La gauche européenne est devenue socialiste et non plus « libérale », et la droite prospère, ils n'étaient pas si riches que cela. Quant aux pauvres, s'ils étaient plus nombreux que les riches, ils constituaient malgré tout une minorité assez réduite. Il y avait donc un sentiment très fort de communauté, d'égalité économique : la plupart des Américains vivaient dans des conditions matérielles assez homogènes et tout à fait décentes.

À la mer égale de notre économie répondait un climat politique tempéré. Durant l'essentiel sinon l'ensemble de ma jeunesse, un large consensus unissait démocrates et républicains sur la politique étrangère et bien des aspects de la politique intérieure. Les républicains n'essayaient plus de démanteler les acquis du New Deal : un certain nombre ont même soutenu Medicare*. Et « bipartisan » n'était pas un vain mot. Malgré les poussées de fièvre sur le Vietnam et sur les relations interraciales, malgré les sinistres machinations de Nixon et de ses sbires, le processus politique américain restait régi, pour l'essentiel, par une coalition bipartisane dont les membres étaient d'accord sur les valeurs fondamentales.

Tous ceux qui avaient quelques notions d'histoire savaient que les États-Unis n'avaient pas toujours eu ce profil. Nous avions été autrefois un pays marqué par une inégalité économique énorme et déchiré par des luttes politiques acharnées. Après la guerre, cependant, ce passé américain d'extrême inégalité et de terribles affrontements partisans apparaissait comme une étape transitoire, immature, dans le rude parcours d'une nation aux premières phases de l'industrialisation.

---

conservatrice a fini par récupérer indûment ce terme pour s'autodésigner. Aux États-Unis, en revanche, le mot *liberal* a continué à désigner l'homme de gauche, et a même revêtu le sens social plus affirmé de « partisan de l'État-providence », en l'absence d'un courant socialiste pour porter ce type de revendication. Dans ce livre, « libéral » est à prendre exclusivement dans ce sens américain, et jamais au sens européen. Pour éviter toute confusion, il a été traduit dans les cas les plus délicats par « progressiste » (par exemple, « politique économique progressiste » pour désigner celle des *liberals*).

* Système universel d'assurance maladie pour les personnes âgées créé par l'administration Johnson en 1966.

Désormais, une société relativement égalitaire, avec une classe moyenne forte, et une vie politique apaisée constituaient, pensions-nous, l'état normal d'un pays parvenu à maturité.

Or, dans les années 1980, il est peu à peu apparu que la mutation progressive des États-Unis en pays de classe moyenne politiquement modéré ne constituait pas la fin de l'histoire. Les économistes se sont mis à enregistrer une forte hausse de l'inégalité : un petit nombre d'individus prenaient une avance considérable, tandis que la situation économique de la plupart des Américains s'améliorait fort peu ou pas du tout. Les politologues ont noté un mouvement de polarisation de la vie publique : les hommes et femmes politiques gravitaient vers les extrémités de l'éventail droite-gauche ; de plus en plus, « démocrate » et « républicain » devenaient respectivement synonymes de « libéral » et « conservateur ». Ces évolutions sont toujours à l'œuvre : aujourd'hui, l'inégalité des revenus est aussi forte que dans les années 1920 [1] et la polarisation politique plus tranchée qu'à toute autre époque.

Cette polarisation n'est pas l'effet d'un durcissement extrémiste des deux partis. Il serait bien difficile de soutenir que les démocrates ont évolué vers la gauche : sur les questions économiques, de l'aide sociale aux impôts, non seulement Bill Clinton a gouverné plus à droite que Jimmy Carter, mais même plus à droite que Richard Nixon. En revanche, il est évident que les républicains ont évolué vers la droite : il suffit pour s'en convaincre de comparer le conservatisme intransigeant d'un George W. Bush à la modération d'un Gerald Ford. En fait, certaines politiques de Bush – sa tentative visant à supprimer les droits de succession, par exemple – ramènent l'Amérique non pas à ce qu'elle était avant le New Deal, mais avant l'Ère progressiste*.

---

1. Ce que nous savons des tendances longues de l'inégalité vient en grande partie du travail pionnier de Thomas Piketty et d'Emmanuel Saez, « Income Inequality in the United States, 1913-1998 », *Quarterly Journal of Economics*, vol. 118, n° 1, février 2003, p. 1-39.

* L'Ère progressiste recouvre, en gros, la période 1900-1918, marquée par des tentatives de réforme économique et sociale – par exemple, la législation antitrust.

Regardons l'histoire sur la longue durée : tant le début que la fin de l'ère du consensus bipartisan (les années 1950, 1960 et 1970) ont été dus à des changements fondamentaux du parti républicain. Cette époque a commencé au moment où les républicains qui avaient farouchement combattu le New Deal ont pris leur retraite ou jeté l'éponge : après la victoire surprise de Harry Truman en 1948, la direction du Grand Old Party* a admis que le New Deal ne disparaîtrait pas, et, pour son propre salut politique, elle n'a plus cherché à ramener le pays aux années 1920. La période du consensus bipartisan a cédé la place à une nouvelle ère de lutte partisane acharnée lorsque le parti républicain a été conquis par une nouvelle force radicale sur la scène politique américaine, le « conservatisme de mouvement** », qui va jouer un grand rôle dans ce livre. Cet esprit partisan a atteint son apogée après l'élection présidentielle de 2004, quand un George W. Bush triomphant a tenté de démanteler la Caisse de retraite publique***, le « joyau de la couronne » des institutions du New Deal.

L'histoire américaine moderne a donc parcouru deux grands arcs : un arc économique qui part d'une forte inégalité, monte jusqu'à une égalité relative, puis retombe dans l'inégalité, et un arc politique qui part d'une extrême polarisation,

* Grand Old Party (GOP – à l'origine Gallant Old Party), le « noble et ancien parti », est le surnom traditionnel du parti républicain, bien qu'il soit en fait moins « ancien » que le parti démocrate.

** Conservatisme de mouvement (*movement conservatism*) est une expression apparemment paradoxale, puisque, dans le vocabulaire politique classique, le conservatisme (parti de la résistance au changement) et le parti du mouvement (progressiste) sont antagoniques. Mais les « contestataires de droite » qui se sont ainsi autodésignés voulaient signifier, justement, leur volonté de changement, de bouleversement politique et social – par un grand « virage à droite ». Paul Krugman reprend l'expression parce qu'elle confirme ce qu'il ne cesse de souligner : George W. Bush et ses partisans ne sont pas des « conservateurs » mais des démolisseurs, pas des modérés mais des extrémistes « révolutionnaires » (voir le début du chapitre 13).

*** Il s'agit de la Social Security, dont le nom complet est Old Age, Survivors and Disability Insurance (OASDI). Sa mission essentielle est de monte jusqu'à un consensus bipartisan, puis retombe dans la bipolarisation. Ces deux arcs sont parallèles : l'âge d'or de l'égalité économique correspond, en gros, à l'âge d'or du consensus bipartisan. Comme disent les politologues Nolan McCarty, Keith Poole et Howard Rosenthal, l'histoire suggère une sorte de « danse » entre l'inégalité économique et la polarisation politique : elles se déplacent ensemble[1]. Ces chercheurs ont recouru à une technique statistique raffinée pour suivre l'évolution des positions politiques des élus du Congrès. Leurs chiffres révèlent un mouvement des républicains vers la gauche, les rapprochant des démocrates, quand l'inégalité des revenus se réduisait, ce qui a créé le consensus bipartisan des années 1950 et 1960 ; puis un déplacement des républicains vers la droite, instaurant la politique partisane conflictuelle d'aujourd'hui, quand l'inégalité des revenus s'est mise à augmenter. Mais pourquoi les danseurs évoluent-ils ensemble ?

L'une des explications possibles, c'est que l'inégalité conduit le bal – ou, pour changer de métaphore, que la flèche de la causalité va de l'économie à la politique. Si l'on adopte ce point de vue, l'histoire des trente dernières années pourrait se résumer ainsi : des forces impersonnelles, comme l'innovation technologique et la mondialisation, ont rendu la répartition des revenus aux États-Unis de plus en plus inégalitaire, et une minorité plus compétente s'est détachée du reste de la population ; le parti républicain a choisi de défendre les intérêts de cette élite montante, peut-être parce qu'elle compensait sa faiblesse numérique par sa capacité et sa volonté de contribuer

---

verser des pensions de retraite et de réversion (elle s'occupe aussi des allocations pour les handicapés). Le terme sera ici laissé en anglais ou traduit par « Caisse de retraite publique » et non « Sécurité sociale », car le système américain de « sécurité sociale » (au sens du Social Security Act) ne se limite pas à l'OASDI (il comprend aussi Medicare, Medicaid, l'assurance chômage et plusieurs autres programmes).

1. Nolan McCarty, Keith Poole et Howard Rosenthal, *Polarized America : The Dance of Ideology and Unequal Riches*, MIT Press, 2006.

largement au financement des campagnes électorales ; les chemins des deux partis ont donc divergé, car les républicains sont devenus le parti des gagnants, de ceux qui profitent de l'augmentation de l'inégalité, tandis que les démocrates représentent les laissés-pour-compte.

Tel est, plus ou moins, le scénario auquel je croyais lorsque j'ai commencé à travailler à ce livre. Il a manifestement du vrai. Si l'on regarde de près, par exemple, la campagne pour l'abrogation des droits de succession, on constate qu'elle a été largement financée par une poignée de familles qui ont de gigantesques héritages à protéger. Il y a quarante ans, ces héritages fabuleux étaient rares, et les super-riches des États-Unis n'étaient pas assez riches pour financer ce genre de campagne. Voilà donc un cas où la hausse de l'inégalité a effectivement contribué à entraîner les républicains vers la droite.

Néanmoins, je suis de plus en plus persuadé que le rapport de cause à effet opère en grande partie dans l'autre sens – que le changement politique, la polarisation croissante, a été un facteur majeur de la montée de l'inégalité. C'est pourquoi je propose un autre récit des trente dernières années, qui serait le suivant : au cours des années 1970, des éléments révolutionnaires d'extrême droite décidés à revenir sur les acquis du New Deal se sont emparés du parti républicain, faisant ainsi diverger sa route de celle des démocrates, qui sont alors devenus les vrais « conservateurs », les défenseurs des anciennes institutions établies de l'égalité ; ce nouveau pouvoir de la droite dure a donné aux employeurs le courage de lancer contre le mouvement syndical une offensive générale qui a considérablement réduit la capacité des ouvriers et employés à peser dans les négociations ; il a libéré les dirigeants d'entreprise des contraintes politiques et sociales qui mettaient jusque-là des bornes aux hausses fantastiques de leurs propres salaires ; il a énormément réduit les taux d'imposition sur les hauts revenus ; et il a aussi stimulé la montée de l'inégalité par divers autres moyens.

La nouvelle économie de l'inégalité

L'environnement politique peut-il réellement avoir un impact aussi décisif ? Peut-il déterminer l'inégalité économique ? L'idée sent l'hérésie, mais un corpus toujours plus épais de travaux de recherche en économie suggère que oui. Je soulignerai l'importance de quatre pièces à conviction.

La première : lorsque les économistes, étonnés de voir l'inégalité monter, se sont mis à réexaminer les origines de l'Amérique-classe moyenne, ils ont découvert à leur grande surprise que le passage de l'inégalité de l'Âge doré* à la relative égalité de l'après-guerre n'avait rien eu de graduel, n'était pas une « évolution ». La société de classe moyenne d'après 1945 aux États-Unis avait été *créée*, en quelques années seulement, par les mesures de l'administration Roosevelt – et notamment par le contrôle des salaires durant la guerre. Claudia Goldin et Robert Margo, les historiens de l'économie qui ont étudié les premiers ce phénomène surprenant, l'ont baptisé la « Grande Compression [1] ». De plus, on aurait pu s'attendre à voir l'inégalité retrouver prestement son niveau antérieur après la levée des contrôles imposés par la guerre. Mais le fait est que la répartition des revenus relativement égalitaire instaurée par Franklin Roosevelt s'est perpétuée pendant plus de trente ans. Tout cela suggère fortement qu'en la matière les institutions, les normes et l'environnement politique ont beaucoup plus d'impact – et les forces impersonnelles du marché moins d'influence – que ne le prétendent les cours d'économie.

Deuxième preuve : il ressort de la chronologie des changements politiques et économiques que l'élément moteur a été

* L'Âge doré (*Gilded Age*) est la période de reconstruction et de développement économique très inégalitaire qui va de la fin de la guerre de Sécession à 1900.

1. Claudia Goldin et Robert Margo, « The Great Compression : The Wage Structure in the United States at Mid-Century », *Quarterly Journal of Economics*, vol. 107, n° 1, 1992, p. 1-34.

la politique et non l'économie. Il n'y a pas eu de hausse majeure de l'inégalité aux États-Unis avant les années 1980 – en 1983 ou 1984, on pouvait légitimement se demander si les chiffres constituaient une rupture claire de la tendance longue : cela faisait encore débat. Mais la mainmise de l'aile droite sur le parti républicain a eu lieu au milieu des années 1970, et les institutions du conservatisme de mouvement qui ont permis cette prise de pouvoir sont apparues pour la plupart au début des années 1970. La chronologie établit donc que le changement politique polarisant s'est produit le premier et que la montée de l'inégalité économique a suivi.

Troisième preuve : si la plupart des économistes ont longtemps cru que la cause principale de la hausse de l'inégalité aux États-Unis était l'innovation technologique – censée stimuler la demande de personnels très instruits et réduire celle de main-d'œuvre peu qualifiée –, cette orthodoxie a progressivement périclité quand les chercheurs ont regardé les chiffres de plus près. Voici l'observation la plus frappante peut-être : même les revenus des Américains très instruits n'ont pas, dans la plupart des cas, beaucoup progressé. Les grands gagnants ont été les membres d'une élite extrêmement réduite : 1 % de la population – le plus fortuné –, voire moins encore. D'où un sentiment croissant chez les chercheurs : la technologie n'est pas l'explication principale. Beaucoup ont alors supposé que l'érosion des normes sociales et des institutions qui, traditionnellement, favorisaient l'égalité – érosion provoquée, en dernière analyse, par le virage à droite de la politique américaine – avait joué un rôle crucial[1].

La dernière preuve, ce sont les comparaisons internationales, qui permettent une sorte d'expérimentation scientifique

1. Voir, en particulier, Ian Dew-Becker et Robert Gordon, « Where Did the Productivity Growth Go ? Inflation Dynamics and the Distribution of Income », *Brookings Papers on Economic Activities*, n° 2, 2005, p. 67-127, et Frank Levy et Peter Temin, « Inequality and Institutions in 20th-Century America » (document de travail du département d'économie du Massachusetts Institute of Technology [MIT], n° 7-17, juin 2007).

à variable contrôlée. Le virage à droite très prononcé de la politique américaine est unique en son genre dans les pays développés ; la Grande-Bretagne thatchérienne – le cas qui s'en rapproche le plus – n'en a été qu'un pâle reflet. Les forces du changement technologique et de la mondialisation, elles, touchent tous les pays. Si la montée de l'inégalité a des racines politiques, les États-Unis devraient se distinguer des autres ; si elle est essentiellement due à des forces impersonnelles du marché, les tendances longues devraient être similaires dans l'ensemble du monde développé. Or le fait est que l'accroissement de l'inégalité aux États-Unis n'a aucun équivalent dans l'Organisation de coopération et de développement économiques (OCDE). Au cours des années Thatcher, la Grande-Bretagne a connu une forte accentuation des écarts de revenus, mais loin d'être aussi importante que son homologue américaine ; et l'inégalité n'a augmenté que faiblement, voire pas du tout, en Europe continentale et au Japon [1].

Le changement politique est donc, semble-t-il, au cœur du sujet. Comment s'est-il produit ?

La politique de l'inégalité

Pour comprendre comment George W. Bush et Dick Cheney ont fini par gouverner le pays, il faut remonter le temps d'un demi-siècle, et partir des années où la *National Review*, dont le rédacteur en chef était le jeune William F. Buckley, défendait le droit du Sud à interdire aux Noirs de voter – « la communauté blanche en a le droit parce qu'elle est, pour le moment, la race avancée » – et qualifiait élogieusement le *generalísimo* Francisco Franco, qui avait renversé un

1. Thomas Piketty et Emmanuel Saez, « The Evolution of Top Incomes : A Historical and International Perspective » (document de travail du National Bureau of Economic Research n° 11955, janvier 2006).

gouvernement démocratiquement élu au nom de l'Église et de la propriété, d'« authentique héros national ». Le petit mouvement qu'on appelait alors « nouveau conservatisme » était essentiellement une réaction de protestation contre la décision de Dwight Eisenhower et d'autres dirigeants républicains de faire la paix avec l'héritage de Franklin Roosevelt.

Au fil des ans, ce petit mouvement a grandi pour devenir une force politique puissante, baptisée par ses partisans comme par ses adversaires le « conservatisme de mouvement ». C'est un réseau de personnes et d'institutions qui s'étend bien au-delà de la « vie politique » au sens habituel. En plus du parti républicain et de ses personnalités, le conservatisme de mouvement comprend des groupes de presse et de télévision, des instituts de réflexion (*think tanks*), des maisons d'édition, etc. Il est possible de faire une carrière complète à l'intérieur de ce réseau, et certains le font, avec la certitude tranquille de voir leur fidélité politique récompensée quoi qu'il arrive. Un libéral qui aurait salopé une guerre puis violé les règles éthiques pour enrichir sa maîtresse pourrait s'inquiéter de ses perspectives d'avenir. Paul Wolfowitz avait un fauteuil qui l'attendait à l'American Enterprise Institute.

Autrefois, bon nombre d'hommes politiques républicains n'étaient pas des « conservateurs de mouvement ». Il n'en reste que quelques-uns, en grande partie parce que les éléments jugés politiquement peu fiables se heurtent aux pires difficultés. Posez donc la question à Lincoln Chafee, l'ex-sénateur modéré du Rhode Island : aux primaires de 2006, la droite a mené contre lui une violente campagne de dénigrement qui a contribué à sa défaite aux élections générales, même s'il était clair que les républicains allaient peut-être avoir vraiment besoin de lui pour garder la majorité au Sénat.

L'argent est la colle forte du conservatisme de mouvement, essentiellement financé par une poignée de super-riches et un certain nombre de grandes entreprises qui ont quelque chose à gagner à la montée de l'inégalité, à la suppression de la fiscalité progressive, à l'abrogation de l'État-providence – bref, à un New Deal à l'envers. Revenir à la période antérieure aux politiques économiques qui limitent l'inégalité est, au fond, la raison d'être du conservatisme de mouvement. Grover Norquist, militant antifiscal qui est l'une de ses grandes figures, a confié un jour qu'il voulait ramener l'Amérique à ce qu'elle était « avant Teddy Roosevelt, l'époque où les socialistes sont arrivés au pouvoir. L'impôt sur le revenu, l'impôt sur la mort*, la réglementation, tout ça [1] ».

Puisqu'il a pour but, en dernière analyse, d'abolir des politiques qui frappent une toute petite élite très fortunée, le conservatisme de mouvement est foncièrement antidémocratique. Mais, si vive qu'ait pu être l'admiration de ses fondateurs pour les méthodes du *generalísimo* Franco, aux États-Unis la route du pouvoir passe par les élections. L'argent serait loin d'affluer à ce point si les donateurs potentiels croyaient encore, comme ils avaient toutes les raisons de le croire au lendemain de la défaite cuisante de Barry Goldwater en 1964, que proposer des mesures économiques aggravant l'inégalité équivalait à un suicide politique. Le conservatisme de mouvement est passé des marges de la politique américaine à son centre nerveux parce qu'il s'est révélé capable de gagner des élections.

Plus que tout autre, c'est Ronald Reagan qui a montré le chemin. Le discours de 1964 qui a lancé sa carrière politique, « L'heure du choix », et ceux qu'il a prononcés au cours de sa campagne victorieuse de 1966 pour être élu gouverneur de Californie anticipaient les stratégies qui allaient fonctionner pour lui et pour d'autres conservateurs de mouvement durant quarante ans. Après coup, des hagiographes ont représenté Reagan en parangon des principes conservateurs de haute tenue, mais ce n'était pas du tout ça. Il a remporté ses premiers succès politiques en parlant aux angoisses culturelles et

---

* Les « conservateurs de mouvement » appellent volontiers les droits de succession « impôt sur la mort », pour suggérer qu'il s'agit d'une fiscalité inhumaine frappant des familles éplorées.

1. William Greider, « Rolling Back the 20th Century », *The Nation*, 12 mai 2003.

sexuelles, en jouant sur la peur du communisme, et surtout en exploitant à mots couverts la réaction hostile des Blancs face au mouvement des droits civiques et à ses conséquences.

Un message crucial de ce livre risque de mettre mal à l'aise de nombreux lecteurs : la grande raison de ce qui est arrivé au pays où j'ai grandi, c'est le racisme. C'est à cause de l'héritage de l'esclavage, le péché originel de l'Amérique, que nous sommes la seule économie avancée qui ne garantit pas les soins médicaux à ses citoyens. C'est à cause de l'hostilité des Blancs au mouvement des droits civiques que les États-Unis sont le seul pays avancé où un grand parti politique veut abroger l'État-providence. Ronald Reagan a lancé sa campagne de 1980 par un discours sur les droits des États qu'il a prononcé près de Philadelphie, Mississippi, une ville où trois militants des droits civiques avaient été assassinés*. Newt Gingrich a réussi à prendre le contrôle total du Congrès en 1995 à cause du grand retournement du Sud – dont la population blanche est passée du vote massif pour les démocrates au soutien total aux républicains.

Pour un nouveau New Deal

Quelques mois après l'élection présidentielle de 2004, j'ai subi des pressions de certains de mes confrères en journalisme** : je devais, à leur avis, cesser de passer mon temps à critiquer l'administration Bush et les conservateurs en général.

* Le 21 juin 1964, trois militants du mouvement des droits civiques, un Noir et deux Juifs, venus à Philadelphie (Mississippi) tenter de faire inscrire les Noirs sur les listes électorales, sont arrêtés, expulsés de l'État et assassinés sur le chemin du retour.

** Paul Krugman publie régulièrement dans le *New York Times* une chronique où il multiplie les critiques mordantes contre le président Bush et son administration. Certains de ses articles ont été rassemblés par thèmes, présentés et traduits en français (Paul Krugman, *L'Amérique dérape*, Paris, Flammarion, 2004).

« Les urnes ont parlé », m'a-t-on dit. Avec le recul, cependant, l'élection de 2004 apparaît comme l'ultime exploit du conservatisme de mouvement avant sa chute.

Les républicains avaient remporté une victoire retentissante aux élections législatives de mi-mandat de 2002 en exploitant le terrorisme jusqu'à la corde. Tout porte à croire qu'une des raisons pour lesquelles Bush nous a fait intervenir militairement en Irak était son désir de perpétuer la psychologie de guerre ; il se disait aussi que la victoire attendue dans une splendide petite guerre serait bonne pour ses perspectives de réélection. D'ailleurs, l'Irak lui a probablement valu d'être réélu en 2004, même si la situation là-bas commençait déjà à se dégrader.

Mais la guerre a vraiment mal tourné, et ce n'est pas un hasard. Quand Bush est entré à la Maison-Blanche, le conservatisme de mouvement s'est enfin trouvé en mesure de contrôler tous les leviers du pouvoir, et s'est vite révélé inapte à gouverner. Son choix de tout politiser, de donner priorité absolue au loyalisme partisan, crée une culture du copinage et de la corruption omniprésente dans ce que fait l'administration Bush, de son insuccès à reconstruire l'Irak à son impuissance devant les désastres de l'ouragan Katrina. Ses multiples échecs s'expliquent aisément : c'est ce qui se passe quand le gouvernement est aux mains d'un mouvement attaché à des politiques contraires aux intérêts de la grande majorité des Américains, donc qui doit essayer de compenser cette faiblesse intrinsèque en mentant, en donnant le change, en récompensant généreusement ses partisans. Le mépris croissant du pays pour Bush et son administration a aidé les démocrates à remporter en 2006 une victoire spectaculaire aux élections de mi-mandat.

Certes, une élection ne fait pas une tendance de longue durée. Mais des évolutions de fond ébranlent la tactique politique qu'utilisent les conservateurs de mouvement depuis la candidature de Ronald Reagan aux fonctions de gouverneur de Californie. La principale, c'est que l'électorat américain, pour le dire crûment, devient moins blanc. Les stratèges républicains tentent d'introduire un distinguo entre les Afro-Américains et les électeurs asiatiques et hispaniques qui pèsent de plus en plus lourd dans les scrutins, mais – le débat sur l'immigration l'a bien montré – c'est une distinction que les électeurs de la « réaction blanche », dont dépend le parti républicain moderne, ne sont pas prêts à faire. Un facteur plus subtil est l'évolution graduelle des esprits aux États-Unis. Les sondages suggèrent que le centre de gravité de l'électorat s'est nettement déplacé vers la gauche sur les problèmes intérieurs depuis les années 1990, et que la race est une force en perte de vitesse dans un pays qui, réellement, devient de moins en moins raciste.

Le conservatisme de mouvement a encore l'argent de son côté, mais cela n'a jamais suffi. Si tout reste possible dans l'élection présidentielle de 2008, on peut raisonnablement imaginer qu'en 2009 les États-Unis auront un président démocrate et une majorité démocrate solide au Congrès. De plus, si cette nouvelle majorité existe, elle sera beaucoup plus cohérente idéologiquement que la majorité démocrate des deux premières années de Bill Clinton, qui était une alliance difficile entre des libéraux du Nord et des conservateurs du Sud.

D'où la question : cette nouvelle majorité, que doit-elle faire ? Ma réponse : elle doit, pour le bien du pays, suivre une politique résolument progressiste. Expansion de la sécurité sociale et réduction de l'inégalité. Un nouveau New Deal. Le coup d'envoi de ce programme, l'équivalent de la Caisse de retraite publique au XXIe siècle, doit être l'assurance maladie universelle – que tous les autres pays avancés ont déjà. Mais, avant de réfléchir aux moyens d'y parvenir, il est utile d'examiner sérieusement d'où nous venons. Les huit chapitres suivants seront consacrés à cet examen – à l'histoire de l'arc parcouru par les États-Unis dans leur passé récent.

2

LE LONG ÂGE DORÉ

Étudier dans les années Bush l'économie politique des États-Unis avant le New Deal, c'est comme regarder une photo sépia de notre grand-père et s'apercevoir qu'il nous ressemble beaucoup – qu'à certains égards, en fait, nous lui ressemblons plus qu'à notre père. Les traits familiaux qui ont sauté une génération pour réapparaître sur notre visage sont, malheureusement, fort peu séduisants.

Comme celle du début du XXIe siècle, l'Amérique d'avant le New Deal était un pays très inégalitaire dans sa répartition de la richesse et du pouvoir, et son système politique se disait démocratique mais ne représentait pas les intérêts économiques de la majorité. Les facteurs qui permettaient alors à une élite prospère de dominer la vie politique ont des homologues bien reconnaissables aujourd'hui : l'infériorité financière écrasante des candidats populistes* ; la division sur des

* Le mot « populiste » pose le même type de problème de traduction que « libéral ». Il en est venu à désigner en Europe des formations d'extrême droite, qui (comme les conservateurs de mouvement aux États-Unis) se sont dotées d'une base populaire en usant d'un discours démagogique, mais dont le programme économique et social est en fait antipopulaire (par exemple, la suppression totale de l'impôt progressif sur le revenu). Aux États-Unis, le mot *populism* renvoie, au contraire, à la défense réelle des intérêts socio-économiques du peuple. C'est dans ce sens que Paul Krugman l'emploie. Et il distingue ce populisme nom commun (« avec un petit p ») du populisme nom propre (« avec un grand P ») : le parti populiste de la fin du XIXe siècle, dont il sera question plus loin.

bases raciales, ethniques et religieuses des Américains dont les intérêts économiques étaient communs ; l'acceptation sans esprit critique d'une idéologie conservatrice qui prétendait que toute tentative pour aider les moins favorisés conduirait à la catastrophe économique.

Vous vous dites peut-être que j'exagère, que l'Amérique n'est pas aussi inégalitaire aujourd'hui qu'avant le New Deal. Eh bien, voici les chiffres. Il ressort du tableau 1 que l'actuelle concentration des revenus entre les mains d'une toute petite élite correspond tout à fait à celle des années 1920.

Tableau 1

Part des catégories les plus riches dans le revenu total (plus-values exclues)

	10 % les plus riches	1 % le plus riche
Moyenne des années 1920	43,6 %	17,3 %
2005	44,3 %	17,4 %

Source : Thomas Piketty et Emmanuel Saez, « Income Inequality in the United States, 1913-1998 », *Quarterly Journal of Economics*, vol. 118, n° 1, février 2003, p. 1-39. Les chiffres mis à jour sont en ligne à l'adresse http://elsa.berkeley.edu/~saez.

Cela dit, il est vrai que la nature oligarchique de la politique d'avant le New Deal et la façon souvent sanglante dont l'État protégeait les intérêts de la propriété étaient extrêmes, et dépassaient tout ce que nous voyons aujourd'hui. Et, si l'inégalité des revenus n'était pas plus grande que de nos jours, celle des conditions de vie l'était bien plus, puisqu'il n'y avait aucun de ces programmes sociaux qui assurent à présent aux plus défavorisés un filet de sécurité, tout imparfait qu'il est. Il n'empêche : l'air de famille entre cette époque et la nôtre est aussi frappant qu'inquiétant.

Mais avant d'en dire plus sur cette ressemblance, il me faut un meilleur nom pour désigner la période dont je vais parler que cette expression, « avant le New Deal », qui la définit par ce qu'elle n'est pas. Les historiens s'accordent à dire que, vers 1900, l'Ère progressiste a succédé à l'Âge doré, et ils ont raison. Le climat culturel et politique du pays a considérablement changé au tournant du siècle. Theodore Roosevelt, devenu président en 1901, était pour la ploutocratie un ami beaucoup moins fiable que ses prédécesseurs ; la Food and Drug Administration* a été créée en 1906 ; l'impôt sur le revenu a été réintroduit en 1913, accompagné d'un amendement à la Constitution qui ne permettait plus à la Cour suprême de le déclarer inconstitutionnel, comme la première fois**. Toutefois, ces changements ont eu peu d'impact sur l'inégalité des revenus et des fortunes, ou sur le rôle minimal que jouait l'État pour adoucir les effets de cette inégalité. Selon les meilleures recherches actuelles, l'Amérique des années 1920 était plus riche que celle de la fin du XIXe siècle mais en restait extrêmement proche : elle était presque aussi inégalitaire et presque aussi dominée par une élite fortunée.

Donc, au risque d'indisposer les historiens, j'appellerai l'ensemble de la période qui va de la fin de la Reconstruction (dans les années 1870) à l'avènement du New Deal (dans les années 1930) le « Long Âge doré ». C'était une époque définie avant tout par le maintien d'un haut degré d'inégalité économique.

---

* La Food and Drug Administration est l'administration publique chargée d'autoriser la vente de produits alimentaires ou de médicaments après avoir vérifié qu'ils ne sont pas dangereux.

** Le Wilson-Gorman Tariff Act du 27 août 1894, qui instaurait un impôt fédéral de 2 % sur les revenus de plus de 4 000 dollars, a été déclaré inconstitutionnel par la Cour suprême en 1895. Il a donc fallu, près de vingt ans plus tard, amender la Constitution (16e amendement, 1913) pour autoriser l'État fédéral à percevoir un impôt sur le revenu, ce qu'il a fait aussitôt.

La persistance de l'inégalité de l'Âge doré

Nous n'avons pas de statistiques détaillées sur la répartition des revenus et des fortunes aux États-Unis durant l'essentiel du Long Âge doré. Les données dont nous disposons sont cependant suffisantes pour prouver qu'aux environs de 1900 la société américaine était extrêmement inégalitaire. Cette affirmation ne surprendra personne, mais ce qui suit est peut-être plus étonnant : les données suggèrent aussi que ce niveau d'inégalité est resté presque inchangé jusqu'à la fin des années 1920.

Il est important de le savoir. La persistance d'une inégalité extrême en pleine ère du jazz est un premier élément de preuve pour l'une des thèses centrales de ce livre. Les classes moyennes n'émergent pas automatiquement lorsqu'une économie mûrit. Il faut les créer par l'action politique. Dans les données que nous avons sur le début du XXe siècle, rien n'indique que l'Amérique évoluait spontanément vers la société relativement égalitaire de ma jeunesse. Il a fallu Franklin Roosevelt et le New Deal pour la faire éclore.

Qu'est-ce qui prouve que l'Âge doré s'est perpétué, sur des points cruciaux, jusqu'à la fin des années 1920 ? Même en l'absence de données statistiques étendues, il est possible d'évaluer le nombre d'Américains extrêmement riches. C'est ce qu'a fait J. Bradford DeLong, économiste et historien de l'économie à Berkeley, en comptant les « milliardaires », définis comme les personnes possédant une fortune supérieure à la production annuelle de 20 000 ouvriers américains moyens (soit environ un milliard de dollars au milieu des années 1990, époque où il a conçu cette mesure, ce qui correspondrait aujourd'hui à près de deux milliards de dollars). En 1900, il y avait aux États-Unis, suivant le dénombrement de DeLong, 22 milliardaires. En 1925, il y en avait 32. Le nombre de milliardaires avait donc évolué plus ou moins parallèlement à la croissance démographique tout au long de l'Ère progressiste*. Ce n'est qu'avec le New Deal que les milliardaires se sont plus ou moins évanouis du paysage : ils n'étaient plus que 16 en 1957 et 13 en 1968[1]. (Aujourd'hui, environ 160 Américains satisfont au critère de DeLong.)

Qui étaient les milliardaires de l'Âge doré ? Oui, c'étaient bien eux : les « barons voleurs** », qui avaient fait fortune dans les chemins de fer, l'industrie manufacturière et l'extraction de ressources naturelles comme le pétrole et le charbon. En 1915, John D. Rockefeller arrivait en tête, suivi de deux magnats de l'acier, Henry C. Frick et Andrew Carnegie, puis de toute une série de constructeurs de voies ferrées et de financiers, plus Henry Ford.

Le décompte des milliardaires concorde avec d'autres preuves, comme les montants des très gros héritages, pour suggérer qu'à la fin des années 1920 la concentration de la fortune tout en haut de la pyramide était à peu près la même qu'en 1900. Puis elle a fait une chute spectaculaire avec l'avènement du New Deal. Au cours des premières décennies de l'après-Seconde Guerre mondiale, les inégalités de l'Âge doré étaient entrées dans la mythologie, et nul ne croyait qu'une société de ce type pût réapparaître un jour – sauf qu'aujourd'hui elle est là.

Comme l'actuelle, la forte inégalité du Long Âge doré était en partie le reflet de la faiblesse du mouvement ouvrier : durant l'essentiel de la période, les gros employeurs ont été libres de fixer les salaires et les conditions de travail à la limite de ce que supportait le marché de l'emploi, sans craindre d'opposition organisée. Les grèves étaient souvent réprimées

---

* Entre 1900 et 1925, la population des États-Unis est passée de 76 millions à 114 millions d'habitants environ.

1. Bradford DeLong, « Robber Barons » : http://econ161.berkeley.edu/Econ_Articles/carnegie/DeLong_Moscow_paper2.html.

** À la grande époque des monopoles, on avait surnommé *robber barons*, en raison de leurs méthodes, les grands industriels et financiers.

par la force – en général celle des briseurs de grève embauchés par les employeurs, mais parfois, comme pour la grève de 1892 aux aciéries Homestead de Carnegie et la grève Pullman de 1894*, celle des milices de l'État fédéré ou des soldats de l'armée fédérale. Le taux de syndicalisation et l'influence des syndicats ont graduellement augmenté après 1900 jusqu'à atteindre un pic momentané peu après la Première Guerre mondiale. Mais une contre-attaque patronale a provoqué un nouveau repli. À la fin des années 1920, le nombre de syndiqués, qui dépassait 17 % de la main-d'œuvre en 1924, était redescendu à moins de 11 % – à peu près son niveau présent.

Forte inégalité ne veut pas dire que ceux qui travaillent ne profitent pas du tout des fruits du progrès. Si l'inégalité était importante, elle était plus ou moins stable, et la croissance de l'économie américaine au cours du Long Âge doré a donc bénéficié à toutes les classes : la grande majorité des Américains était beaucoup plus à l'aise dans les années 1920 que dans les années 1870. Autrement dit, la baisse des revenus réels de nombreux salariés constatée en Amérique depuis les années 1970 n'a eu aucun équivalent durant le Long Âge doré. Les travailleurs urbains, en particulier, ont connu tout au long de cette période une énorme amélioration de leurs conditions de vie : leurs régimes alimentaires et leur état de santé se sont améliorés, l'eau courante et l'électricité sont devenues la norme même dans

* En 1892, les ouvriers de l'aciérie Carnegie de Homestead (Pennsylvanie), près de Pittsburgh, se sont mis en grève parce que la direction voulait réduire les salaires et éliminer les syndicats. Ils ont tous été licenciés et la direction a embauché un nouveau personnel venu d'ailleurs. Les grévistes ayant pris le contrôle de la région, l'État de Pennsylvanie a envoyé la milice pour protéger l'arrivée de ces « briseurs de grève ». L'usine a ensuite été transformée en zone fortifiée, protégée par des agents de sécurité privés, et après plusieurs mois de lutte, les grévistes ont dû céder faute de ressources. Deux ans plus tard, en 1894, les ouvriers des usines de Chicago qui fabriquaient les wagons Pullman se sont mis en grève après le licenciement de deux syndicalistes (et cinq réductions de

les logements de location des vieux immeubles, et l'apparition des transports publics urbains a élargi les horizons personnels [1].

Mais ces améliorations ne sauraient dissimuler la persistance de privations réelles. À la fin des années 1920, beaucoup d'ouvriers américains vivaient encore dans une terrible pauvreté. Pour ceux qui n'avaient pas de chance – qui perdaient leur emploi, étaient victimes d'un accident du travail ou, tout simplement, n'avaient pas d'enfants pour les soutenir financièrement dans leurs vieux jours –, c'était la grande misère à côté de l'opulence d'une élite. Avant les années 1930, il n'y avait pas de dispositifs importants de redistribution publique des revenus, comme l'aide sociale ou les bons d'alimentation, ni de systèmes d'assurances sociales organisés par l'État, comme la Caisse de retraite publique ou Medicare. L'État à tous les niveaux avait une envergure très limitée, et les impôts étaient donc extrêmement faibles, sauf pour les richissimes. Au milieu des années 1920, par exemple, 10 000 dollars avaient le même pouvoir d'achat qu'environ 120 000 dollars actuels, et ceux qui gagnaient 10 000 dollars par an étaient dans le 1 % le plus riche de la répartition des revenus – mais l'impôt sur le revenu qu'ils payaient représentait moins de 1 % de leurs revenus, contre environ 20 % pour leurs homologues d'aujourd'hui. C'était donc une très bonne époque pour être riche. En revanche, puisque les transferts sociaux représentent actuellement l'essentiel des revenus du cinquième le plus pauvre des Américains, être pauvre était une expérience infiniment plus dure dans les années 1920 qu'aujourd'hui.

---

salaires). Pour les soutenir, le syndicat des cheminots a immobilisé tous les wagons Pullman, c'est-à-dire la plupart des trains, et refusé de se soumettre à une décision de justice qui déclarait illégal le blocage du trafic ferroviaire. L'armée fédérale est alors intervenue avec une extrême violence, qui a fait beaucoup de morts et de blessés.

1. On peut constater que les conditions de vie s'étaient améliorées jusque dans les « taudis » en comparant les appartements restaurés d'époques différentes au Tenement Museum, le musée du Logement du Lower East Side à New York.

D'où la question qui s'impose : avec l'énorme création de richesses du Long Âge doré, l'ampleur des écarts de revenu, la supériorité numérique écrasante des travailleurs mal payés sur l'élite à fiscalité minimale et un système démocratique, pourquoi n'y a-t-il pas eu de revendications concrètes d'une action forte de l'État pour faire rendre gorge aux riches et aider les moins fortunés ?

Ce n'est pas parce que les concepts d'impôt progressif et d'État-providence n'avaient pas encore été inventés. Ni même parce qu'ils n'avaient encore été mis en œuvre nulle part. En Allemagne, Otto von Bismarck avait créé les pensions de retraite, l'assurance chômage et même une assurance maladie nationale dans les années 1880. Par calcul politique et non par compassion : il cherchait à prévenir une opposition potentielle à l'autorité du Kaiser. Mais ses initiatives prouvaient qu'un État plus compatissant était possible. Aux États-Unis, le système d'allocations instauré après la guerre de Sécession à l'intention des anciens combattants annonçait à bien des égards la Caisse de retraite publique. Le programme populiste de 1896 préconisait un impôt progressif sur le revenu et des programmes de travaux publics pour créer des emplois en période de dépression – ce qui, qualitativement, n'était pas très différent de ce que Franklin Roosevelt finirait par faire près de quarante ans plus tard.

Ce n'est pas non plus parce que les États-Unis étaient trop pauvres pour s'offrir ce genre de programmes. Ils étaient dans les années 1920 nettement plus riches que les pays européens – et pourtant la France, l'Allemagne et la Grande-Bretagne avaient tous des systèmes d'aide publique d'une envergure plusieurs fois supérieure à ceux de l'Amérique[1]. Les États-Unis de 1925 étaient à peu près aussi riches que la Grande-Bretagne du début de l'après-Seconde Guerre mondiale, la période où les Britanniques ont créé un État-providence complet, avec système

1. Vito Tanzi et Ludger Schuhknecht, *Public Spending in the 20th Century*, Cambridge University Press, 2000.

national de santé – un État-providence à certains égards plus étendu que celui que les États-Unis ont aujourd'hui.

Donc, pourquoi n'y a-t-il pas eu de mouvement efficace pour exiger ce que Huey Long* résumerait plus tard dans la formule : « Faire payer les riches et aider les petits » ?

La politique de la ploutocratie

Les républicains, qui avaient d'abord été le parti des travailleurs indépendants mais étaient incontestablement devenus, dans les années 1870, celui du *Big Business* et des riches, ont remporté douze des seize élections présidentielles entre la guerre de Sécession et la Grande Dépression. Leur mainmise sur le Sénat a été encore plus prononcée : les démocrates n'y ont été majoritaires que dans cinq des trente-deux Congrès de cette période. Si la Chambre des représentants a été un peu moins monopolisée, même dans son cas le parti républicain a été en général aux commandes.

De plus, en comparant les partis, on sous-estime la domination conservatrice sur la politique à l'époque, parce qu'une composante majeure du parti démocrate – les démocrates dits « Bourbons », qui comprenaient à la fois des réactionnaires du Sud et des politiciens du Nord favorables aux milieux d'affaires – soutenait les intérêts des riches et s'opposait à l'aide publique aux pauvres aussi énergiquement que les républicains. Les démocrates Bourbons se distinguaient des républicains sur certaines questions : ils croyaient au libre-échange et non aux droits de douane élevés du protectionnisme, et ils fustigeaient la corruption dans la vie politique. Mais ce

* Huey Long (1893-1935), gouverneur puis sénateur de Louisiane, jugeait Roosevelt trop modéré : il avait lancé le parti « Share our wealth » (Partageons notre richesse), qui défendait une politique de redistribution radicale. Il a été assassiné en 1935.

serait une erreur de situer les Bourbons à la gauche du Grand Old Party à quelque titre réel que ce soit. Et les rares démocrates qui sont parvenus à entrer à la Maison-Blanche étaient tous Bourbons : Grover Cleveland, le seul démocrate élu à la présidence entre la guerre de Sécession et la victoire de Woodrow Wilson en 1912 [1], était un Bourbon, et tous les démocrates qui ont eu une chance sérieuse de gagner la présidentielle, comme Samuel Tilden en 1876, l'étaient aussi.

Qu'est-ce qui explique cette domination conservatrice durable dans un pays où, à en juger par les chiffres, taxer les riches et aider les nécessiteux aurait dû être une exigence si populaire ? Plusieurs facteurs qui ne sont que trop familiers aux observateurs de la vie politique actuelle, et qui pesaient alors encore plus lourd.

D'abord une réalité : de nombreux travailleurs américains étaient sans droits politiques. En 1910, près de 14 % des hommes adultes étaient des immigrés non naturalisés qui n'avaient pas le droit de vote. Et les Noirs du Sud étaient exclus de fait des scrutins par Jim Crow [*]. Les immigrés et les Noirs, cela représente près du quart de la population – le quart le plus pauvre, en gros – auquel tout rôle dans le processus politique était refusé. Comme nous le verrons plus loin, la privation des droits politiques est de retour dans l'Amérique actuelle, avec une immigration clandestine massive et le maintien à bas niveau de la participation des Noirs aux élections – conforté par une entreprise de suppression systématique de

1. Wilson était considéré comme un Bourbon avant sa campagne présidentielle, mais il a fait la paix avec Bryan avant l'élection. En pratique, il a effectivement gouverné un peu plus à gauche : il a fait preuve d'une relative tolérance à l'égard des syndicats et institué l'impôt sur le revenu. Mais il n'était sûrement pas un Franklin Roosevelt.

* C'est-à-dire par les lois ségrégationnistes du Sud. Jim Crow était un personnage fictif de Noir caricatural, créé dans les années 1820 par un acteur blanc maquillé en noir, Thomas Dartmouth Rice, puis repris par les *minstrel shows*. L'expression est vite devenue une épithète raciste pour désigner les Noirs. À partir de la fin du XIXe siècle et jusqu'à nos jours, elle a pris un sens nouveau : la législation de ségrégation raciale, que l'on nomme « Jim Crow », ou « lois Jim Crow ».

leur droit de vote certes plus subtile que du temps de Jim Crow, mais non moins décisive dans les scrutins serrés.

Vient ensuite le poids du financement des campagnes. On en a eu l'illustration la plus saisissante aux élections de 1896, les seules peut-être entre la guerre de Sécession et 1932 où un contestataire hostile à l'élite économique qui gérait le pays a eu des chances sérieuses d'entrer à la Maison-Blanche. Épouvantés des possibles initiatives de William Jennings Bryan s'il était élu, les riches l'ont, sinon crucifié sur la croix de l'or*, enterré sous une montagne de dollars. La campagne de William McKinley en 1896 a coûté 3,35 millions de dollars, près du double de celle du candidat républicain de 1892 et cinq fois plus que ce dont disposait Bryan. Et n'oublions pas qu'en 1896 3 millions de dollars, c'était vraiment beaucoup d'argent. En pourcentage du produit intérieur brut, cela ferait plus de 3 milliards de dollars aujourd'hui, cinq fois le budget de la campagne de Bush en 2004. Si l'écart financier entre les partis a été exceptionnel en 1896, les républicains avaient toujours un gros avantage sur ce plan. Entre la guerre de Sécession et l'élection de Woodrow Wilson en 1912, les démocrates n'ont été à peu près compétitifs financièrement que trois fois : en 1876, où le démocrate Samuel Tilden a remporté le scrutin populaire (mais s'est fait voler le vote du collège électoral** par Rutherford B. Hayes, qui a obtenu la

* Partisan de la libre frappe de l'argent, donc d'une expansion de la masse monétaire afin d'alléger les dettes des petits agriculteurs, William Jennings Bryan enflamme la convention démocrate de Chicago, le 9 juillet 1896, par un réquisitoire contre le « monométallisme or », dont les derniers mots sont : « Vous ne crucifierez pas l'humanité sur une croix d'or ! »

** Le président des États-Unis n'est pas élu au suffrage universel direct, mais par un collège électoral, où chaque État a autant de délégués qu'il a de parlementaires au Congrès (le nombre de représentants à la Chambre est fonction du poids démographique, mais pas celui des sénateurs : il y en a deux par État). Tous les délégués d'un État doivent voter pour le candidat qui a obtenu la majorité dans cet État (sauf pour le Maine et le Nebraska où la règle est différente). On sait qu'en 2000 le collège électoral a élu président George W. Bush par 271 voix contre 266, alors que le candidat démocrate Al Gore avait obtenu 540 000 voix de plus que lui au scrutin populaire.

Maison-Blanche en promettant, en échange, de retirer du Sud les troupes fédérales), et lors des deux victoires de Grover Cleveland, en 1884 et 1892. Ce n'est pas par coïncidence que Tilden et Cleveland étaient des démocrates Bourbons. Quand le parti démocrate nommait un candidat qui n'était pas Bourbon, il était surclassé financièrement par les républicains à trois contre un [1].

Enfin, la fraude électorale était omniprésente [2]. Les deux partis trichaient de diverses façons. Durant une grande partie de la période, on votait rarement à bulletins secrets. La plupart des électeurs utilisaient des bulletins imprimés par les partis, bien reconnaissables à leur dimension et à leur couleur. Acheter des voix était donc faisable, facile (il n'y avait aucun problème pour vérifier que le bulletin glissé dans l'urne était bien celui que l'on avait payé) et courant. En 1888, le *New York Times* s'est procuré une lettre adressée par William Dudley, trésorier du Comité national républicain, aux présidents des comités républicains de l'Indiana. En voici un extrait :

> Votre comité recevra certainement du président Huston l'aide nécessaire pour conserver nos électeurs qui hésitent et qui doutent. [...] Divisez les hésitants en groupes de cinq, confiez ces cinq personnes à un homme de confiance, avec les fonds nécessaires, et chargez-le de faire en sorte qu'aucun ne se défile et que tous votent pour notre ticket [3].

Comme le disait l'éditorial du *New York Times*, cette lettre constituait « une incitation directe à des actes criminels [...]

1. Les statistiques sur le financement électoral sont extraites des *Historical Statistics of the United States*, série Y 187-188 (US Bureau of the Census, 1975).
2. Pour une vue d'ensemble des preuves, voir Peter H. Argersinger, « New Perspectives on Election Fraud in the Gilded Age », *Political Science Quarterly*, vol. 100, n° 4, hiver 1985-1986, p. 669-687.
3. « Col. Dudley's Letter : "Divide the Floaters into Blocks of Five" », *New York Times*, 3 novembre 1888, p. 1.

un manuel officiel pour le service “pots-de-vin et achats de voix” des républicains de l'Indiana ». Et cela n'avait rien d'exceptionnel. En fait, on a quelques raisons de croire que les taux élevés de participation électorale de l'Âge doré devaient beaucoup à ce type d'incitations financières. L'achat des voix était évidemment plus répandu dans les *swing states*, les États susceptibles de basculer. Durant l'Âge doré et l'Ère progressiste, selon une estimation souvent citée, jusqu'à un tiers des électeurs du New Jersey, *swing state* typique à l'époque, touchaient régulièrement de l'argent liquide après avoir voté.

Bourrer les urnes se faisait beaucoup aussi, et pas seulement dans les régions dominées par les « machines politiques » des grandes villes – même si la plupart des bourreurs étaient trop pudiques pour lancer crûment, comme William Marcy Tweed* : « Le résultat ne vient pas des bulletins mais des scrutateurs qui les ont comptés. » Il y avait également recours massif à l'intimidation pour écarter des urnes les électeurs de l'autre parti. Et parfois, en dernier ressort, des groupes politiques bien ancrés refusaient la volonté du peuple, tout simplement. En 1897, par exemple, l'Assemblée législative de l'Indiana a privé de leurs sièges plusieurs populistes, tout en reconnaissant qu'ils avaient obtenu dans leurs circonscriptions la majorité des suffrages.

Les deux partis, répétons-le, se livraient à ces pratiques, même si la supériorité financière des républicains les plaçait probablement en tête dans la course à la corruption politique. Plus généralement, la fraude électorale renforçait les avantages qu'apportaient l'argent et l'organisation : ce qui décidait du résultat, souvent, n'était pas le programme le plus populaire, c'était la détermination la plus grande à truquer le vote. En même temps, cela réduisait considérablement les chances de succès électoral d'un programme réellement conforme aux intérêts de la majorité.

* Le politicien démocrate William Marcy Tweed a dominé la ville de New York tout au long des années 1860 par le clientélisme et la corruption. Il est mort en prison en 1878.

On aurait tort, cependant, de s'imaginer le Long Âge doré comme une époque d'affrontements très vifs, où les pulsions égalitaristes du peuple étaient violemment réprimées par les forces de l'élite. En réalité, la plupart du temps, l'hostilité intrinsèque du système à toute forme de populisme (avec un petit p, car je ne parle pas ici des programmes précis du parti populiste, sur lesquels je reviendrai) était si forte, si évidente, que les hommes politiques n'essayaient même pas de contester les inégalités économiques.

Cette extrême faiblesse du populisme dans l'Amérique de l'Âge doré avait une conséquence curieuse : à certains égards, la politique était alors plus détendue que de nos jours. La plupart du temps, les forces conservatrices qui maintenaient le système n'avaient nul besoin, pour triompher, d'un équivalent du conservatisme de mouvement discipliné d'aujourd'hui. Nul besoin d'un ensemble soudé d'institutions spéciales, exigeant une loyauté de style mafieux, pour diffuser la pensée conservatrice, récompenser les fidèles et intimider la presse ou les dissidents. Nul besoin de s'allier aux fondamentalistes religieux, ni d'exploiter les questions de morale et de style de vie. Nul besoin, enfin, de politique étrangère truquée et de guerres commodes pour donner le change à l'opinion.

L'élection de 1896 a été l'exception frappante à la règle bien établie de l'oligarchie détendue. On a pu croire un instant que le populisme avec un grand P était pour le régime ploutocratique un adversaire vraiment sérieux. Mais le populisme a échoué, et pas seulement parce que le système politique favorisait l'argent et l'organisation. Le populisme n'avait pas à sa tête une direction capable de lutter contre les divisions, de rapprocher les groupes sociaux qui avaient quelque chose à gagner au changement. Il s'est enlisé dans les sables de la diversité ethnique et géographique.

Les problèmes du populisme

Les milieux d'affaires et les riches avaient raison d'être terrifiés en 1896. Beaucoup d'Américains étaient en colère, vraiment ulcérés de leur situation. Frappés par la chute des prix agricoles et ployant sous leurs dettes, les agriculteurs étaient en pleine effervescence. Et beaucoup d'ouvriers d'usine l'étaient aussi, car ils avaient perdu leur emploi ou subi des baisses de salaire dans la récession qui avait suivi la Panique de 1893*. La brutalité de la répression de la grève Homestead et de la grève Pullman était inhabituelle même en ces temps où l'usage de la force contre les ouvriers était courant.

Pourtant, William Jennings Bryan, démocrate qui avait aussi reçu l'investiture du parti populiste, a finalement été battu. Le manque d'argent et une fraude électorale de grande ampleur ont largement contribué à sa défaite. Mais il est clair aussi que Bryan n'a pas réussi à unir les groupes sociaux mécontents en une coalition nationale efficace.

Ce n'est pas surprenant. Les perdants de l'ordre économique de l'Âge doré – les catégories de la population qui plus tard allaient bénéficier énormément du New Deal – étaient divisés par trois fractures qui, en 1896, étaient peut-être irréductibles. Si elles pouvaient être réduites, de toute manière, ce n'était sûrement pas par quelqu'un comme Bryan.

La première et la plus importante était la fracture entre la ville et la campagne. Les États-Unis étaient en 1896 une puissance industrielle de premier plan, mais la majorité de la population était encore proche de la terre. En 1890, 64 % des Américains vivaient en milieu rural, et 14 % dans des petites villes de moins de 25 000 habitants. Bien que l'influence politique des habitants des grandes villes se soit renforcée au fil du temps, en 1930 encore la grande majorité

* On appelle « Panique de 1893 » une crise financière marquée par une conversion massive de dollars en or, qui a réduit les réserves d'or fédérales à leur minimum statutaire, suivie d'un effondrement boursier et d'une immense vague de faillites d'entreprises et de banques.

des électeurs appartenaient à l'Amérique des campagnes et des petites villes.

Néanmoins, une coalition progressiste efficace avait besoin des travailleurs urbains – un mouvement strictement rural n'était pas assez puissant pour prendre la Maison-Blanche. Mais les populistes venaient de l'Amérique de la terre et des petites villes, et rares étaient ceux qui savaient comment toucher des alliés potentiels dans les grandes. Bryan a choisi de fonder presque entièrement sa campagne sur le problème de la libre frappe de l'argent, autrement dit sur une politique inflationniste qui allégerait l'endettement des agriculteurs. Cette question n'avait aucun sens pour les ouvriers des grandes villes.

L'une des raisons pour lesquelles agriculteurs et ouvriers ne parvenaient pas à faire cause commune était l'écart culturel et social entre les immigrés et les Américains « de souche ». La proportion d'immigrés dans la population a culminé à 14,7 % en 1910 : ils se trouvaient dans leur immense majorité en zone urbaine, et particulièrement concentrés dans les plus grandes villes. Cette année-là, 41 % des New-Yorkais étaient nés à l'étranger[1]. Et ces immigrés étaient effectivement des étrangers pour les habitants de l'Amérique profonde. Les Irlandais ont été considérés comme tels jusqu'à une date très avancée du XXe siècle. En 1928, la campagne présidentielle d'Al Smith, Américain catholique d'origine irlandaise, a été accueillie par des croix enflammées. Et à cette date les Irlandais constituaient une composante ancienne et bien ancrée de la réalité ethnique américaine – pas comme les Italiens, les Polonais, les Juifs, etc., si nombreux dans l'immigration de la fin du XIXe et du début du XXe siècle. Ces migrants-là étaient traités avec la même horreur, la même certitude qu'ils ne

1. On trouvera un ensemble détaillé de tableaux sur les immigrants et leur rôle dans la population *in* « Historical Census Statistics on the Foreign-born Population of the United States : 1850-1990 » (document de travail n° 29 de l'U.S. Census Population Division, 1999).

pourraient jamais devenir de vrais Américains, qui caractérisent aujourd'hui les réactions d'hostilité les plus extrêmes aux immigrés mexicains.

Dans les années 1920, l'incompréhension mutuelle entre l'Amérique rurale et les immigrés a été encore aggravée par la Prohibition. Il est difficile aujourd'hui de mesurer la force de la peur de l'alcool, si extrême qu'elle a entraîné un amendement constitutionnel. (N'oublions jamais que les grands problèmes qui, de notre point de vue, *auraient dû* dominer la politique américaine passée ont souvent été marginalisés dans la vie publique par des différends qui rétrospectivement paraissent bizarres.) Le mouvement antialcoolique s'épanouissait souvent sur le même terreau que la révolte agraire. Le Kansas a été le berceau du populisme et le berceau de la Prohibition. On pourrait dire que la Prohibition a été la première « question de valeurs », parfaitement calculée pour enfoncer un coin entre les agriculteurs pauvres protestants et les ouvriers pauvres des grandes villes, souvent issus de cultures catholiques où l'alcool était une composante normale et admise de la vie. Mais soyons justes : les deux grands partis étaient divisés sur la Prohibition.

Le plus fatal a été la division entre pauvres blancs et pauvres noirs. Dans la pratique, ce problème ne se posait qu'aux populistes du Sud, puisque les Noirs étaient une infime minorité partout ailleurs avant les années 1920. Dans le Sud, les Noirs – qui étaient dans leur écrasante majorité des agriculteurs pauvres – représentaient un tiers de la population. Était-il possible aux agriculteurs blancs, dont les intérêts économiques étaient en grande partie les mêmes, d'unir leurs forces avec ceux qui avaient une autre couleur de peau ?

À long terme, la réponse a été non. Ce sera l'un des thèmes centraux de ce livre : à quel point l'antagonisme racial a eu un effet omniprésent et malfaisant sur la politique américaine, au grand avantage des conservateurs. Or un autre chemin aurait pu être pris. Dans un article remarquable de 1892, « La question noire dans le Sud », le Géorgien Tom Watson, chef des populistes du Sud, appelait à une alliance interraciale :

> Pourquoi devrions-nous toujours enseigner à l'homme de couleur que son voisin blanc le déteste tandis que le Nordiste qui taxe la moindre guenille qu'il a sur le dos l'adore ? Pourquoi mon métayer ne considérerait-il pas que son ami, c'est moi, et non l'industriel qui nous pille tous les deux ? Pourquoi devrions-nous poursuivre une politique qui pousse l'homme noir dans les bras des politiciens du Nord ? [...] Depuis vingt ans, il n'y a pas eu un seul jour où le Sud n'aurait pu faire mordre la poussière aux puissances d'argent en expliquant patiemment aux Noirs que tout système qui peut nous réduire à la misère les accable de la même façon, et que toute loi qui nous ferait prospérer serait également bénéfique pour eux.
>
> La conclusion me paraît donc la suivante : les fardeaux écrasants qui oppriment aujourd'hui les deux races du Sud vont pousser chacune à s'efforcer de s'en libérer. Elles verront la similitude de la cause et celle du remède. Elles comprendront que chacune doit aider l'autre à faire abroger les mauvaises lois et promulguer les bonnes. Elles deviendront des alliées politiques et aucune ne pourra nuire à l'autre sans affaiblir les deux. Il sera dans l'intérêt des deux que chacune d'elles puisse bénéficier de la justice. Et sur ces grandes lignes d'intérêt mutuel, de tolérance mutuelle et de soutien mutuel, le présent deviendra le tremplin d'un avenir de paix et de prospérité [1].

Mais l'alliance proposée par Watson ne s'est jamais concrétisée. Quand Bryan a obtenu en 1896 la double investiture du parti populiste et du parti démocrate, ce qui lui permettait de se présenter sur deux tickets de parti simultanément, Watson n'a été son colistier que sur le ticket populiste. Sur le ticket démocrate, Bryan a choisi comme candidat à la vice-présidence un conservateur du Sud. Et toute chance d'une

1. Thomas E. Watson, « The Negro Question in the South », *The Arena*, n° 6, octobre 1892, p. 540-550.

coalition populiste capable de surmonter la fracture raciale a été mise sous le boisseau pour plusieurs décennies. Watson lui-même allait devenir plus tard terriblement raciste, ainsi qu'anticatholique et antisémite.

Les divisions qui ont paralysé le populisme dans les années 1890 ont continué à handicaper les réformateurs jusque dans les années 1920. Les élections présidentielles de 1924 et 1928 en sont la meilleure preuve. En 1924, il a fallu à la convention démocrate pas moins de 103 tours de scrutin pour investir un candidat, en raison de l'antagonisme acharné entre la ville et la campagne. Al Smith, le gouverneur de l'État de New York, irlandais et catholique, représentait l'avenir du parti. Mais, à la convention, il s'est heurté à William Gibbs McAdoo, le gendre de Woodrow Wilson – avocat d'affaires qui s'était « réinventé », sur un mode qui ne nous est que trop familier aujourd'hui, en populiste culturel. Il « se donnait William Jennings Bryan comme modèle. [...] Il endossa les passions religieuses de la paysannerie du Sud et adopta même une attitude prudente à l'égard du Ku Klux Klan », écrit Arthur M. Schlesinger Jr. La convention repoussa d'ailleurs – à une voix de majorité – une motion qui proposait d'inclure une dénonciation du Ku Klux Klan dans son programme [1]. Finalement, ni Smith, ni McAdoo n'ont obtenu l'investiture : elle a été accordée à un candidat de compromis, John W. Davis, de Virginie-Occidentale. Avec pour colistier le jeune frère de William Jennings Bryan. Et ce ticket, cela va sans dire, a subi une humiliante défaite.

Quatre ans plus tard, Al Smith a facilement obtenu l'investiture au premier tour de scrutin – mais les vieux antagonismes ont refait surface presque immédiatement. Un démocrate du Tennessee a écrit à McAdoo que Smith avait

1. Arthur M. Schlesinger, Jr., *The Crisis of the Old Order*, Houghton Mifflin, 1957, p. 94-100 ; trad. fr. de Michel Deutsch, *L'Ère de Roosevelt*, t. I, *La Crise de l'ordre ancien, 1919-1933*, Paris, Denoël, 1971, p. 109-115, cit. p. 109.

l'intention de mobiliser « les étrangers pour qui l'Amérique d'autrefois, l'Amérique de souche anglo-saxonne, est une chose détestable qu'il faut renverser et humilier, les Noirs du Nord qui convoitent l'égalité sociale et la domination raciale, les catholiques à qui l'on a fait croire qu'ils ont le droit d'entrer à la Maison-Blanche, et les Juifs à qui l'on va inculquer l'idée que l'heure a sonné pour le peuple élu de châtier l'Amérique d'hier ». Tout au long de la campagne, le Ku Klux Klan a exacerbé le sentiment anticatholique – Smith a pu voir brûler des croix quand son train a traversé l'Oklahoma. En un temps où le Sud était d'ordinaire un solide bastion démocrate, Smith a perdu tous les États frontières et cinq États de l'ex-Confédération [1].

Bref, durant le Long Âge doré – comme dans l'Amérique d'aujourd'hui –, les divisions raciales et culturelles entre ceux qui partageaient les mêmes intérêts économiques ont empêché l'émergence d'une offensive politique efficace contre l'extrême inégalité économique. Ce qui différencie cette époque de la nôtre, c'est l'extrême rigidité de ces clivages, nettement plus prononcés qu'aujourd'hui. En même temps, il y avait moins d'esprits assez larges, même parmi les dirigeants politiques, pour concevoir leur dépassement, ce qui nous amène à un autre trait du Long Âge doré : la domination intellectuelle de l'idéologie conservatrice hostile à l'État.

La domination intellectuelle conservatrice

Le 7 janvier 1923, le *New York Times* est sorti avec à la une un article sous le gros titre : « L'alourdissement des impôts nationaux menace le bien-être national. » Puis venait le chapeau : « Taux de hausse dans les pays du monde. – Les impôts fédéraux par habitant aux États-Unis six fois plus hauts

1. *Ibid.*, p. 126-129 ; trad. fr., p. 147-150, cit. p. 147.

qu'avant la guerre. – Grand bond des dépenses publiques. » Si l'article concédait que la Première Guerre mondiale était à l'origine de l'essentiel de la montée des dépenses dans la décennie précédente, il lançait cet avertissement solennel : « Quand les canons se sont tus, les dépenses publiques sont restées très élevées. Un fardeau fiscal écrasant continue donc à drainer considérablement les ressources des nations. » Ce texte, notons-le, n'était pas présenté comme un article d'opinion mais d'information. Il exposait les conclusions d'une étude du National Industrial Conference Board* sur les maux d'une fiscalité excessive, sans suggérer le moins du monde que certains, peut-être, n'étaient pas d'accord.

La réalité derrière cette manchette, soit dit en passant, était une hausse des dépenses fédérales qui les avait portées de 2 % du produit national brut (PNB) avant la guerre à 4,7 % après. Une augmentation liée, pour l'essentiel, au conflit. Même quand « les canons se sont tus », il est resté le service de la dette de guerre et les pensions d'anciens combattants à payer. Les dépenses non liées à la guerre avaient, certes, augmenté aussi, mais en passant seulement de 0,6 % du PNB avant la guerre à 0,9 % après. Et à la fin des années 1920, après dix ans de restauration politique républicaine, les dépenses non liées à la guerre, en pourcentage du PNB, étaient presque revenues à leur niveau d'avant guerre[1].

Les conservateurs de mouvement ont réussi à faire passer l'idéologie anti-État pour le bon sens : c'est ce que déplorent les libéraux d'aujourd'hui, et je m'en plaindrai aussi dans les chapitres qui suivent. Mais, dans le Long Âge doré, la tyrannie de l'idéologie anti-État était bien pire, et se rapprochait

---

* Association fondée en 1916, le National Industrial Conference Board servait de porte-parole aux grandes entreprises et aux principales branches de l'industrie. Il existe toujours, sous le nom simplifié de « Conference Board », et publie régulièrement, entre autres, un « indice de la confiance des consommateurs ».

1. Jacob Metzer, « How New Was the New Era ? The Public Sector in the 1920s », *Journal of Economic History*, vol. 45, n° 1, mars 1985, p. 119-126.

davantage du résultat souhaité par les actuels propagandistes conservateurs. C'était une époque où l'opinion respectable postulait comme une évidence, tout simplement, que l'impôt avait des effets économiques dévastateurs, que toute tentative visant à réduire la pauvreté et l'inégalité était le comble de l'irresponsabilité, et que quiconque suggérait qu'un capitalisme non tempéré était injuste et qu'on pouvait l'améliorer était un dangereux subversif contaminé par des idées européennes.

Il y avait alors aux États-Unis, c'est un fait, bon nombre de radicaux authentiquement dangereux. Communistes et anarchistes, en particulier, étaient sûrement beaucoup plus nombreux en Amérique durant le Long Âge doré, en particulier après la révolution russe, qu'aujourd'hui. Pas assez pour faire une révolution, mais suffisamment pour donner aux conservateurs une arme de plus contre la réforme. En 1919, après l'explosion d'une bombe devant le domicile d'Alexander Mitchell Palmer, ministre de la Justice, le gouvernement américain a lancé les infâmes « raids Palmer » : l'arrestation de milliers de suspects d'activité révolutionnaire. Comme la paranoïa qui a saisi un instant la nation après le 11 septembre, le *Red Scare* d'après la Première Guerre mondiale a eu pour effet secondaire de discréditer ou d'intimider les libéraux ordinaires, ceux qui pensaient que l'on pouvait rendre plus juste le capitalisme sans l'abolir. De toute manière, ils n'étaient pas nombreux.

Cette tache aveugle était typiquement américaine. Dès 1881, Bismarck avait exposé la logique de ce qu'aujourd'hui nous appellerions un État-providence, qu'il concevait comme un moyen d'avoir la paix sociale et de sécuriser le régime du Kaiser. Le gouvernement, disait-il, « doit persuader également les classes non propriétaires, qui sont les plus nombreuses et les moins instruites, que l'État n'est pas seulement une institution de nécessité, qu'il est aussi une institution de bien-être. Par des avantages directs et reconnaissables, il faut les amener à voir dans l'État non pas une instance conçue à seule fin de protéger les classes nanties de la société, mais un organisme qui répond à leurs besoins et qui sert leurs intérêts [1] ». Avec l'Allemagne bismarckienne à l'avant-garde, les Européens avaient commencé à mettre en place des politiques de style New Deal bien avant que le système politique américain ait été prêt à envisager quelque réforme que ce soit dans ce sens. La Grande-Bretagne, notamment, a introduit un système limité d'assurance vieillesse en 1908 et un système d'assurance maladie en 1911 [2]. Avant la Première Guerre mondiale, la Grande-Bretagne, l'Allemagne et la France – qui mettait en place sa propre ébauche d'État-providence – dépensaient en programmes sociaux un plus gros pourcentage de leur produit intérieur brut (PIB) que ne le feraient les États-Unis jusqu'à la fin des années 1930.

Mais, aux États-Unis, l'évangile de la libre entreprise dominait toujours, à tel point qu'il contribuait, lui aussi, à paralyser le parti démocrate. Si la défaite d'Al Smith en 1928 devait beaucoup au fanatisme religieux, les populistes de son parti avaient une autre grande raison d'être déçus : son premier acte après avoir reçu l'investiture avait été de faire allégeance, concrètement, à l'idéologie économique dominante. Il avait choisi comme directeur de campagne John J. Raskob, industriel républicain dont le seul point d'accord décelable avec les libéraux était son hostilité à la Prohibition, et nommé quatre autres millionnaires à des postes clés de son équipe. Pendant sa campagne, Smith avait d'ailleurs tenté de s'attirer le soutien des milieux d'affaires en présentant Herbert Hoover comme un esprit dangereusement enclin à imposer des réglementations publiques aux entreprises. Bref, Al Smith a mené une campagne de démocrate Bourbon. Comme les précédents

1. Cité *in* David Khoudour-Casteras, « The Impact of Bismarck's Social Legislation on German Emigration Before World War I » (photocopie, University of California, Berkeley, 2004).
2. David M. Cutler et Richard Johnson, « The Birth and Growth of the Social Insurance State : Explaining Old-age and Medical Insurance Across Countries », *Kyklos*, vol. 57, n° 4, 2004, p. 475-504.

Bourbons, il était financièrement compétitif : les démocrates ont dépensé 5,3 millions de dollars contre 6,3 millions de dollars pour les républicains. Mais, n'ayant rien de différent à offrir, Al Smith a subi une défaite retentissante [1].

Smith est allé encore plus loin dans le dogmatisme conservateur au fil des années. Lors de sa tentative manquée pour obtenir l'investiture démocrate en 1932, il s'est fait la voix des milieux d'affaires, l'adversaire du changement et de la réforme. Évolution que le journaliste Henry Louis Mencken, dans son style caractéristique, a résumée d'une formule lapidaire : « Ses relations avec les riches l'ont apparemment ébranlé, changé. Il est devenu un joueur de golf[2]. »

Les racines du New Deal

Le climat politique après l'élection de 1928, dans cette Amérique où les conservateurs triomphaient sur toute la ligne, où le progressisme libéral semblait une cause perdue, rappelle à un observateur moderne des souvenirs récents : le climat après l'élection de 2004, quand les commentateurs s'empressaient d'enterrer les idées des libéraux et de saluer la naissance d'une majorité républicaine permanente. La réaction de leurs homologues de 1928 semble toutefois beaucoup plus justifiée : dans le scrutin populaire, Herbert Hoover l'avait emporté sur Al Smith par 58 % des voix contre 41 %. Même New York avait voté Hoover, bien que Franklin Delano Roosevelt eût réussi à se faire élire gouverneur d'extrême justesse, avec 25 000 voix d'avance sur 2,2 millions de suffrages. Le Long Âge doré semblait bien parti pour durer toujours.

Ce qui a tout changé, c'est bien sûr la Grande Dépression, qui a rendu possible le New Deal. Avec le recul, cependant,

1. Arthur M. Schlesinger, *Crisis of the Old Order*, *op. cit.*, p. 126-127 ; trad. fr., *L'Ère de Roosevelt*, t. I, *op. cit.*, p. 147-148.
2. Cité *ibid.*, p. 303 ; trad. fr., p. 336.

nous pouvons voir que de modestes avancées vers une société plus égalitaire avaient déjà commencé avant la Dépression – pas au niveau fédéral, à celui des États. Dès 1901, le Maryland avait voté une loi d'indemnisation ouvrière, qui accordait aux victimes d'accident du travail des allocations financées par des cotisations obligatoires des employeurs – mais elle avait été déclarée contraire à la Constitution. Une loi de 1910 de l'État de New York avait elle aussi été annulée par les tribunaux. Néanmoins, entre 1911 et 1913, treize États ont réussi à mettre en place des systèmes rudimentaires d'indemnisation. Pendant la même période, plusieurs États ont posé les bases de dispositifs d'assistance aux mères devenues veuves et à leurs enfants.

Le soutien aux personnes âgées a suivi. En 1923, le Montana, la Pennsylvanie et le Nevada ont voté des lois prévoyant qu'on leur verserait des pensions. Dans les deux derniers États, elles ont été promptement annulées par les tribunaux. Cependant, en 1928, onze États avaient tout de même instauré une certaine forme de pensions de retraite, sorte de préfiguration de la Social Security. Et, à la fin de la décennie, quand la Dépression a commencé à faire mal, il y a eu une forte poussée pour obtenir une assurance chômage : la première a été créée par le Wisconsin en 1932. Si ces programmes avaient un financement modeste et couvraient peu de gens, ils ont posé le principe de l'assurance sociale et engagé une expérience concrète dont le New Deal a pu tirer profit.

Le plus remarquable, en un sens, est le nombre d'années de dépression qu'il a fallu pour que le gouvernement fédéral soit prêt à prendre des mesures du même genre. Herbert Hoover, qui s'était fait un nom dans l'organisation des secours en Europe après la Première Guerre mondiale, a obstinément refusé tout effort sérieux d'aide sociale dans son propre pays en pleine crise nationale.

Mais la volonté politique de mettre en œuvre un véritable programme de progrès et le dirigeant capable de le faire sont finalement apparus. Si Bryan, dont le dernier acte majeur a été de condamner la théorie évolutionniste au procès Scopes*, n'était pas celui qu'il fallait pour transformer l'Amérique de l'Âge doré, Franklin Delano Roosevelt était vraiment l'homme de la situation. Sous sa direction, la nature de la société américaine a considérablement changé, et pour le meilleur.

* En 1925, alors que l'État du Tennessee, comme quelques autres, interdisait d'enseigner la théorie de l'évolution dans les écoles publiques, un jeune professeur de Dayton (Tennessee), Thomas Scopes, fit savoir qu'il l'avait fait. D'où un procès retentissant qui servit de tribune aux partisans comme aux adversaires de l'évolutionnisme, respectivement représentés par le libre-penseur Clarence Darrow et par William Jennings Bryan. Scopes fut condamné à 100 dollars d'amende (jugement cassé en appel, mais pour vice de forme).

3

LA GRANDE COMPRESSION

En 1953, le magazine *Time*, estimant que « les informations réelles sur l'avenir politique du pays et son orientation économique se trouvent chez des gens qui voient rarement un journaliste », a envoyé l'un de ses conseillers de rédaction, Alvin Josephy, faire une tournée du pays. Avec mission de prendre le pouls de l'Amérique.

Le portrait qu'il en a donné ne ressemblait guère aux États-Unis de 1929. Si l'Amérique des années 1920 avait été le pays des deux extrêmes – les fabuleuses fortunes de quelques-uns et les terribles difficultés de beaucoup –, celle des années 1950 était tout d'une pièce. « Même dans les plus petites villes, dans les zones les plus isolées », souligne d'emblée l'article de *Time*, « les Américains portent des vêtements qui respirent la prospérité, la classe moyenne [...]. Ils ne deviennent pas des riches mais ils sont plus nombreux qu'ils ne l'ont jamais été à gagner très bien leur vie. » Et si l'Amérique des années 1920 avait été un pays politiquement polarisé, profondément divisé entre une droite dominante et une gauche assiégée, celle des années 1950 vivait sous le signe du compromis : « Républicains et démocrates ont une surprenante identité de vision et de pensée politique. » Les syndicats étaient devenus de dignes institutions de l'*establishment*. Les agriculteurs avaient répondu gaiement à l'envoyé spécial du *Time* que, si les subventions agricoles étaient du socialisme, ils étaient socialistes[1].

Bien que cette impression du rédacteur de *Time*, celle d'une Amérique devenue pays de classe moyenne et de juste milieu, ne fût pas fondée sur des statistiques scientifiques, beaucoup la partageaient. Quand John Kenneth Galbraith a intitulé sa critique des valeurs américaines de l'après-guerre *L'Ère de l'opulence*, il était sarcastique ; cependant, il partait bien du même constat : la plupart des Américains pouvaient se payer les biens nécessaires à la vie. Quelques années plus tard, Michael Harrington a publié *L'Autre Amérique*[*] pour rappeler à ses concitoyens qu'en réalité les Américains n'appartenaient pas tous à la classe moyenne – cela dit, s'il avait jugé nécessaire d'écrire ce livre, c'était justement parce que la pauvreté n'était plus la condition majoritaire et que l'on avait donc tendance à l'ignorer.

Les chiffres, nous le verrons, confirment ce que pensaient voir tous ces observateurs. L'Amérique des années 1950 était bien une société de classe moyenne, infiniment plus que celle des années 1920 – ou d'aujourd'hui. L'injustice sociale restait omniprésente : la ségrégation dominait encore dans le Sud, le racisme affiché et la discrimination ouverte contre les femmes étaient la norme sur tout le territoire. Mais les simples travailleurs et leurs familles avaient le sentiment, tout à fait justifié, de recevoir une plus grande part de la prospérité nationale qu'ils n'en avaient jamais eu. Et les riches, de leur côté, étaient vraiment beaucoup moins riches qu'à la génération précédente.

Les historiens de l'économie Claudia Goldin et Robert Margo ont donné un nom à la réduction des écarts de revenus

1. Alvin Josephy, « The U.S. : A Strong and Stable Land », *Time*, 14 septembre 1953.

* Michael Harrington, *The Other America : Poverty in the United States*, New York, Macmillan, 1962 ; trad. fr. d'Anne Marchand, *L'Autre Amérique. La pauvreté aux États-Unis*, Paris, Gallimard, coll. « Témoins », 1967.

qu'ont connue les États-Unis entre les années 1920 et les années 1950 (la très forte diminution de la distance entre les riches et la classe ouvrière et le resserrement des différentiels de salaires) : « la Grande Compression ». Ils ont eu raison de choisir une formule qui fait écho à « la Grande Dépression ». Comme la Dépression, la réduction des écarts de revenus a été un événement définitoire dans l'histoire américaine, elle a changé la nature de notre société et de notre vie politique. Toutefois, si la Grande Dépression reste vivante dans nos mémoires, la Grande Compression a été largement oubliée. La mise en place d'une société de classe moyenne, qui semblait naguère un rêve impossible, a fini par paraître tout à fait naturelle.

Nous vivons aujourd'hui un second Âge doré : la société de classe moyenne de l'après-guerre s'évanouit à vive allure. À en croire les idées reçues de notre époque, c'est bien dommage mais c'est le résultat de forces qui nous échappent. Or, l'histoire de la Grande Compression est un antidote puissant au fatalisme, elle démontre que la réforme politique peut créer une répartition du revenu plus équitable – donc un climat plus sain pour la démocratie.

J'aimerais en dire un peu plus sur ce point. Dans les années 1930 comme aujourd'hui, une des grandes lignes de défense des conservateurs face aux appels à l'action contre l'inégalité était qu'on ne *pouvait* rien entreprendre : selon leur thèse, aucune politique n'était en mesure d'augmenter sensiblement la part des familles ouvrières dans le revenu national, du moins sans faire chavirer l'économie. Or, Franklin Delano Roosevelt et Harry Truman ont bel et bien réussi à opérer une redistribution spectaculaire des revenus et de la fortune vers le bas, qui a rendu la société américaine beaucoup plus égalitaire qu'auparavant. Et non seulement cette redistribution n'a pas coulé l'économie, mais la Grande Compression a créé les conditions d'une expansion gigantesque qui a duré toute une génération. S'ils ont pu y parvenir à leur époque, nous devrions être capables de répéter leur exploit.

Comment ont-ils fait ? Avant d'examiner les explications possibles, regardons plus attentivement cette Amérique d'après la Grande Compression, vers 1955.

Portrait d'une nation de classe moyenne

Vers le milieu des années 1950, la « Côte de l'Or » de Long Island n'existait plus. On appelait ainsi la côte nord, domaine réservé des riches durant le Long Âge doré et cœur du financement du parti républicain. Certains manoirs avaient été vendus pour une bouchée de pain, puis rasés pour laisser place à des lotissements destinés à la classe moyenne ou reconvertis en vue d'usages institutionnels (*country clubs*, maisons de santé et communautés religieuses occupent encore nombre de grands domaines). D'autres avaient été donnés à des institutions à but non lucratif ou à l'État, pour éviter l'impôt sur les successions.

« Qu'est-ce qui a tué les vastes demeures légendaires ? » demande *Newsday*, le journal de Long Island, dans son guide des résidences encore debout. Sa réponse est assez juste : « Une triple malédiction : l'instauration d'un impôt fédéral sur le revenu, les pertes financières de la Grande Dépression et les changements structurels de l'économie des États-Unis, qui ont rendu le service domestique moins attrayant pour les légions de travailleurs indispensables au bon fonctionnement de ce mode de vie [1]. »

Si les manoirs de la « Côte de l'Or » avaient été le symbole de Long Island au cours du Long Âge doré, nul ne pouvait douter de ce qui les avait remplacés dans les années 1950 :

1. « The Glittering Domains of LI's Royalty » : www.newsday.com/entertainment/localguide/north-shore-nassau/ny-dligold,0,7095725.story?cool=ny-explore-nsn-utility.

Levittown*, la banlieue pavillonnaire type d'après guerre, dont la construction commença en 1947.

Les maisons de William Levitt étaient toutes petites comparées aux McMansions d'aujourd'hui : le modèle « deux chambres à coucher » initial n'avait que 70 mètres carrés d'espace habitable et pas de cave. Mais c'étaient des maisons individuelles, autonomes, déjà équipées d'une machine à laver et autres appareils ménagers, qui offraient à leurs habitants des conditions de vie que l'on pensait jusque-là hors de portée des Américains de la classe ouvrière. Et leur situation en banlieue supposait que ces familles populaires avaient leur propre voiture : ce n'était pas le cas en 1929, c'était exact dans les années 1950.

La réussite de Levitt reposait en partie sur l'application au logement civil des techniques de construction utilisées pendant la guerre pour les casernements. Mais s'il pensait, à juste titre, qu'il y aurait un marché de masse pour ses maisons, c'est parce qu'un bouleversement radical avait déplacé le centre de gravité de l'économie vers le bas. Les riches n'avaient plus du tout leur pouvoir d'achat de 1929, et celui des travailleurs ordinaires était beaucoup plus élevé qu'à toute autre époque.

Établir des comparaisons statistiques entre les années 1920 et les années 1950 est un peu épineux, car, avant l'avènement de l'État-providence, l'administration américaine ne ressentait pas le besoin de collecter de nombreux chiffres pour savoir qui gagnait quoi et comment les gens joignaient les deux bouts. Quand Franklin Roosevelt a évoqué, dans son second discours d'inauguration, le « tiers mal logé, mal vêtu, mal nourri » de la nation, c'était une conjecture, pas une statistique. Les États-Unis, en fait, n'avaient aucune définition officielle précise de la pauvreté – sans parler d'une estimation officielle du nombre de personnes vivant au-dessous du seuil

* La Levittown de Long Island fut la première et la plus célèbre de ces banlieues de rêve. D'autres furent ensuite réalisées sur le même modèle, notamment en Pennsylvanie et dans le New Jersey.

de pauvreté, puisque celui-ci n'a été créé qu'en 1964, pour aider Lyndon Johnson à fixer les objectifs de la Grande Société. Mais, même si les données sont limitées, il est clair qu'entre les décennies 1920 et 1950 l'Amérique est devenue, à un degré sans précédent, un pays de classe moyenne.

Le grand rétrécissement des différentiels de revenus qui a eu lieu entre les années 1920 et les années 1950 a été en partie l'effet d'un nivellement par le bas : les riches étaient nettement plus pauvres dans les années 1950 que dans les années 1920. Plus pauvres au sens strict du terme : nous ne parlons pas ici d'un appauvrissement relatif, par incapacité d'égaler le taux de croissance des revenus de la partie basse de l'échelle, mais d'une forte baisse absolue du pouvoir d'achat des riches. Au milieu des années 1950, le 1 % le plus riche de la population américaine avait probablement des revenus réels après impôt inférieurs de 20 à 30 % à ce qu'ils étaient une génération plus tôt. Et les revenus réels des richissimes – disons, le dixième le plus riche de ce 1 % – représentaient moins de la moitié de ceux des années 1920. (Le revenu réel *avant* impôt du 1 % le plus élevé était à peu près le même au milieu des années 1950 qu'en 1929, et celui du 0,1 % le plus élevé avait baissé d'environ 40 %. En même temps, les taux d'imposition sur le revenu des riches avaient considérablement augmenté[1].)

Simultanément, le revenu réel de la famille médiane avait plus ou moins doublé depuis 1929[2]. Et la plupart des familles n'avaient pas seulement un revenu plus élevé, elles avaient aussi plus de sécurité. Les employeurs offraient de nouveaux avantages sociaux, comme l'assurance maladie et les plans retraite. Avant la guerre, seule une petite minorité d'Américains avaient l'assurance maladie. En 1955, plus de 60 % en

1. Th. Piketty et E. Saez, « Income Inequality », *op. cit.*
2. Revenu réel du quintile médian des ménages : chiffres des *Historical Statistics of the United States*, série G 328, corrigés avec les valeurs de l'indice des prix à la consommation indiquées par le Bureau of Labor Statistics (www.bls.gov).

bénéficiaient au moins sous sa forme la plus rudimentaire : la couverture des dépenses d'hospitalisation [1]. Et l'État fédéral confortait la nouvelle sécurité de l'emploi privé par des avantages sociaux essentiels comme l'assurance chômage pour les licenciés et la Social Security pour les retraités.

Les travailleurs américains étaient donc infiniment mieux lotis dans les années 1950 que dans les années 1920, tandis que la situation de l'élite économique s'était dégradée. Et même entre travailleurs, les écarts économiques s'étaient réduits. Les chiffres dont nous disposons montrent que, dans les années 1950, les ouvriers non qualifiés et semi-qualifiés, par exemple ceux des chaînes de montage, avaient rattrapé une grande partie de leur écart de salaire avec les ouvriers qualifiés, comme ceux qui travaillaient sur les machines. Et la différence de rémunération entre les personnes actives ayant un haut niveau d'études, comme les avocats et les ingénieurs, et les travailleurs manuels était bien inférieure à celle des années 1920 – ou à celle d'aujourd'hui.

Les statistiques économiques ne sont utiles, bien sûr, que si elles éclairent la condition humaine. Et ces statistiques-là racontent bel et bien une histoire humaine : celle de l'immense démocratisation économique de la société américaine.

D'un côté, la majorité des Américains pouvaient, pour la première fois, s'offrir des conditions de vie décentes. Je sais bien que « décent » n'est pas un terme très précis, aussi vais-je m'expliquer. Dans les années 1920, la technologie capable d'apporter les principaux éléments de confort et aménités de la vie moderne existait. Un Américain d'aujourd'hui ramené à l'époque d'Abraham Lincoln serait horrifié par la dureté de la vie, quelle que soit sa fortune. Mais si on le ramenait à la fin des années 1920 en lui octroyant un revenu suffisamment élevé, la vie lui paraîtrait à peu près tolérable. Le problème, c'est que dans les années 1920 la plupart des Américains ne pouvaient s'offrir cette vie tolérable. Prenons l'élément de

1. *Ibid.*, B 402.

confort le plus fondamental : la grande majorité des Américains ruraux ne disposaient toujours pas de l'eau courante ni des sanitaires, et beaucoup de citadins devaient les partager avec d'autres familles. Si les machines à laver existaient, elles n'étaient pas très répandues. Si les voitures et les téléphones personnels existaient, la plupart des familles n'en possédaient pas. En 1936, un sondage Gallup a prédit un raz de marée électoral en faveur d'Alf Landon, le candidat républicain à la présidence. Comment Gallup a-t-il pu se tromper à ce point ? Eh bien, le sondage avait été réalisé par téléphone : à l'époque, un tiers seulement des domiciles en étaient équipés ; or les Américains qui n'avaient pas le téléphone votaient généralement Roosevelt. Et tout à l'avenant.

Dans les années 1950, s'il y avait encore des habitations rurales avec latrines à l'extérieur et des logements urbains avec toilettes dans les parties communes, il s'agissait très clairement d'une minorité. En 1955, la majorité des familles américaines possédaient une voiture et 70 % des domiciles avaient le téléphone.

De l'autre côté, jamais (ni avant ni après) la remarque de F. Scott Fitzgerald selon laquelle les riches « sont différents de vous et moi » n'a été moins vraie que durant l'après-Seconde Guerre mondiale. Dans les années 1950, très peu d'Américains pouvaient se permettre de vivre dans un univers matériel différent de celui de la classe moyenne. Les riches pouvaient avoir une maison plus grande que la plupart des gens ; ils n'avaient plus la possibilité de résider dans une immense demeure aristocratique, ni de payer la domesticité nécessaire à son entretien. Les différences vestimentaires traditionnelles entre les gens fortunés et tous les autres s'étaient en grande partie évanouies : les simples ouvriers avaient désormais les moyens de porter (et de laver) des vêtements de qualité, et les nantis ne pouvaient plus s'habiller dans un style qui exigeait des légions de domestiques pour les aider à mettre et à enlever leur garde-robe. Même l'avantage traditionnel des riches en matière de mobilité – on dit encore aujourd'hui des magasins haut de gamme qu'ils satisfont le *carriage trade*, la clientèle en carrosse – avait disparu, puisque la plupart des gens avaient à présent une voiture.

Je ne crois pas romancer la situation en écrivant que tout cela a inspiré aux Américains ordinaires un sentiment nouveau de dignité. Tout ce que nous savons de l'Amérique du Long Âge doré montre clairement qu'en dépit de son idéologie démocratique il y régnait un très puissant esprit de classe : les riches se jugeaient bien supérieurs aux ouvriers, lesquels vivaient dans la peur (et l'aversion) des « patrons ». Dans l'Amérique de l'après-guerre – et je peux me fonder ici sur mes propres souvenirs de la société où j'ai grandi, et sur ce qui ressort des propos et des écrits de ses membres –, cet esprit de classe avait largement disparu. La société américaine de l'après-guerre avait ses pauvres, mais les richissimes étaient rares et n'avaient guère de poids social. Un ouvrier protégé par un bon syndicat, comme beaucoup l'étaient, avait un emploi aussi sûr et souvent presque aussi bien rémunéré qu'un spécialiste très qualifié. Matériellement, les conditions de vie ne se différenciaient pas plus entre elles qu'une Cadillac d'une Chevrolet. Si elles étaient plus ou moins luxueuses, les lieux accessibles, les activités praticables étaient les mêmes.

Comment cette société démocratique a-t-elle pu apparaître ?

Qu'est-il arrivé aux riches ?

C'est Simon Kuznets, immigré russe aux États-Unis auquel on a décerné le prix Nobel d'économie en 1971, qui a plus ou moins inventé les statistiques économiques modernes. Dans les années 1930, il a créé la comptabilité du revenu national américain, le système de chiffres – dont le produit intérieur brut – qui nous permet de suivre l'évolution du revenu du pays. Dans les années 1950, il a réorienté son attention de la mesure globale du revenu national à sa répartition, et, malgré le peu de données dont il disposait, il a réussi à prouver qu'elle était beaucoup plus égalitaire dans l'Amérique d'après guerre qu'avant la Grande Dépression. Mais ce changement était-il dû à la politique ou aux forces impersonnelles du marché ?

Formés dans le respect de la « main invisible », les économistes sont en général plutôt sceptiques sur la capacité de l'État à modeler l'économie. Ils ont donc tendance, en première analyse, à chercher du côté des forces du marché la cause des grands changements de la répartition des revenus. Et le nom de Kuznets est souvent associé (assez injustement) à une thèse de ce genre : l'existence d'un cycle naturel de l'inégalité créé par la dynamique du marché. Ce cycle naturel a été baptisé la « courbe de Kuznets ».

Voici comment la courbe de Kuznets est censée fonctionner. Dans les premières phases d'un développement, souligne le raisonnement, ceux qui ont de l'argent voient se multiplier les occasions de l'investir, tandis que l'afflux d'une main-d'œuvre rurale bon marché vers les villes pèse sur les salaires. Donc, lorsqu'un pays s'industrialise, l'inégalité augmente : une élite de riches industriels apparaît tandis que les simples travailleurs restent enlisés dans la pauvreté. Autrement dit, le produit naturel du développement est une période d'immense inégalité, comme le Long Âge doré aux États-Unis.

Puis le capital devient plus abondant, le flux de main-d'œuvre rurale s'assèche, les salaires commencent à monter et les profits à stagner ou à baisser. La prospérité se diffuse et l'on passe à une économie essentiellement de classe moyenne.

Jusqu'aux années 1980, la plupart des économistes américains, quand ils ne se désintéressaient pas complètement de ce problème, interprétaient ainsi le devenir de l'Amérique aux XIXe et XXe siècles. Le Long Âge doré, pensaient-ils, était une phase par laquelle le pays devait nécessairement passer ; et la société de classe moyenne qui l'avait suivi était le *happy end* naturel et inévitable du processus de développement économique.

Mais, au milieu des années 1980, on a bien vu que l'histoire ne s'arrêtait pas là, que l'inégalité se remettait à augmenter. Si de nombreux économistes ont également interprété ce phénomène comme un effet inexorable de dynamiques du marché – en expliquant, par exemple, que les bouleversements technologiques donnaient de plus en plus nettement une prime au travail qualifié –, ce regain d'intérêt pour l'inégalité a conduit à réexaminer l'égalisation des revenus qui avait eu lieu à une génération antérieure. Et là, devinez quoi ? Plus on étudie minutieusement cette égalisation, moins elle a l'air d'une réaction progressive à des forces impersonnelles du marché, plus elle ressemble à un changement brutal, largement provoqué par celui du rapport de forces politique.

La soudaineté du changement et l'importance probable des facteurs politiques se constatent facilement lorsqu'on observe les revenus des riches – le 1 % supérieur, voire moins, de la répartition des revenus.

Nous avons plus de données historiques sur les revenus des riches que sur ceux du reste de la population, parce que les riches ont payé l'impôt sur le revenu à partir de 1913 – et, ce faisant, informé l'État fédéral de leurs ressources financières. Il ressort de ces déclarations d'impôts qu'il n'y a eu aucune tendance à la baisse de l'inégalité jusqu'au milieu des années 1930, voire plus tard. En 1937, lorsque Franklin Roosevelt a prononcé son second discours d'inauguration, celui où il évoque le tiers de la nation qui se trouve encore dans la pauvreté, rien n'indiquait la moindre atténuation de la position économique des riches par rapport à la domination sans partage qu'ils exerçaient avant la Première Guerre mondiale. Dix ans plus tard seulement, ils avaient été clairement rétrogradés : la chute massive des revenus au sommet que nous avons signalée pour les années 1950 s'était déjà produite en 1946 ou 1947. L'appauvrissement relatif de l'élite économique n'a rien eu de graduel : il est survenu brusquement.

Ce déclin brutal de la fortune des riches tient presque en un seul mot : l'impôt.

Voici comment on peut analyser ce qui s'est passé. Dans l'Amérique d'avant guerre, les hauts revenus ne venaient pas des mêmes sources qu'aujourd'hui. Si les riches actuels doivent une large part de leurs rentrées d'argent à leur emploi (pensons aux PDG et à leurs *stock-options*), dans les années 1920 les choses étaient plus simples : les riches étaient riches grâce aux retours des capitaux qu'ils possédaient. Et, puisque l'essentiel de ces retours allait à un petit pourcentage de la population – en 1929, 70 % des dividendes étaient versés à 1 % seulement des Américains –, la répartition des revenus entre les riches et tous les autres était largement déterminée par la part respective des salaires et de la rémunération du capital dans le revenu national.

On pourrait donc supposer que la forte chute de la part des riches dans le revenu national américain a sûrement été due à un changement massif dans sa répartition, au détriment du capital et en faveur du travail. En fait il ne s'est rien produit de tel. En 1955, le travail a reçu 69 % du revenu avant impôt gagné dans le secteur privé et le capital 31 %. C'était à peine différent du 67 % contre 33 % de 1929.

Si la division du revenu *avant* impôt entre le capital et le travail a fort peu évolué entre les années 1920 et les années 1950, sa répartition *après* impôt entre ceux dont les ressources venaient essentiellement du capital et ceux qui les devaient essentiellement à des salaires a radicalement changé.

Dans les années 1920, les impôts étaient un facteur secondaire pour les riches. Le taux le plus élevé de l'impôt sur le revenu n'était que de 24 %, et, avec des droits de succession qui, même sur les plus grandes fortunes, n'étaient que de 20 %, les dynasties de la richesse n'avaient guère de mal à se perpétuer. Puis, avec l'avènement du New Deal, les riches se sont trouvés confrontés à des impôts immensément plus lourds que ceux des années 1920, plus lourds même que ceux d'aujourd'hui. Le taux le plus élevé d'imposition du revenu (qui de nos jours est de 35 % seulement) était monté jusqu'à 63 % sous le premier mandat de Roosevelt et jusqu'à 79 % sous le second. Au milieu des années 1950, lorsque les États-Unis faisaient face aux dépenses de la guerre froide, il a atteint 91 %.

De plus, ces taux plus élevés de l'impôt personnel s'appliquaient à des revenus du capital déjà sensiblement réduits par la chute, non des profits engrangés par les entreprises, mais de la part de ces profits qu'on les autorisait à conserver. L'impôt fédéral moyen sur les profits des entreprises est passé de moins de 14 % en 1929 à plus de 45 % en 1955.

Dernier point. Non seulement ceux qui devaient leurs revenus au capital ont constaté que l'impôt leur en prenait une bonne partie, mais ils ont eu de plus en plus de mal à transmettre leur fortune à leurs enfants. Les droits de succession sur les très grandes fortunes sont passés de 20 à 45, puis 60, puis 70, et finalement 77 %. C'est l'une des raisons pour lesquelles le degré de concentration de la fortune s'est sensiblement réduit. Le 0,1 % le plus riche des Américains possédait plus de 20 % de la fortune nationale en 1929 ; sa part était d'environ 10 % au milieu des années 1950.

Donc, qu'est-il arrivé aux riches ? En gros, le New Deal a prélevé par l'impôt une très grande partie – peut-être l'essentiel – de leurs revenus. Pas étonnant que Franklin Roosevelt ait été perçu comme un traître à sa classe.

Ouvriers et syndicats

Si les riches ont été les principales victimes de la Grande Compression, ce sont les cols bleus – et surtout les ouvriers d'usine – qui en ont le plus bénéficié. Les trois décennies qui ont suivi la Grande Compression, du milieu des années 1940 au milieu des années 1970, ont été l'âge d'or du travail manuel.

De fait, à la fin des années 1950, les Américains du sexe masculin munis d'un diplôme de fin d'études secondaires et sans formation universitaire gagnaient à peu près autant, en termes réels (chiffres corrigés de l'inflation), que les salariés actuels du même niveau de qualification. Et leur statut social relatif était, évidemment, beaucoup plus élevé : les cols bleus qui se trouvaient aux postes les mieux payés gagnaient souvent autant ou plus que de nombreux membres des professions libérales et techniques qui étaient allés à l'université.

Pourquoi l'époque était-elle si favorable aux cols bleus ? L'une des raisons était la situation de l'économie mondiale : si les entreprises industrielles américaines pouvaient payer des salaires élevés, c'est en partie parce qu'elles avaient peu de concurrence étrangère. La pénurie de main-d'œuvre que créait la limitation rigoureuse de l'immigration par l'Immigration Act de 1924 jouait aussi.

Mais le grand facteur qui explique pourquoi les cols bleus gagnaient tellement mieux leur vie dans les années 1950 que dans les années 1920, c'est la montée en puissance des syndicats.

À la fin des années 1920, le mouvement syndical américain battait en retraite. Les grandes campagnes de syndicalisation échouaient – parce que les employeurs parvenaient à briser les grèves, et aussi parce que l'État intervenait constamment de leur côté, en arrêtant les syndicalistes venus organiser le personnel et en les expulsant si, comme c'était souvent le cas, ils étaient nés à l'étranger. Les effectifs des syndicats, qui s'étaient accrus au cours de la Première Guerre mondiale, avaient ensuite périclité. En 1930, ils regroupaient un peu plus de 10 % des travailleurs non agricoles, pas davantage, ce qui correspond à peu près au pourcentage actuel de syndiqués dans le secteur privé. Le nombre d'adhérents des syndicats a continué à diminuer durant les premières années de la Dépression, et en 1933 il était au plus bas.

Or, avec le New Deal, les effectifs et la puissance des syndicats sont montés en flèche. Le nombre de leurs adhérents a triplé de 1933 à 1938, puis presque doublé de 1938 à 1947. À la fin de la Seconde Guerre mondiale, plus d'un tiers des ouvriers non agricoles étaient membres d'un syndicat – et beaucoup d'autres recevaient un salaire qui, explicitement ou implicitement, était fixé en référence à celui des syndiqués, ou visait à satisfaire suffisamment le personnel pour éviter la syndicalisation.

Pourquoi une telle augmentation du nombre de syndiqués ? Économistes et historiens ont engagé sur ce point un débat sérieux.

L'une des thèses en présence met, pour l'essentiel, la forte croissance des effectifs syndicaux au crédit (ou au débit, selon le point de vue) du New Deal. Jusqu'au New Deal, l'État fédéral avait été un allié sûr des employeurs qui voulaient réprimer les « organisateurs » ou écraser les syndicats existants. Sous Franklin Roosevelt, il s'est mué en protecteur du droit des ouvriers à se syndiquer. La déclaration de Roosevelt lors de la signature du Fair Labor Relations Act de 1935, qui a créé le National Labor Relations Board, n'aurait pu être plus claire : « Cette loi définit, en l'intégrant à notre cadre juridique concret, le droit d'auto-organisation des salariés de l'industrie à des fins de négociation collective, et donne à l'État des moyens de sauvegarder ce droit légal. » Il est donc bien compréhensible que de nombreux historiens voient dans ce revirement des pouvoirs publics à l'égard des syndicats la cause de la forte progression de leurs effectifs.

Une autre analyse insiste moins sur le rôle de la politique gouvernementale et privilégie davantage la dynamique interne du mouvement syndical. Richard Freeman, grand spécialiste de l'économie du travail à Harvard, estime que la montée de la syndicalisation des années 1930 a été du même type que celle de la période 1910-1920, et il rappelle que d'autres pays occidentaux ont connu dans les années 1930 des poussées semblables ; ce qui suggère que Franklin Roosevelt et le New

Deal n'ont peut-être pas joué un rôle crucial. Selon Freeman, ce qui s'est vraiment passé dans les années 1930 a été un processus en deux temps, largement indépendant de l'action du gouvernement. D'abord, la Grande Dépression, qui a conduit de nombreux employeurs à réduire les salaires, a donné au mouvement syndical une force nouvelle, car les travailleurs en colère se sont organisés pour lutter contre cette baisse de leur rémunération. Puis la montée en puissance du mouvement syndical a commencé à s'auto-alimenter, car les ouvriers qui avaient adhéré aux syndicats ont apporté un soutien crucial (aide financière, participants aux piquets de grève, etc.) aux autres travailleurs qui cherchaient à s'organiser.

Nous n'avons pas forcément à trancher entre ces deux thèses. Les facteurs qui ont mobilisé les ouvriers ont aussi contribué à donner au New Deal le pouvoir politique dont il avait besoin pour changer la politique fédérale. Et, même si Franklin Roosevelt n'a pas créé à lui seul les conditions d'un puissant mouvement syndical, la mutation de cet agent du patronat qu'était l'État en protecteur des ouvriers a sûrement aidé l'essor des syndicats.

Quel que soit le poids relatif de la politique, de la Dépression et de la dynamique interne dans la montée de leurs effectifs, tout ce que nous savons des syndicats prouve que leur nouvelle puissance a joué un rôle majeur dans la création d'une société de classe moyenne. Il ressort d'un vaste corpus de travaux universitaires que les syndicats ont deux grands effets qui sont importants pour la Grande Compression. D'abord, ils font monter les salaires moyens de leurs membres ; et aussi, indirectement et dans une moindre mesure, ceux des ouvriers employés à des postes comparables, même s'ils ne sont pas représentés par les syndicats, puisque les employeurs des entreprises non syndicalisées s'efforcent d'amoindrir l'attrait des campagnes d'« organisation » sur leur personnel. Les syndicats ont donc tendance à réduire l'écart des rémunérations entre les cols bleus et les postes mieux payés, ceux des cadres de gestion par exemple. Deuxièmement, ils diminuent les écarts de revenus au sein même des cols bleus, car ils négocient des augmentations de salaires plus importantes pour leurs membres mal payés que pour leurs membres bien payés. Et les patrons des entreprises non syndicalisées qui cherchent à tenir à distance les « organisateurs » en font souvent autant. Autrement dit, les effets connus de l'action des syndicats sur les salaires sont exactement ceux que nous constatons dans la Grande Compression : une hausse des salaires des cols bleus par rapport à ceux des cadres et des professions techniques et libérales ; et une réduction des différentiels de salaires entre cols bleus.

À elle seule, la syndicalisation n'aurait cependant pas suffi à provoquer une compression d'une telle ampleur. Il a fallu, pour que la transformation soit complète, les conditions particulières de la Seconde Guerre mondiale.

Les salaires de la guerre

En temps normal, dans une économie de marché comme celle des États-Unis, l'État peut au mieux exercer une influence sur les salaires : il ne les fixe pas directement. Mais, dans les années 1940, d'importants secteurs de l'économie américaine se sont trouvés, durant près de quatre ans, sous son contrôle plus ou moins direct, dans le cadre de l'effort de guerre. Et l'État a mis à profit cette situation pour provoquer une égalisation majeure des revenus.

Le National War Labor Board (NWLB) a été créé, en fait, par Woodrow Wilson en 1918. Il avait pour mission d'arbitrer les différends entre travail et capital afin d'éviter des grèves qui auraient pu nuire à l'effort de guerre. En pratique, il a favorisé les intérêts du travail, en protégeant le droit des ouvriers à s'organiser et à négocier collectivement, en faisant pression pour un salaire qui permette réellement de vivre. Très vite, les effectifs des syndicats ont presque doublé.

Après la Première Guerre mondiale, le NWLB a été dissous et le gouvernement fédéral est revenu à son traditionnel parti pris pour les employeurs. Les syndicats, on l'a dit, ont dû rapidement battre en retraite et les acquis de la période de guerre ont été perdus.

Franklin Roosevelt a rétabli le NWLB un peu plus d'un mois après Pearl Harbor, et cette fois avec davantage de pouvoir. La guerre créait de gigantesques pressions inflationnistes, qui ont conduit l'État à bloquer les prix de nombreux produits clés. Ce contrôle des prix aurait été insoutenable si la pénurie de main-d'œuvre créée par les exigences de la guerre s'était traduite par de fortes augmentations de salaire ; dans de nombreuses branches cruciales pour le pays, on a donc aussi instauré un contrôle fédéral sur les salaires. Toute augmentation devait être approuvée par le NWLB. L'État ne se contentait donc pas d'arbitrer des différends : il dictait le niveau des salaires au secteur privé.

Comme on pouvait s'y attendre étant donné les valeurs de l'administration Roosevelt, les règles établies par le NWLB poussaient à relever les salaires les plus faibles plus que ceux qui étaient déjà importants. À la suite d'une directive de Roosevelt préconisant d'augmenter les rémunérations inférieures à la moyenne, les employeurs ont été autorisés à porter n'importe quel salaire à 40 cents de l'heure (environ 5 dollars actuels) sans avoir à demander l'aval des autorités, ou à 50 cents de l'heure avec l'approbation du bureau local du NWLB. En revanche, porter un salaire à un niveau supérieur à ce chiffre nécessitait l'accord de Washington. Autant dire que la tendance à augmenter les bas salaires plus vite que les autres était inhérente au système. Le NWLB fixait aussi une fourchette de salaires pour chaque métier, et les employeurs étaient libres d'augmenter tout salarié qui l'exerçait jusqu'à la valeur plancher de cette fourchette. Là encore, ce système favorisait le relèvement des salaires des travailleurs les moins payés, mais pas de ceux qui l'étaient davantage. Enfin, le

NWLB autorisait les augmentations qui supprimaient des différences de salaires entre usines – ce qui revenait, là aussi, à mieux rémunérer les moins payés.

« La plupart des critères d'augmentation salariale retenus par le NWLB, écrivent Goldin et Margo, avaient pour effet de rapprocher les salaires entre secteurs industriels et au sein de chacun d'eux. » Donc, durant la brève période où le gouvernement des États-Unis a été en mesure de déterminer plus ou moins directement les rémunérations de nombreux salariés, il s'est servi de ce pouvoir pour rendre la société américaine plus égalitaire.

Et le plus stupéfiant, c'est que ça a tenu.

L'égalité et l'expansion d'après guerre

Supposons qu'aujourd'hui, au Congrès, les démocrates proposent de rétablir les politiques qui ont provoqué la Grande Compression : énorme augmentation des impôts sur les riches, soutien à un renforcement massif de la puissance des syndicats, période de contrôle des salaires utilisée pour réduire considérablement les écarts de rémunération, etc. Que diraient nos idées reçues sur les effets d'un tel programme ?

D'abord, nul ne croirait à son efficacité pour faire reculer l'inégalité : on douterait fort que celle-ci s'en trouve grandement modifiée, du moins à long terme. Selon la théorie économique admise, les tentatives visant à défier la loi de l'offre et de la demande sont en général vouées à l'échec. Même si l'État utilisait des pouvoirs de temps de guerre pour décréter une structure des salaires plus égalitaire, les anciens écarts réapparaîtraient aussitôt les contrôles levés.

Deuxièmement, on entendrait dire de toutes parts (pas seulement à l'extrême droite) que ces mesures de nivellement radical vont ravager l'économie en détruisant les incitations.

Taxer massivement les profits ? L'investissement des entreprises va s'effondrer. Imposer lourdement les riches ? On va tuer l'esprit d'entreprise et l'initiative individuelle. Renforcer les syndicats ? Ils vont revendiquer des augmentations de salaires excessives, ce qui créera un chômage de masse et empêchera tout progrès de la productivité. Résumons : les nouvelles stratégies mises en œuvre aux États-Unis pendant la Grande Compression ressemblent à une forme extrême des politiques aujourd'hui accusées d'être à l'origine de l'« eurosclérose », la relative anémie de l'emploi et (à un moindre degré) de la croissance qui caractérise tant d'économies d'Europe occidentale.

Ces sinistres prédictions se réaliseraient-elles si nous tentions de reproduire aujourd'hui la Grande Compression ? Peut-être. Mais le fait est là : après la Seconde Guerre mondiale, aucune des conséquences néfastes qu'on aurait pu attendre d'un nivellement radical des revenus ne s'est concrétisée. Bien au contraire. La Grande Compression a réussi à égaliser les revenus pour longtemps – plus de trente ans. Et l'ère de l'égalité a aussi été une époque de prospérité inouïe, que nous n'avons jamais pu reproduire.

Pour mesurer à quel point l'économie allait bien après la Grande Compression, je suggère de diviser l'histoire économique des États-Unis d'après guerre en trois périodes : la grande expansion d'après guerre, de 1947 à 1973 ; le temps des troubles, où les crises pétrolières et la stagflation ont brisé l'économie américaine, de 1973 à 1980 ; et l'ère moderne de croissance raisonnable avec montée de l'inégalité, de 1980 à aujourd'hui. (Pourquoi partir de 1947 ? Pour deux raisons : à cette date, la Grande Compression avait été en grande partie réalisée, et les bonnes séries statistiques commencent pour la plupart cette année-là.)

Durant l'expansion d'après guerre, le revenu réel de la famille type a en gros doublé : il est passé, aux niveaux des prix d'aujourd'hui, d'environ 22 000 dollars à 44 000 dollars.

Cela donne un taux de croissance de 2,7 % par an. Et tous les autres revenus ont augmenté à peu près au même rythme, ce qui a maintenu la répartition relativement égalitaire créée par la Grande Compression.

Le temps des troubles a temporairement arrêté la croissance du revenu médian, qui a repris une fois l'inflation maîtrisée – pour la famille type, cependant, même les bonnes périodes ont été loin d'égaler l'expansion d'après guerre. Depuis 1980, le revenu familial médian n'a augmenté que d'environ 0,7 % par an. Même aux meilleures époques – l'expansion Reagan dite « le Matin de l'Amérique » de 1982 à 1989, le boom Clinton de 1993 à 2000 –, le revenu familial a augmenté plus lentement qu'il ne l'avait fait pendant toute une génération après la Grande Compression.

Comme toujours, ce ne sont que des chiffres, qui n'apportent au mieux qu'une indication sur ce qui s'est vraiment passé dans la vie des gens. Mais y a-t-il le moindre doute que, dans la génération de l'après-guerre, pratiquement tout le monde en Amérique avait le sentiment d'une hausse rapide des niveaux de vie, que les simples travailleurs américains se sentaient en voie d'atteindre un degré de prospérité qui dépassait les rêves les plus fous de leurs parents ? Et y a-t-il le moindre doute que notre impression sur l'économie d'aujourd'hui est, au mieux, infiniment plus prudente – que la plupart des Américains actuels se sentent mieux à certains égards et moins bien à d'autres qu'il y a vingt ans ?

La réalité du succès de l'économie américaine au lendemain de la Grande Compression est pour certains si perturbante, si contraire à leurs certitudes sur le fonctionnement du monde, qu'ils ont réécrit l'histoire pour éliminer l'expansion d'après guerre. Larry Kudlow, par exemple, qui prêche l'économie de l'offre sur CNBC tous les soirs de semaine, affirme qu'avec les réductions d'impôts Reagan, « pour la première fois depuis la période qui a suivi la guerre de Sécession (à l'exception du bref épisode Coolidge-Mellon des années 1920), le système économique américain a fait l'envie du monde entier ». La prospérité évoquée par le rédacteur de *Time*, pour ne rien dire de tous les chiffres économiques disponibles, n'était, j'imagine, qu'une simple illusion.

Ce n'était pas une illusion : l'expansion a bien eu lieu. Loin de détruire la prospérité américaine, la Grande Compression semble avoir eu un effet vivifiant sur l'économie. Et si cette histoire est radicalement contraire à ce qui aurait dû se passer selon les manuels d'économie, c'est que quelque chose ne va pas dans les manuels d'économie. Mais laissons ce sujet pour plus tard.

Pour l'instant, reconnaissons simplement qu'au cours des années 1930 et 1940 les libéraux ont réussi une remarquable réduction de l'inégalité des revenus, et qu'elle a eu sur l'ensemble de l'économie des effets quasi totalement positifs. Les hommes et les femmes qui ont réussi cet exploit donnent aux libéraux d'aujourd'hui une leçon de choses sur ce que peut changer un *leadership*.

Qui étaient ces hommes et ces femmes, et pourquoi ontils été en position d'opérer d'aussi profonds changements dans notre société et de les faire durer ?

4

LA POLITIQUE DE L'ÉTAT-PROVIDENCE

Presque tous les Américains d'un certain âge la connaissent, cette photo où un Harry Truman hilare montre une édition matinale du *Chicago Daily Tribune* barré sur toute la largeur de sa une par le titre : « DEWEY BAT TRUMAN ». Non, le démocrate Truman n'était pas battu. Sa victoire électorale de 1948, face à des sondages qui semblaient prédire un raz de marée en faveur de Dewey, a été le plus grand séisme politique de l'histoire des États-Unis.

La victoire inattendue de Truman est devenue l'une des images fortes de l'histoire politique américaine, assortie du cri de ses partisans tout au long de sa tournée électorale : « *Give'em hell, Harry !* » (« Fais-leur une vie d'enfer, Harry ! ») Mais je suis sûr qu'aujourd'hui très peu d'Américains pourraient dire avec qui on lui demandait si ardemment d'être infernal et de quel enfer il s'agissait. Si Truman reste aujourd'hui dans les mémoires, c'est avant tout pour sa politique étrangère : on voit en lui l'homme qui a présidé au plan Marshall, inauguré la stratégie de l'endiguement, résisté à Staline à Berlin, en Corée, et mis l'Amérique sur la voie de sa victoire finale dans la guerre froide.

En 1948, cependant, la politique étrangère n'était pas un enjeu majeur de la campagne, pour deux raisons : la guerre froide n'avait pas commencé pour de bon, et les républicains, déchirés entre leur anticommunisme fervent et leur isolationnisme traditionnel, n'avaient pas encore défini leur position sur le sujet. C'était un tout autre problème qui préoccupait l'électorat cette année-là : il craignait que les républicains ne tentent de détruire les réalisations de politique intérieure de Franklin Roosevelt. Thomas Dewey s'était efforcé d'apaiser ces appréhensions en menant campagne sur des lapalissades à la Yogi Berra*, du style : « Votre avenir est encore devant vous. » Mais Truman avait transformé la présidentielle en référendum sur le New Deal, en concentrant toutes ses attaques sur le Congrès tenu par les républicains.

En 1948, ce Congrès était à l'offensive pour tenter de démanteler l'œuvre de Franklin Roosevelt. Le dirigeant réel des républicains au Congrès était le sénateur Robert Taft, et Taft, parfois nommé « M. Républicain », était farouchement hostile au New Deal, qu'il jugeait « socialiste ». C'était plus que de la gesticulation idéologique. Quand les républicains étaient devenus majoritaires au Congrès en 1946, Taft avait fait voter le Taft-Hartley Act** ; cette loi revenait en grande partie sur les acquis du National Labor Relations Act de 1935, dont le rôle avait été crucial pour l'essor des effectifs et du pouvoir des syndicats sous le New Deal. Donc, en 1948, les électeurs avaient toutes les raisons de croire qu'une victoire des républicains, qui leur donnerait le contrôle simultané du Congrès et de la Maison-Blanche, se traduirait par l'inversion brutale des politiques qui avaient produit la Grande Compression.

En 1952, quand les républicains ont fini par reprendre la Maison-Blanche, l'enjeu était beaucoup moins important. À cette date, leurs dirigeants, par nécessité politique, avaient accepté les institutions créées par le New Deal en tant que traits permanents de la vie américaine. « Si un parti politique

* Yogi Berra, ancien joueur de base-ball né en 1925, avait la réputation de multiplier les tautologies. C'est le La Palisse des États-Unis.

** Le Taft-Hartley Act interdit de nombreuses pratiques syndicales et autorise les États à voter des lois sur le « droit au travail » (voir plus loin, p. 139).

tentait d'abolir la Caisse de retraite publique, l'assurance chômage, la législation du travail et les programmes agricoles », écrivait Dwight Eisenhower en 1954 dans une lettre à son frère Edgar, « on n'entendrait plus jamais reparler de ce parti dans notre histoire politique. Il existe, bien sûr, un groupuscule scissionniste qui croit la chose possible. On trouve parmi eux H.L. Hunt (tu connais peut-être son passé*), une poignée d'autres millionnaires texans du pétrole et un occasionnel politicien ou homme d'affaires venu d'autres secteurs. Leur nombre est négligeable et ils sont stupides[1] ».

Comment des idées et des programmes qui passaient pour dangereusement extrémistes dans les années 1930 étaient-ils devenus l'essence même de la respectabilité dans les années 1950, où seul « un groupuscule scissionniste » réclamait leur abolition ? Pour répondre à cette question, il nous faut comprendre à la fois comment les changements de la société américaine ont modifié le climat politique et comment les partis ont réagi au nouveau contexte.

Du radicalisme à la respectabilité

Dans les années 1930, le New Deal était considéré comme une politique vraiment extrémiste – et les *New Dealers* eux-mêmes n'hésitaient pas à parler le langage de la lutte des classes. Lire ou, mieux encore, écouter (l'enregistrement est en ligne) le discours prononcé par Franklin Delano Roosevelt

* H.L. Hunt était devenu immensément riche au début des années 1930 grâce à un gigantesque champ pétrolifère de l'est du Texas. Dans l'après-guerre, il était un milliardaire maccarthyste, un anticommuniste ardent. Mais à l'origine, il avait plutôt le profil d'un aventurier douteux, bigame de fait et jouant beaucoup au poker.

1. Dwight D. Eisenhower à Edgar N. Eisenhower, 8 novembre 1954 : www.eisenhowermemorial.org/presidential-papers/first-term/documents/1147.cfm.

au Madison Square Garden à la veille de l'élection de 1936, c'est mesurer à quel point le libéralisme est devenu par la suite prudent, timide et policé. Aujourd'hui, ceux qui veulent augmenter le salaire minimum ou les impôts des riches font les pires efforts pour rassurer l'opinion publique, pour bien lui dire qu'ils n'ont rien contre les milieux aisés, qu'ils ne proposent nullement la lutte des classes. Franklin Roosevelt ouvrait le feu à volonté contre les bandits des grandes fortunes :

> Nous avons dû lutter contre les vieux ennemis de la paix – le monopole industriel et financier, la spéculation, la banque véreuse, l'antagonisme de classe, l'esprit de clan, le profiteur de guerre.
>
> Ils avaient commencé à considérer le gouvernement des États-Unis comme un simple appendice à leurs affaires privées. Nous savons maintenant qu'il est tout aussi dangereux d'être gouverné par l'argent organisé que par le crime organisé.
>
> Jamais dans toute notre histoire ces forces n'ont été aussi unies contre un candidat qu'elles ne le sont aujourd'hui. Elles sont unanimes dans leur haine pour moi – et leur haine me fait plaisir.

Franklin Roosevelt n'exagérait pas en disant que les ploutocrates le haïssaient – et ils avaient d'excellentes raisons de le haïr. Comme je l'ai rappelé au chapitre 3, le New Deal avait lourdement imposé les entreprises et les riches, encouragé la croissance des syndicats et présidé à une réduction de l'inégalité qui passait par une forte chute des revenus après impôt des plus fortunés.

Mais quelque chose de très bizarre s'est produit dans les vingt ans qui ont suivi le discours du Madison Square Garden. Grâce à la victoire de Truman en 1948 notamment, les politiques du New Deal sont demeurées en place : les syndicats sont restés puissants durant des décennies, et les impôts sur les entreprises et les riches ont encore augmenté :

ils étaient plus élevés sous Eisenhower que sous Franklin Roosevelt. Et pourtant, au milieu des années 1950, le soutien à ces mêmes mesures qui avaient inspiré une telle haine à l'« argent organisé » – dans le discours du Madison Square Garden, Franklin Roosevelt avait cité la Social Security et l'assurance chômage comme exemples de programmes exécrés par les ploutocrates – est devenu l'essence même de la politique modérée.

Cette mutation a été en partie due à des changements – démographiques, entre autres – qui ont joué en faveur du maintien de l'État-providence. Je vais les examiner dans un instant. Je voudrais d'abord mentionner brièvement une constante de l'économie politique qui explique pourquoi le New Deal a été très difficile à instaurer mais relativement facile à défendre : le conservatisme inné et en général rationnel de l'électorat (je ne veux pas dire par là qu'il sympathise avec la droite, je parle de sa réticence à soutenir de gros changements dans l'action des pouvoirs publics quand il n'y a pas échec flagrant des politiques existantes). Ces dernières années, ce type d'immobilisme conservateur a été fatal à certains projets, tant démocrates que républicains : si la tentative de Clinton pour réformer le système de santé et celle de Bush pour privatiser la Caisse de retraite publique n'ont pas abouti, c'est surtout, dans les deux cas, parce que les électeurs ont peur de l'inconnu.

Dans les années 1920, l'immobilisme conservateur a permis de barrer la route aux réformes libérales. Quiconque proposait d'augmenter les impôts des riches et les prestations sociales pour les salariés et les pauvres, ou suggérait de modifier le droit du travail dans un sens favorable à la syndicalisation, passait pour un irresponsable qui ne comprenait rien aux mécanismes du monde et dont les projets, si on les mettait en pratique, détruiraient l'économie. Même Franklin Roosevelt était jusqu'à un certain point prisonnier des idées reçues, puisqu'il a écrit : « Trop beau pour être vrai – On n'a rien sans rien », en marge d'un livre qui, anticipant Keynes, préconisait de financer des dépenses par le déficit pour soutenir l'économie lors des récessions [1].

Une fois au pouvoir – et moins enclin à récuser les idées révolutionnaires –, Franklin Roosevelt a dû persuader l'opinion publique de rejeter les idées reçues et d'accepter des politiques radicalement neuves. S'il a pu surmonter le conservatisme naturel des électeurs, c'est surtout grâce à des accidents de l'histoire. Premièrement, le cataclysme économique de 1929-1933, qui avait ôté toute crédibilité aux anciennes élites et à leur idéologie, tandis que la reprise entamée en 1933, tout incomplète qu'elle était, en conférait aux réformes du New Deal. « Nous avons toujours su que l'égoïsme insensible était moralement mauvais ; nous savons maintenant qu'il est économiquement mauvais », lança Franklin Roosevelt dans son second discours d'inauguration. Deuxièmement, la Seconde Guerre mondiale, qui a créé une situation dans laquelle l'intervention à grande échelle de l'État dans l'économie était manifestement nécessaire, et balayé ainsi le scepticisme face aux mesures radicales. À l'époque où Eisenhower a écrit cette lettre à son frère, les institutions du New Deal n'étaient plus considérées comme des innovations extrémistes ; elles faisaient partie de la vie normale des Américains.

Les choses ne se seraient évidemment pas passées ainsi si les idées admises avant le New Deal avaient été justes – si imposer les riches, verser des pensions de retraite et des indemnités chômage et renforcer le pouvoir de négociation des travailleurs avait été désastreux pour l'économie. Mais la Grande Compression a été suivie par l'expansion économique la plus longue de l'histoire des États-Unis. De plus, l'administration Roosevelt a démontré l'inanité d'un des arguments classiques contre l'intervention à vaste échelle de l'État dans l'économie : qu'elle conduirait inévitablement à une corruption d'aussi grande envergure. Avec le recul, on est stupéfait

1. Voir Arthur M. Schlesinger, *Crisis of the Old Order*, *op. cit.*, p. 136 ; trad. fr., *L'Ère de Roosevelt*, t. I, *op. cit.*, p. 157.

de constater à quel point le New Deal a été propre. Franklin Roosevelt a présidé à une énorme expansion des dépenses fédérales, dont celles, entièrement discrétionnaires, de la Works Progress Administration (WPA)*. Néanmoins, l'assistance publique, souvent jugée corrompue avant le New Deal, a beaucoup amélioré son image.

La probité du New Deal n'était pas un accident. Ses responsables s'étaient presque fait un point d'honneur de traquer toute corruption potentielle dans leurs programmes. Franklin Roosevelt avait notamment créé un puissant « service d'investigation des projets en cours », chargé d'enquêter sur toute plainte pour malversations dans la WPA. Ce service s'est révélé si efficace qu'un examen ultérieur du Congrès n'a pu trouver un seul cas d'irrégularité sérieuse que ses inspecteurs auraient laissé passer[1].

Cet attachement au gouvernement honnête n'était pas une manifestation de la vertu personnelle de Roosevelt. Il constituait plutôt un impératif politique. La mission de Franklin Roosevelt à la présidence consistait à prouver que l'activisme gouvernemental fonctionne. Pour que la démonstration soit crédible, il devait veiller à ce que le bilan de son administration reste irréprochable. Et il l'a fait.

Dernier point : si les États-Unis ne sont pas entrés dans la Seconde Guerre mondiale à seule fin d'effectuer une démonstration gigantesque de l'efficacité de l'État, c'est tout de même ce qui s'est passé. Il est devenu très difficile aux conservateurs de prétendre que l'État ne pouvait rien entreprendre correctement, puisque aux États-Unis il s'était révélé capable de diriger une guerre mondiale, et notamment d'organiser une immense mobilisation des ressources nationales.

---

* La plus grosse administration du New Deal, chargée des grands travaux, mais aussi de vastes programmes de redistribution en nature, d'actions culturelles, etc. Elle employait plusieurs millions de personnes.

1. J. J. Wallis, P. Fishback et S. Kantor, « Politics, Relief, and Reform : The Transformation of America's Social Welfare System during the New Deal » (document de travail du National Bureau of Economic Research n° 11080, janvier 2005).

En 1948, l'idée d'un rôle actif de l'État dans l'économie était donc devenue respectable – et ce rôle, dans la pratique, avait pour effet de réduire considérablement l'inégalité. Simultanément, la vieille idéologie hostile à toute intervention de l'État, que Franklin Roosevelt avait ironiquement appelée en 1936, dans son discours de Madison Square Garden, « la doctrine selon laquelle le meilleur gouvernement est le plus indifférent », avait été reléguée au rang d'absurde extravagance.

Mais gagner la bataille des idées ne suffit pas : encore faut-il que cette victoire soit soutenue par une coalition politique efficace. En l'occurrence, justement, le paysage politique avait changé : son centre de gravité s'était déplacé vers le bas, et cela donnait du pouvoir aux gagnants de la Grande Compression, qui avaient intérêt à maintenir une répartition relativement égalitaire des revenus.

L'accès au droit de vote

Au cours du Long Âge doré, il y avait un obstacle majeur à la constitution d'un mouvement politique efficace pour défendre les travailleurs américains : légalement ou de fait, beaucoup, notamment parmi les moins rémunérés, étaient tout simplement privés du droit de vote.

La catégorie la plus importante ainsi exclue était la population afro-américaine du Sud – à laquelle on a continué à refuser le droit de suffrage durant une génération après la Grande Compression, et qui en est encore en partie privée aujourd'hui. Pour des raisons dont nous allons bientôt parler, le Sud n'en a pas moins été une composante, certes problématique, de la coalition favorable à l'égalité économique, jusque dans les années 1970.

Il y avait une autre population privée du droit de vote pendant le Long Âge doré, et celle-ci avait bel et bien disparu dans les années 1950 : les immigrés non naturalisés. En 1920, 20 % des adultes des États-Unis étaient nés à l'étranger, et la moitié d'entre eux n'avaient pas la nationalité américaine. Donc, seuls 90 % des habitants adultes du pays étaient des citoyens, jouissant légalement du droit de vote. Et si l'on prend en compte les Afro-Américains du Sud qu'on privait de ce droit, 80 % seulement des adultes résidant aux États-Unis pouvaient réellement prendre part aux élections en 1920. Cette situation n'était pas politiquement neutre : ceux qui n'avaient pas le droit de vote étaient en général plus pauvres que la moyenne. Comme nous le verrons sous peu, les électeurs relativement pauvres d'aujourd'hui ont tendance à soutenir les démocrates en général et un État-providence fort en particulier. Il est probable qu'il en serait allé de même dans les années 1920. La privation du droit de vote retirait donc une partie des voix de gauche, ce qui déplaçait la politique américaine à la droite du centre de gravité qu'elle aurait eu si tous les résidants adultes avaient pu voter.

Mais, après les sévères restrictions imposées à l'immigration en 1924, le pourcentage des adultes qui n'avaient pas le droit de vote a régulièrement diminué. En 1940, les immigrés n'étaient plus que 13 % de la population adulte et plus de 60 % d'entre eux avaient été naturalisés ; à cette date, environ 95 % des résidants adultes des États-Unis étaient donc citoyens américains. En 1950, le pourcentage d'immigrés était tombé à 10 %, dont les trois quarts étaient naturalisés ; les résidants non-citoyens ne représentaient plus qu'un petit pourcentage (3 %) de la population adulte.

Entre 1924 et les années 1950, le groupe des immigrés n'ayant pas la nationalité américaine a pour l'essentiel disparu de la vie politique des États-Unis, qui sont devenus un pays où l'immense majorité des Blancs de la classe ouvrière avaient le droit de vote. Et, dans les années 1950, les Blancs plutôt pauvres étaient bien plus enclins à user vraiment de ce droit que dans les années 1920, parce qu'ils étaient membres d'un syndicat, ou avaient des parents ou amis syndiqués qui les avaient éveillés à la politique et motivés. Tout cela donnait un électorat beaucoup plus favorable à l'État-providence, au sens large, que celui de 1920 – ou d'aujourd'hui.

Le rôle particulier du Sud

Le Sud est encore différent à bien des égards du reste les États-Unis. Mais dans les années 1950 c'était vraiment un autre pays – celui de la ségrégation et de la discrimination ouvertes, où le statut inférieur des Noirs était consacré par la loi et la politique des pouvoirs publics et imposé par la violence. Brown *v.* Board of Education*, la décision de la Cour suprême exigeant la fin de la ségrégation dans l'enseignement, des systèmes scolaires séparés, n'est intervenue qu'en 1954. C'est en 1955 que Rosa Parks a refusé de se lever et de passer à l'arrière d'un autobus de Montgomery**, et la Cour suprême ne s'est prononcée contre la ségrégation dans les transports publics qu'à la fin de l'année 1956. Pour le droit de vote des Noirs, cela a été encore plus long : le Voting Rights Act a été adopté en 1964, l'année où trois militants des droits civiques ont été assassinés à Philadelphie (Mississippi), le lieu que Ronald Reagan choisirait plus tard pour lancer sa campagne présidentielle de 1980 – par un discours sur le droit des États.

* L'affaire porte le nom d'un plaignant de Topeka (Kansas), Oliver L. Brown, opposé au « conseil pédagogique » d'une école blanche locale, mais la décision s'appliquait aussi à de nombreuses autres plaintes semblables en provenance de plusieurs États.

** Parce qu'il n'y avait plus de place assise dans la partie « blanche » de l'autobus et qu'un Blanc monté à un arrêt restait debout, le chauffeur avait ordonné aux quatre premiers Noirs de se lever Le refus de Rosa Parks, son arrestation puis son procès allaient être l'étincelle du boycott des autobus de Montgomery, poursuivi jusqu'à la décision antiségrégationniste de la Cour suprême.

L'ignoble politique raciste du Sud et son arriération générale en faisaient à bien des égards une région profondément conservatrice – plus encore qu'elle ne l'est aujourd'hui. Or le Sud a été aussi, fort longtemps, une composante essentielle de la coalition du New Deal.

Les cartes des résultats des élections disent tout. Sur celles d'aujourd'hui, le Sud est tout rouge*. À part le Maryland et le Delaware, John Kerry n'a pas remporté un seul État au sud de la ligne Mason-Dixon**. En 1948, au contraire, pas un seul État du Sud n'est allé à Dewey, même si plusieurs ont soutenu le candidat ségrégationniste Strom Thurmond.

Pourquoi le Sud votait-il démocrate ? Les Blancs du Sud *pouvaient* le faire dans les années 1950 pour une raison évidente, et répugnante : si le parti démocrate était devenu celui de l'égalité économique, il acceptait tacitement Jim Crow. Ce n'est que lorsque les démocrates sont également devenus le parti de l'égalité raciale que les républicains, anciens adversaires de l'esclavage devenus défenseurs des riches, sont entrés dans la brèche. J'en dirai davantage sur ce chassé-croisé plus loin, en particulier quand j'examinerai la façon dont Ronald Reagan a gagné en 1980.

Mais pourquoi le Sud était-il initialement démocrate ? L'amertume durable qu'y avait laissée la guerre de Sécession l'explique en partie : on pourrait dire que, durant des générations, les démocrates du Sud ont gagné parce qu'ils se présentaient contre Abraham Lincoln.

Le Sud était aussi beaucoup plus pauvre que le reste du pays : il recevait donc une part disproportionnée des avantages sociaux créés par le New Deal. Si les États du Sud sont

---

* Les « couleurs politiques » aux États-Unis ne sont pas les mêmes qu'en Europe : le rouge désigne les républicains, la droite ; et le bleu les démocrates, la gauche. C'est pourquoi on appelle col rouge (*redneck*) un col bleu qui vote à droite.

** La frontière entre la Pennsylvanie et le Maryland, déterminée au XVIIIe siècle par les géomètres britanniques Charles Mason et Jeremiah Dixon. C'était la limite entre les États esclavagistes du Sud et les États non esclavagistes du Nord.

encore aujourd'hui un peu plus pauvres que la moyenne nationale, dans les années 1950 leur pauvreté était extrême. En 1959 encore, le revenu par habitant du Mississippi était inférieur à 1 000 dollars par an (environ 5 000 dollars au regard des prix actuels), et son niveau de vie moyen représentait donc à peine 40 % de celui d'États riches comme le Connecticut, New York et le New Jersey. Le Sud était aussi demeuré une région rurale, agricole, longtemps après l'urbanisation du reste de l'Amérique. En 1950, il y avait aux États-Unis, hors du Sud, trois urbains pour un rural ; au Sud, les ruraux étaient majoritaires.

Le New Deal était donc tout bénéfice ou presque pour le Sud. D'un côté, les impôts très lourds que Franklin Roosevelt prélevait sur les riches et sur les entreprises ne pesaient guère sur la région : elle avait peu de riches et la plupart de ses entreprises appartenaient à des « Nordistes ». De l'autre, les programmes du New Deal, de la Caisse de retraite publique à l'assurance chômage et à l'électrification rurale, étaient particulièrement importants pour les travailleurs à bas salaires qui constituaient l'essentiel de la population du Sud. Même aujourd'hui, la lourde dépendance du Sud à l'égard de l'État-providence a un impact occasionnel sur notre politique : quand George W. Bush a tenté de privatiser la Social Security en 2005, ses agents ont constaté que l'opposition à ce projet était peut-être encore plus acharnée dans les « États rouges » qui avaient voté pour lui en 2004, en particulier ceux du Sud, que dans le reste du pays.

Voici comment nous pourrions formuler la chose : même si le clivage racial dans le Sud s'accompagnait d'une politique locale réactionnaire, la région avait tant à gagner à l'État-providence, en raison de sa pauvreté, qu'elle était prête, au niveau national, à soutenir les libéraux du Nord – jusqu'à un certain point. Il y avait des limites strictes au type de mesures que soutenaient les Blancs du Sud. On ne l'a vu que trop clairement quand Harry Truman a tenté de parachever le

New Deal en lui ajoutant l'élément qui aurait créé un État-providence complet, comparable à celui du Canada ou des pays d'Europe occidentale : une assurance maladie nationale.

En 1946, Truman a proposé la création d'une assurance maladie nationale à payeur unique, comparable au système canadien actuel. Au départ, ce projet semblait avoir de bonnes chances d'aboutir. Mettre en place une assurance maladie nationale dans les années 1940 aurait été beaucoup plus facile qu'aujourd'hui. Les dépenses totales de santé en 1946 ne représentaient que 4,1 % du PIB, contre plus de 16 % actuellement. De plus, puisque, dans les années 1940, l'assurance maladie privée était encore une branche assez peu développée, les compagnies d'assurances ne constituaient pas encore le puissant groupe de pression que l'on sait. Quant au lobby pharmaceutique, il ne deviendrait une force de grande envergure que dans les années 1980. Enfin, l'opinion publique de 1946 était très favorable à une assurance maladie garantie.

Mais la tentative de Truman a échoué. Échec dont la responsabilité incombe largement à l'American Medical Association (AMA)*, qui a dépensé 5 millions de dollars pour combattre son projet – si l'on réajuste ce chiffre à l'envergure actuelle de l'économie, ce serait l'équivalent de 200 millions de dollars. Abusant manifestement de la relation médecin-patient, l'AMA, dans son effort pour empêcher la création d'une assurance maladie nationale, a mobilisé les médecins de famille pour qu'ils en parlent à leurs malades. Elle a ostracisé les médecins favorables au plan de Truman, jusqu'à réclamer qu'on leur refuse les « privilèges hospitaliers** ». Aujourd'hui encore, on est scandalisé de lire en quels termes elle demandait aux praticiens de faire un cours à leurs malades sur les vices de la « médecine socialisée ».

* L'association professionnelle des médecins américains.

** Les « privilèges hospitaliers » octroyés par un hôpital à un médecin de famille permettent à ce dernier de continuer à suivre et à traiter ses patients à l'intérieur de cet établissement.

Cela dit, l'AMA n'a pas vaincu le projet de Truman à elle seule. Une autre force d'opposition à l'assurance maladie nationale a été cruciale : les démocrates du Sud. Financièrement, le système aurait apporté un pactole au Sud pauvre, où beaucoup de gens ne pouvaient s'offrir des soins médicaux convenables. Néanmoins, les politiciens du Sud l'ont combattu, parce qu'ils estimaient qu'une assurance maladie nationale imposerait à la région l'intégration raciale de ses hôpitaux. (Ils avaient probablement raison. Quand l'assurance maladie des personnes âgées, Medicare, très proche à bien des égards du système que Truman voulait instaurer pour tout le monde, a été créée en 1966, l'une des conséquences a été la déségrégation des hôpitaux sur tout le territoire américain.) Aux yeux des dirigeants politiques du Sud, il était plus important de maintenir les Noirs hors des hôpitaux blancs que de donner aux Blancs pauvres les moyens d'être soignés.

L'échec de Truman sur la santé était un présage de l'effondrement final de la coalition du New Deal. Le soutien des Blancs du Sud à l'égalité économique a toujours été ambigu, et il l'est devenu de plus en plus au fil du temps. On dit souvent que le Sud a quitté brusquement la coalition quand le parti démocrate s'est engagé sérieusement pour les droits civiques – et c'est sûrement un facteur essentiel dans ce qui s'est passé. Ajoutons toutefois que le Sud dans son ensemble s'enrichissait ; il avait donc moins à gagner aux politiques de redistribution et s'est senti libre de s'abandonner à ses instincts réactionnaires, nés du refus des droits politiques aux Noirs. Mais, dans les années 1950, tout cela était encore loin dans l'avenir.

Les syndicats

Entre 1935 et 1945, le pourcentage de syndiqués chez les salariés américains est passé de 12 à 35 %. En 1970, il était encore de 27 %. Et les syndicats, en général (pas toujours, certes), soutenaient les démocrates. À l'élection présidentielle de 1948, les trois quarts environ des membres des deux grandes organisations syndicales, l'American Federation of Labor et le Congress of Industrial Organizations, ont voté Truman.

Le rôle des syndicats dans la transformation du parti démocrate en force politique dominante du pays est allé bien au-delà de la tendance des syndiqués à voter pour ses candidats. On connaît la célèbre plaisanterie de Will Rogers* : « Je ne suis membre d'aucun parti politique organisé. Je suis démocrate. » C'était bien vu pour le parti démocrate d'avant le New Deal – et celui d'aujourd'hui. Mais la remarque est beaucoup moins exacte pour la période où le mouvement syndical était puissant, car il procurait au parti une structure organisationnelle toute prête. Les syndicats constituaient une source sûre de financement pour ses campagnes, et ils lui rendaient un service d'autant plus important que la politique n'était pas encore essentiellement télévisée : ils apportaient aux démocrates une armée opérationnelle de militants qui distribuaient les écriteaux à planter sur les pelouses**, les autocollants, les tracts, faisaient du porte-à-porte, et étaient là le jour du scrutin pour faire en sorte que les gens aillent effectivement voter.

Une conséquence plus subtile de la puissance du mouvement syndical a probablement été tout aussi cruciale : son effet sur la conscience politique et les taux de participation

* Will Rogers (1879-1935) était un humoriste américain d'origine amérindienne, et une grande vedette du cinéma muet puis parlant.

** Il s'agit de panneaux au nom du candidat, plantés sur les pelouses de ceux qui le soutiennent.

électorale des Américains à revenu faible et moyen. Ceux d'entre nous qui suivent de près la politique ont souvent du mal à mesurer l'ampleur du désintérêt qu'elle inspire à la plupart des Américains. Cette apathie est pourtant compréhensible : si les résultats des élections peuvent avoir un impact important sur la vie de chacun, il est tout à fait improbable que la décision d'un électeur individuel puisse les modifier. Donc, quand on a un emploi à tenir et des enfants à élever, on n'a guère d'incitations à suivre attentivement les campagnes électorales. En pratique, ce désintérêt rationnel biaise le processus politique en faveur des classes supérieures : les Américains des milieux aisés sont plus susceptibles de s'intéresser à la politique, et d'aller voter, que ceux des classes moyennes et inférieures. L'*électeur* moyen a donc un revenu nettement plus élevé que le *citoyen* moyen, et c'est l'une des raisons de la tendance des candidats et des élus à concevoir leurs politiques en pensant aux milieux relativement prospères.

Le syndicalisme a pour effet de réduire cette distorsion de classe. Les syndicats demandent explicitement à leurs membres d'aller voter. Et il y a peut-être encore plus important : les débats politiques qui ont lieu dans les réunions syndicales, les lettres à contenu politique envoyées aux syndiqués, etc., élèvent le niveau de conscience politique, chez les syndiqués et aussi chez ceux avec lesquels ils discutent, à commencer par leur conjoint, leurs amis, les membres de leur famille. Puisqu'on fréquente souvent des gens d'un niveau social proche du sien, l'effet net est de renforcer la participation politique des Américains à faible revenu. Une analyse statistique récente[1] a estimé que, si la proportion de syndiqués dans la population active avait été aussi importante en 2000 qu'en 1964, la participation électorale des adultes aurait

1. Jan Leighley et Jonathan Nagler, « Unions, Voter Turnout, and Class Bias in the U.S. Electorate, 1964-2000 », *Journal of Politics*, vol. 69, n° 2, mai 2007, p. 430-441.

été supérieure de 10 % dans les deux tiers les plus bas de la répartition des revenus, et de 3 % seulement dans le tiers le plus élevé. La puissance du mouvement syndical a donc abaissé le centre de gravité économique de la politique américaine, au grand bénéfice des démocrates.

Bref, l'économie politique des États-Unis dans les années 1950 et au début des années 1960 était bien plus favorable aux politiques économiques d'égalisation des revenus que durant le Long Âge doré. L'État-providence n'était plus considéré comme extrémiste ; c'était plutôt ceux qui voulaient le démanteler qui passaient pour des excentriques. Il n'y avait plus de classe nombreuse de travailleurs immigrés sans droit de vote. Le Sud accordait un soutien conditionnel et temporaire à l'égalité économique, tant qu'elle ne se traduisait pas en égalité raciale. Et un mouvement syndical fort mobilisait les électeurs à faible revenu.

Les partis politiques à l'époque de l'égalité

Ellis G. Arnal, l'ancien gouverneur de Géorgie, a publié dans le numéro d'octobre 1948 de l'*Atlantic Monthly* un article à contre-courant qui s'est révélé parfaitement juste. Il était intitulé : « Les démocrates peuvent gagner » et soulignait la puissance réelle d'une coalition démocrate que « ses adversaires qualifient d'association entre le Sud, les syndicats, les machines politiques des grandes villes et la gauche intellectuelle. La description n'est pas entièrement exacte mais elle fera l'affaire ». J'ai déjà parlé du Sud et des syndicats. Examinons brièvement les deux autres composantes.

Les « machines politiques » des grandes villes, qui s'appuyaient largement sur le soutien des immigrés, étaient antérieures aux années Roosevelt. En fait, elles servaient de base d'appui majeure aux démocrates depuis le XIXe siècle. Et si les mesures du New Deal avaient eu sur elles un effet, c'était plutôt de miner leur pouvoir. Ce qui faisait l'attrait de ces « machines » pour les électeurs urbains, c'était leur aptitude à venir en aide aux familles en difficulté et à fournir des emplois clientélistes ; or l'expansion du système de sécurité sociale publique du New Deal et la hausse des salaires permise par la Grande Compression ont rendu les services de ce type moins cruciaux. Néanmoins, ces « machines » urbaines sont restées puissantes jusqu'à une date avancée des années 1960 et leur maintien a aidé les démocrates à gagner des élections.

Et la « gauche intellectuelle » ? Il est clair que les intellectuels n'ont jamais été assez nombreux pour constituer un bloc électoral important en faveur de l'un ou l'autre des partis. Ne voir que cet aspect « mécanique » des choses reviendrait, cependant, à sous-estimer l'importance du message et des idées. Dans les années 1930, la gauche avait des idées sur ce qu'il fallait faire ; la droite n'en avait pas : elle répétait que l'économie finirait par guérir toute seule. Le succès de Franklin Roosevelt a conféré aux intellectuels libéraux une crédibilité et un prestige qui ont persisté longtemps après l'essoufflement de la dynamique du New Deal – tout comme, longtemps après la disparition de tout véritable sens de l'innovation à droite, on a souvent continué, à notre époque, d'affirmer que toutes les idées nouvelles étaient de droite. En 1958, John Kenneth Galbraith notait, sarcastique, que, les libéraux ayant proclamé qu'ils étaient en quête d'idées nouvelles, « dans une certaine mesure, cette seule proclamation a remplacé les idées elles-mêmes* ». Toutefois, le sentiment que les idées nouvelles venaient de la gauche restait un avantage pour les démocrates.

Pendant ce temps, dans les années 1950, le parti républicain était devenu, à bien des égards, l'ombre de lui-même. Avant la Grande Dépression et la Grande Compression, les républicains avaient deux grands atouts politiques : l'argent

* John Kenneth Galbraith, *L'Ère de l'opulence*, trad. fr. d'Andrée R. Picard, Paris, Calmann-Lévy, 1961, p. 17.

et leur image de compétence. Les contributions d'une élite prospère leur donnaient généralement un gros avantage financier ; et les Américains supposaient que le GOP, parti des milieux d'affaires, parti des organisateurs qui prenaient les choses en main comme Herbert Hoover*, savait gérer le pays.

Or la Grande Compression avait considérablement réduit les ressources de l'élite, et la Grande Dépression anéanti la foi de la population dans la sagacité des milieux d'affaires. Herbert Hoover était devenu l'incarnation même de l'incompétence. Et, après le triomphe dans la Seconde Guerre mondiale et la grande expansion de l'après-guerre, qui pouvait prétendre de façon crédible que les démocrates ne savaient pas gouverner ?

Néanmoins, le parti républicain a survécu – en se déplaçant vers le nouveau centre politique. Eisenhower a été élu à la Maison-Blanche en partie grâce à la réputation qu'il s'était faite lors de la Seconde Guerre mondiale, en partie parce que l'opinion en avait assez de la guerre de Corée. Mais il était acceptable parce qu'il prêchait la « modération » et jugeait « stupides » ceux qui voulaient revenir sur le New Deal. Le parti républicain est ainsi devenu pour plusieurs décennies une auberge espagnole, qui s'ouvrait à la fois à quelques conservateurs impénitents décidés à réduire l'État et à certains enthousiastes des dépenses publiques massives et du *big government* comme le gouverneur de New York Nelson Rockefeller. Pour mesurer à quel point les républicains étaient devenus peu idéologiques, il est utile de consulter des études quantitatives sur la façon dont ils votaient au Congrès.

Le travail pionnier, déjà mentionné au chapitre 1, est ici celui de Keith Poole, de l'université de Californie à San

* Hoover avait maintes fois prouvé ses talents : en organisant les secours en Chine après la révolte des Boxers (1900), les exportations agricoles alimentaires vers les Alliés européens durant la Première Guerre mondiale, et enfin, on l'a vu, l'aide alimentaire en Europe centrale et orientale après le conflit.

Diego, et Howard Rosenthal, de la Russell Sage Foundation, qui ont élaboré une méthode systématique pour situer les parlementaires sur un axe gauche-droite. (Ils les situent aussi sur un second axe de la politique – la position à l'égard du racisme –, qui s'est révélé crucial dans l'ascension du conservatisme de mouvement. Mais laissons cela de côté pour l'instant.) La méthode de ces auteurs est en gros la suivante : partir de la liste nominative des votes sur plusieurs projets de loi portant sur des questions économiques ; premièrement, effectuer un classement préliminaire de ces projets de loi sur un axe politique gauche-droite ; deuxièmement, classer les élus du Congrès de gauche à droite en fonction de leur vote sur ces projets ; troisièmement, utiliser le classement des parlementaires pour affiner le classement gauche-droite des projets de loi ; puis reclasser les élus sur cette nouvelle base, etc. Après quelques cycles de ce genre, on aboutit à un classement cohérent tant des projets de loi que des hommes politiques le long d'un axe gauche-droite[1]. Poole, Rosenthal et Nolan McCarty de l'université de Princeton ont appliqué cette méthode à chaque Congrès depuis le XIXe siècle. Ce qui frappe dans leurs résultats, c'est combien les différences entre républicains et démocrates ont été modestes dans les années 1950 et 1960, comparées au vaste fossé qui les séparait avant le New Deal et à l'écart encore plus important qui existe entre eux aujourd'hui.

Poole et Rosenthal mesurent la distance entre les partis à l'aide d'un indice de polarisation politique qui, tout en étant extrêmement instructif, est difficile à résumer simplement. Pour ce qui m'intéresse ici, il suffit de retenir deux mesures descriptives qui évoluent de façon très semblable à leur indice au fil du temps. J'appellerai la première le décompte des « minoritaires dans la zone de chevauchement » : le nombre

1. La procédure d'estimation réellement utilisée est beaucoup plus complexe que celle que j'ai évoquée, mais l'esprit est le même. Voir N. McCarty, K. Poole et H. Rosenthal, *Polarized America*, *op. cit.*

de démocrates à la droite du républicain le plus à gauche quand les républicains contrôlent le Congrès, ou le nombre de républicains à la gauche du démocrate le plus à droite quand les démocrates sont majoritaires. Et je baptiserai la seconde le décompte des « minoritaires dans la moitié opposée » : le nombre d'élus minoritaires qui, dans le clivage politique, se situent en réalité à l'autre bord – les démocrates qui sont à la droite du membre médian du Congrès ou les républicains qui sont à sa gauche. Dans les deux mesures, plus les chevauchements sont importants, moins le système politique est polarisé ; tandis que l'absence de chevauchement suggère qu'il n'y a pas de centre politique fort.

Le tableau 2 donne ces chiffres pour trois Congrès : le 70e Congrès, qui a siégé en 1927-1928 et en 1928-1929 ; le 85e Congrès, qui a siégé en 1957 et 1958 ; et le 108e Congrès, qui a siégé en 2003 et 2004. Il ressort de ce tableau que l'esprit partisan des parlementaires était beaucoup moins intense dans les années 1950 qu'avant le New Deal – ou qu'aujourd'hui. Dans le 70e Congrès, où les républicains contrôlaient la Chambre des représentants, la zone de chevauchement était presque inexistante : seuls deux démocrates étaient à la droite du républicain le plus à gauche. Et il n'y avait aucun « minoritaire dans la moitié opposée » : tous les démocrates étaient à gauche. La situation était encore plus extrême dans le 108e Congrès, lui aussi contrôlé par les républicains : tous les démocrates étaient à la gauche du républicain le plus à gauche, et il va sans dire qu'il n'y en avait pas dans la moitié droite. Mais dans le 85e Congrès, où les démocrates étaient majoritaires, de nombreux républicains se situaient à la gauche du démocrate le plus à droite (essentiellement parce qu'il y avait un certain nombre de démocrates du Sud très conservateurs). Et il y avait plus surprenant : neuf élus républicains de la Chambre étaient à gauche, au sens strictement littéral – c'est-à-dire votaient plus à gauche que le parlementaire médian. Une telle situation serait inconcevable aujourd'hui. Ne serait-ce que parce qu'un républicain du

XXIe siècle qui se positionnerait vraiment à gauche ne pourrait jamais gagner les primaires : les conservateurs de mouvement veilleraient à lui opposer un adversaire généreusement financé, que les électeurs républicains des primaires, très marqués à droite, soutiendraient sûrement. Dans les années 1950, en revanche, les républicains ne pouvaient pas se permettre d'imposer la pureté idéologique s'ils voulaient gagner les élections. Par conséquent, d'authentiques libéraux comme Nelson Rockefeller et Jacob Javits, qui seraient sommairement excommuniés aujourd'hui, restaient des membres en vue du parti.

Tableau 2

Mesures du rapprochement entre les partis

	Minoritaires dans la zone de chevauchement	Minoritaires dans la moitié opposée
70e Congrès 1927-1929	2	0
85e Congrès 1957-1958	112	9
108e Congrès 2003-2004	0	0

Source : www.library.unt.edu/govinfo.

La relative indifférenciation des positions des partis sur la politique économique incitait la population à un comportement électoral très différent de celui d'aujourd'hui. Dans les élections récentes, le vote pour un parti a été très fortement corrélé au revenu. Plus son revenu est élevé, plus il est probable que l'électeur ou l'électrice votera républicain. Cette situation indique probablement que l'électorat a conscience que voter républicain c'est voter pour des mesures qui favoriseront les milieux aisés et non les pauvres et la classe ouvrière. Toutefois, la relative absence d'idéologie du parti républicain des années 1950, que reflétait la façon dont votaient ses membres au Congrès, influait aussi sur son image aux yeux de la population. Durant l'expansion de l'après-guerre, il est clair que les électeurs voyaient très peu de différences entre les partis sur la politique économique, du moins quand ils votaient à la présidentielle. Le tableau 3 compare les comportements électoraux moyens des électeurs blancs, classés par catégorie de revenu, à l'élection présidentielle pendant deux périodes : 1952-1972, d'une part, et 1976-2004, de l'autre.

Tableau 3

Blancs votant démocrate à l'élection présidentielle, par catégorie de revenu (en pourcentage)

	Dans la période 1952-1972	Dans la période 1976-2004
Tiers le plus pauvre	46	51
Tiers intermédiaire	47	44
Tiers le plus riche	42	37

Source : Larry Bartels, « What's the Matter with *What's the Matter with Kansas* ? », p. 13 (photocopié, université de Princeton, 2005).

Dans la plus récente, il y a une relation forte entre revenu élevé et vote républicain. Mais dans la période 1952-1972, l'époque de l'acceptation bipartisane de l'État-providence, il n'y avait pratiquement aucune relation entre niveau de revenu et préférence électorale. La seule élection présidentielle où il y a eu une forte différence des votes selon le niveau de revenu a été celle de 1964, l'année où Barry Goldwater – authentique conservateur de mouvement et précurseur d'une époque à venir – avait réussi à s'assurer l'investiture républicaine. D'autres études indiquent que, dans les années 1950 et 1960, le rapport entre le revenu des électeurs et leur inscription sur les listes d'un parti était remarquablement mince : le tiers supérieur de la répartition des revenus n'était que légèrement plus républicain que les deux autres.

Si le parti républicain des années 1950 et 1960 n'était pas favorable au conservatisme économique, que défendait-il ? Ou peut-être vaut-il mieux formuler la question ainsi : quand des électeurs votaient républicain, pour quoi pensaient-ils voter ?

Dans une certaine mesure, pour l'ordre ethnique traditionnel. Le parti républicain des années 1950 était avant tout le parti WASP* – celui des protestants anglo-saxons blancs non sudistes, l'élément « anglo-saxon » étant un peu facultatif (Eisenhower était d'origine allemande, mais cela n'avait pas d'importance). Dans les années 1950, 51 % de ceux qui se disaient républicains étaient des WASP, alors que cette catégorie ne représentait que 30 % de l'électorat[1]. Les protestants blancs avaient été le groupe ethnique dominant aux États-Unis presque tout au long de l'histoire du pays. L'ascension du New Deal, dont la base comptait beaucoup de syndiqués catholiques et où les intellectuels juifs jouaient un rôle important, avait remis en cause cette domination. Une grande partie du reste de la population se méfiait de ce changement. Il est aujourd'hui difficile de reconstituer cet état d'esprit, mais, en 1960 encore, un nombre important d'Américains ont voté contre Kennedy pour l'unique raison qu'il était catholique.

Plus honorablement, beaucoup d'Américains votaient républicain pour qu'il y ait un contrepoids au pouvoir de la

* White Anglo-Saxon Protestants.

1. Voir John R. Petrocik, « Reformulating the Party Coalitions : The "Christian Democratic" Republicans » (document préparé pour le Center for Research in Society and Politics, 1er août 1998), tableau 2.

coalition démocrate dominante. Des années 1930 aux années 1970, les démocrates ont reçu l'allégeance d'un pourcentage beaucoup plus élevé de l'électorat inscrit sur une liste de parti* que les républicains. Si cette situation ne s'est pas traduite par un avantage démocrate dans la course à la Maison-Blanche – entre la victoire de Truman en 1948 et celle de Ronald Reagan, quatre élections présidentielles ont été gagnées par les républicains, trois par les démocrates –, elle a établi un contrôle permanent des démocrates sur le Congrès à partir de 1952. Ce contrôle a engendré des abus – une certaine corruption, pour l'essentiel de faible envergure plutôt que massive, et surtout peut-être un sentiment d'autosatisfaction et un manque d'attention aux préoccupations de la population. Pour ceux qui jugeaient important que les élus rendent quelques comptes, les républicains sont devenus la solution de rechange. Dans le Nord-Est en particulier, ils se sont souvent présentés en réformateurs dont l'objectif était d'assainir le système et non de le changer radicalement.

Bref, de 1948 à une certaine date des années 1970, les deux partis ont accepté les changements intervenus au cours de la Grande Compression. Dans une large mesure, le New Deal avait créé les conditions politiques qui alimentaient ce consensus. Un système fiscal très progressif limitait la richesse au sommet, et les riches étaient politiquement trop faibles pour protester. La Caisse de retraite publique et l'assurance chômage étaient des programmes intouchables, et Medicare a fini par obtenir le même statut. Des syndicats forts étaient une réalité admise de la vie nationale.

Cet équilibre s'effondrerait dans les années 1970. Les forces qui allaient détruire la politique de l'égalité ont toutefois commencé à s'organiser dans les années 1960, décennie où tout allait bien pour l'économie, mais où tout semblait aller mal pour la démocratie américaine.

---

* Les électeurs doivent indiquer le parti dont ils se sentent proches et s'inscrire sur sa liste s'ils veulent participer aux primaires « fermées » de ce parti. Les primaires « ouvertes » sont accessibles à tous les électeurs.

5

LES ANNÉES 1960 : UNE PROSPÉRITÉ AGITÉE

Ce fut la meilleure des époques, ce fut la pire des époques. Économiquement, les années 1960 ont été aussi bonnes que possible. Dans *The Pump House Gang*, publié en 1968, Tom Wolfe parle d'une « économie magique » où tout paraît facile. Et, pratiquement à tous égards, il en allait bien ainsi dans l'Amérique des années 1960. Les tumultes et turbulences chaotiques de cette décennie ont eu lieu sur la toile de fond de la meilleure économie que les États-Unis aient jamais eue.

C'était, tout à fait clairement, une économie qui donnait un emploi à tout le monde. Et ces emplois abondants s'accompagnaient de salaires plus élevés qu'avant et qui augmentaient tous les ans. Les travailleurs du bas de l'échelle étaient bien mieux lotis qu'ils ne le seraient par la suite : le salaire horaire minimum de 1966 était de 1,25 dollar, soit plus de 8 dollars actuels, beaucoup plus, donc, que les 5,15 dollars de notre salaire minimum. En 1966, le trentenaire moyen gagnait autant que celui d'aujourd'hui ; lorsque la grande expansion a pris fin, au début des années 1970, les hommes gagnaient environ 14 % *de plus* que de nos jours [1]. Il est vrai que les revenus des ménages étaient légèrement inférieurs à ce qu'ils sont actuellement, parce qu'il y avait moins de femmes sur le marché du travail et que l'écart entre leurs

---

1. « Economic Mobility : Is the American Dream Alive and Well ? » (Pew Economic Mobility Project, mai 2007).

salaires et ceux des hommes était plus important. Et cette légère infériorité des revenus explique pourquoi les familles de classe moyenne avaient des maisons plus petites, moins souvent deux voitures, et, en général, un niveau de vie matériel un peu plus modeste que leurs homologues actuelles. Néanmoins, la plupart des Américains ressentaient ce niveau de vie comme élevé, parce qu'il était très supérieur à celui de la génération précédente et parce qu'une société plus égalitaire offrait moins d'occasions de se sentir exclu. Comme l'ont fait observer les économistes du Massachusetts Institute of Technology (MIT) Frank Levy et Peter Temin, avec la montée générale des revenus, un ouvrier qualifié travaillant sur machine gagnait davantage, en termes réels, que la plupart des cadres à la génération précédente. Les Américains qui pensaient appartenir à la classe moyenne étaient donc plus nombreux que jamais [1].

La sécurité économique aussi était sans précédent. En 1966, 80 % des Américains avaient une assurance maladie, contre 30 % seulement à la fin de la Seconde Guerre mondiale, et en 1970 il y en avait même plus que les 85 % d'aujourd'hui. Les actifs qui perdaient leur emploi en dépit du faible taux de chômage avaient beaucoup plus de chances de toucher des indemnités de chômage que les licenciés actuels, et ces indemnités représentaient un pourcentage plus important du salaire perdu. De plus, soulignent Levy et Temin, avec la montée globale des salaires, même les travailleurs licenciés qui étaient réembauchés dans un emploi moins rémunéré que le précédent retrouvaient en quelques années leur niveau de vie antérieur.

Si le slogan « C'est l'économie, idiot [*] ! » était juste, l'Amérique aurait été, politiquement, le pays de la satisfaction

1. F. Levy et P. Temin, « Inequality and Institutions », *op. cit.*
* Slogan « officieux » de la campagne de Bill Clinton contre George Bush père en 1992, pour expliquer à celui-ci la raison de ses difficultés dans les sondages.

massive. Or, en août 1966, quand un sondage AP/Ipsos a posé la question : « Globalement, diriez-vous que dans ce pays les choses vont dans le bon sens ou sont sur une mauvaise pente ? » seuls 26 % ont répondu : « Dans le bon sens », et 71 % : « Sur une mauvaise pente ». Pourquoi ?

Ce n'est pas un grand mystère. Pour beaucoup d'Américains, la grande majorité peut-être, la satisfaction qu'inspirait le progrès continu du confort matériel pesait moins lourd qu'un sentiment envahissant d'effondrement de la société américaine. La criminalité montait en flèche ; les villes étaient dévastées par des émeutes ; les jeunes des milieux aisés se laissaient pousser les cheveux, se droguaient, faisaient l'amour avant le mariage ; des manifestants tenaient la rue pour dénoncer la guerre du Vietnam. Quand ils étudient les bouleversements des années 1960, les historiens actuels peuvent repérer des tendances lourdes bien distinctes : les délinquants adeptes du vol avec violence et les étudiants révolutionnaires n'avaient nullement les mêmes motivations, les hippies et les « antiguerre » d'âge mûr non plus. Le sentiment populaire de montée irrépressible du chaos n'en avait pas moins un fondement réel.

Aux élections de 1966, les électeurs allaient exprimer leur désarroi dans les urnes : les républicains ont progressé sensiblement au Congrès. En Californie, un acteur devenu politicien, Ronald Reagan, a été élu gouverneur en menant campagne contre les tricheurs de l'aide sociale, les émeutiers urbains, les étudiants chevelus – et contre la loi californienne interdisant la ségrégation dans le logement.

Cela dit, le parti républicain de 1966 était une organisation beaucoup plus modérée que celui que nous connaissons aujourd'hui. Le conservatisme de mouvement – sujet de mon prochain chapitre – existait, et il avait réussi à faire investir Barry Goldwater en 1964, mais il n'avait pas encore pris le contrôle du parti. Ronald Reagan n'était pas encore devenu un enthousiaste des réductions d'impôts et Richard Nixon a gouverné en pratique, à bien des égards, comme un libéral :

il a indexé les retraites publiques sur l'inflation, créé le revenu de sécurité supplémentaire* (un programme social très important pour les personnes âgées handicapées), développé les réglementations publiques en matière d'environnement et de sécurité sur les lieux de travail, et même tenté de créer une assurance maladie universelle.

Pourtant, c'est bien dans les années 1960 qu'ont été semées les graines de la domination finale du conservatisme de mouvement – plus exactement entre 1964, l'année de la victoire écrasante de Lyndon Johnson sur Barry Goldwater, et 1972, l'année du triomphe encore plus éclatant de Richard Nixon sur George McGovern.

Cette période était, bien sûr, celle de l'escalade et des pertes humaines massives au Vietnam : l'Amérique était déchirée sur la question de la guerre et de la paix. Le Vietnam était incontestablement *le* problème du moment. Sans le Vietnam, Lyndon Johnson se serait sûrement représenté pour un second mandat, il n'y aurait pas eu de bataille rangée entre les manifestants et la police devant la convention démocrate à Chicago et Nixon ne serait jamais entré à la Maison-Blanche.

Mais les effets à long terme du Vietnam sur la politique américaine ont été moins importants qu'on ne le croit. Selon la pensée admise, la lutte interne sur le Vietnam a paralysé le parti démocrate, le condamnant à une position de faiblesse permanente en matière de sécurité nationale. Comme nous le verrons, la pensée admise exagère. La guerre n'a pas ébranlé l'emprise des démocrates sur le Congrès. Quant à leur réputation en matière de sécurité nationale, si Nixon a fort bien réussi à présenter George McGovern comme un faible sur ce plan-là, il est beaucoup moins évident que le parti démocrate dans son ensemble ait été vu sous ce jour à cette date – cela

* Le SSI (Supplemental Security Income) est une allocation versée par la Social Security (sur le budget de l'État) aux personnes âgées ou handicapées à revenu faible ou nul pour leurs dépenses de première nécessité (alimentation, vêtements, logement).

viendrait plus tard. L'image des « démocrates mous » ne s'est réellement imposée que dans les années 1980, puis a été projetée sur le passé par réécriture de l'histoire.

Ce qui s'est vraiment produit dans les années 1960, c'est que les républicains ont appris à exploiter l'émergence de peurs et de ressentiments culturels pour gagner des élections. Et ils ont surtout appris à exploiter la « riposte blanche » contre le mouvement des droits civiques et ses effets. Cette découverte allait finalement permettre aux conservateurs de mouvement de prendre la Maison-Blanche et de s'assurer le contrôle du Congrès.

Donc, commençons par l'événement qui a pesé le plus lourd à long terme : la décision de Lyndon Johnson de se faire le champion des droits civiques.

Les droits civiques et la défection du Sud

> Étant moi-même enraciné en profondeur dans le sol du Sud, je sais combien les sentiments raciaux y sont à vif. Je sais combien il est difficile de remodeler les mentalités et la structure de notre société. Mais un siècle a passé – plus de cent ans – depuis que le Noir a été affranchi. Et il n'est pas pleinement libre ce soir. Cela fait plus de cent ans qu'Abraham Lincoln – un grand président d'un autre parti – a signé la Proclamation d'émancipation. Mais l'émancipation est une proclamation et non un fait.
>
> Un siècle a passé – plus de cent ans – depuis que l'égalité a été promise, et le Noir n'est toujours pas égal. Un siècle a passé depuis le jour de la promesse, et la promesse n'est pas tenue. Aujourd'hui, l'heure de la justice a sonné.

C'est en ces termes que Lyndon Johnson, en mars 1965, s'est déclaré déterminé à faire voter ce qui allait devenir le Voting Rights Act, une semaine après la violente répression policière d'une manifestation pour le droit de vote à Selma, dans l'Alabama.

En décidant de mettre un terme à l'exclusion *de facto* qui privait les Afro-Américains du droit de vote, Johnson parachevait une évolution de près de vingt ans au sein du parti démocrate. Elle avait commencé en 1947, avec la création par Harry Truman d'un comité des droits civiques, chargé de recommander une législation qui protégerait les Noirs de la discrimination. Comme la plupart des bonnes actions en politique, cette initiative de Truman comportait une part de calcul. Il estimait qu'en obtenant les voix noires des villes du Nord il parviendrait à gagner l'élection difficile de 1948. Et c'est bien ce qui s'est passé, même si l'entrée des droits civiques dans le programme démocrate a provoqué la sortie des délégués du Sud et la candidature d'un « troisième homme » à la présidence, le gouverneur ségrégationniste de Caroline du Sud Strom Thurmond.

Indépendamment des calculs politiques, il était inévitable que le parti qui avait créé le New Deal finirait par devenir le parti des droits civiques. Le New Deal était un mouvement populiste – et, comme le mouvement populiste du XIXe siècle, il a cherché à s'assurer le soutien des Noirs, qui avaient le plus à gagner à une répartition plus égalitaire des revenus. Puis la Seconde Guerre mondiale a accéléré les choses : non seulement les Noirs s'étaient battus pour l'Amérique, mais, après le nazisme, le racisme affiché devenait vraiment inacceptable. Après la convention démocrate de 1948, Truman ordonna l'intégration raciale dans l'armée. À la Seconde Guerre mondiale a succédé la guerre froide, et l'Union soviétique a essayé de se poser en véritable championne du « Tous les hommes naissent égaux ». Truman et beaucoup d'autres étaient convaincus que l'Amérique devait en finir avec sa longue histoire de ségrégation et de discrimination pour revendiquer la supériorité morale.

Aujourd'hui, pratiquement aucun élu, du Nord ou du Sud, n'oserait critiquer publiquement les sentiments exprimés par

Johnson quand il a introduit le Voting Rights Act (même si, au fond du cœur, certains sont sûrement persuadés – comme Trent Lott* l'a laissé échapper à l'occasion du centième anniversaire de Strom Thurmond en 2002 – que, si l'ardent ségrégationniste avait été élu en 1948, nous n'aurions pas eu « tous ces problèmes »). Quarante ans plus tard, les *Freedom Riders*** sont considérés comme des héros et Martin Luther King est devenu une icône nationale, un symbole de ce que l'Amérique a de meilleur. Mais, dans les années 1960, beaucoup d'Américains blancs se sont sentis profondément choqués et menacés par la revendication des droits civiques.

L'une des raisons de cette réaction est évidente : les ségrégationnistes convaincus constituaient toujours un pourcentage assez élevé des Américains. De 1964 à 1978, l'enquête des American National Election Studies [Études des élections nationales américaines] demandait aux personnes interrogées si elles étaient favorables « à la déségrégation, à la ségrégation stricte ou à un régime intermédiaire ». En 1964, 23 % tout rond répondaient encore : « à la ségrégation stricte », à comparer aux 32 % qui voulaient la déségrégation.

La majorité des ségrégationnistes déclarés étaient du Sud. Toutefois, même dans le Nord, où la ségrégation stricte éveillait moins de sympathie, la peur des changements qu'était en train d'effectuer le mouvement des droits civiques était palpable. Tout au long des années 1960, plus de 60 % des électeurs se sont déclarés d'accord avec l'idée : « Les défenseurs des droits civiques ont voulu aller trop vite. » Réaction en

* Trent Lott, élu républicain du Mississippi au Congrès, a occupé de hautes fonctions à la Chambre des représentants, puis au Sénat. Il a dû toutefois démissionner de son poste de « *leader* de la majorité » au Sénat après sa remarque sur Strom Thurmond.

** Les militants des droits civiques qui ont organisé en 1961 les *freedom rides*, « voyages de la liberté », en affrétant des autobus inter-États sans ségrégation. Ces véhicules ont été souvent attaqués, détruits par le feu ou à l'aide d'explosifs, et leurs occupants battus et incarcérés dans les États du Sud. À la suite de leur action, l'État fédéral a interdit la ségrégation raciale dans les autobus inter-États le 1er novembre 1961.

partie liée à l'élargissement des objectifs du mouvement. Au début, il s'agissait simplement de démanteler Jim Crow : le refus explicite, flagrant, du droit de vote aux Noirs du Sud, et le statut de deuxième classe qu'on leur imposait, parfois par la violence. La vulgarité, la brutalité de Jim Crow ont fini par le muer en cible relativement facile. Le pays sympathisait avec les manifestants des droits civiques, la cruauté de la résistance des racistes du Sud le blessait dans l'idée qu'il avait de lui-même. Et, pour démanteler Jim Crow, il suffisait de déclarer illégales les institutions officielles de la ségrégation du Sud, celles que faisaient respecter les autorités publiques.

Mais une fois supprimées ces institutions, il restait encore la réalité de la discrimination informelle, de la ségrégation de fait – qui, à la différence de l'officielle, existait dans tout le pays. Quand les militants des droits civiques ont essayé de s'attaquer à cette réalité-là, la nature de l'affrontement a changé. Pour beaucoup de Blancs non sudistes, signifier aux secteurs scolaires qu'ils ne pouvaient pas maintenir ouvertement des écoles séparées pour les enfants blancs et les enfants noirs était une chose ; redessiner ces secteurs et mettre les enfants dans des autobus pour tenter d'éliminer la ségrégation de fait, c'était entièrement différent*. De même, de nombreux Blancs non sudistes qui jugeaient légitimes les lois interdisant aux gouvernements des États de refuser des services aux Noirs estimaient illégitimes celles qui prohibaient toute discrimination raciale de la part des propriétaires privés dans le choix de leurs locataires ou des acheteurs de leur maison. Les partisans des droits civiques avaient raison de penser que la ségrégation et la discrimination de fait – sans cesse présentées comme un libre choix, mais souvent maintenues par la menace de la violence – représentaient des obstacles au

* Puisqu'il y avait des quartiers noirs et des quartiers blancs, l'affectation des enfants à l'école de leur quartier créait des écoles noires et des écoles blanches. Pour casser cette ségrégation de fait, dans les années 1960 et 1970, certaines villes ont pratiqué le *busing* – le transport par autobus de nombreux enfants dans l'école d'un autre quartier.

progrès dont l'importance ne le cédait en rien à celle de Jim Crow. Cependant, en tentant de remédier à ces maux, le mouvement des droits civiques s'est fait, inévitablement, beaucoup plus d'ennemis.

Des politiciens entreprenants l'ont remarqué. Ronald Reagan, qui s'était opposé au Civil Rights Act et au Voting Rights Act – en jugeant le second « humiliant pour le Sud » –, a été élu gouverneur de Californie en partie sur la promesse d'abroger la loi de cet État sur la non-discrimination dans le logement. « Si un particulier veut discriminer contre les Noirs, ou contre d'autres, quand il vend ou loue sa maison, disait Reagan, il en a le droit. »

Surtout, l'image publique du mouvement s'est mêlée à la marée montante des désordres urbains, et on s'est servi de ce lien pour légitimer et durcir la résistance contre toute nouvelle avancée des droits civiques.

Les émeutes urbaines

En octobre 1967, Richard Nixon publia dans le *Reader's Digest* un article, aujourd'hui célèbre, intitulé « Qu'est-il arrivé à l'Amérique ? ». Ce texte, dû en réalité à la plume de Pat Buchanan*, mettait dans le même panier toutes les turbulences du pays : la source de tous les maux, affirmaient Nixon/Buchanan, était la permissivité des libéraux [1].

« Il y a à peine trois ans, commençait l'article, ce pays semblait achever sa plus grande décennie de progrès racial. »

---

* Patrick Joseph Buchanan (né en 1938) est un journaliste et homme politique catholique traditionaliste, qui a joué un rôle important à la Maison-Blanche sous Nixon et Ford, puis sous Reagan. Il s'est présenté en indépendant à l'élection présidentielle de 2000, puis s'est montré très critique à l'égard de l'administration Bush et de la guerre d'Irak.

1. Une version en ligne est accessible à l'adresse www.wadsworth.com/history_d/templates/student_resources/0534607411/sources/old/ch29/29.4.nixon.html.

Désormais, il comptait « parmi les plus anarchiques et violents de l'histoire des peuples libres ». Les émeutes urbaines étaient « les symptômes les plus virulents à ce jour d'un désordre national différent et à certains égards plus grave : le déclin du respect de l'autorité publique et de l'état de droit en Amérique ».

Et tout cela, c'était la faute aux libéraux.

> La criminalité et l'anarchie scandaleuses de la vie américaine actuelle découlent en grande partie de deux changements de mentalité fondamentaux qui se sont produits chez de nombreux Américains. Le premier est la tolérance, par ceux qui soutiennent une cause, des infractions à la loi et atteintes à l'ordre public commises en son nom. Le second est l'indulgence pour la criminalité, par sympathie pour les griefs passés de ceux qui sont devenus des délinquants. Nos juges ont trop affaibli les forces de l'ordre face à celles du crime. Nos faiseurs d'opinion ont trop répété que, lorsqu'une loi est violée, le coupable n'est pas le criminel mais la société.

Nixon et Buchanan savaient ce qu'ils faisaient. « Un conservateur, c'est un libéral qui a été agressé », disait un bon mot devenu populaire dans les années 1960. Aujourd'hui, la délinquance s'est effacée en tant que problème politique : les taux de criminalité ont chuté dans les années 1990, et c'est dans la ville autrefois perçue comme le haut lieu de tous les maux de la société américaine, New York, qu'ils ont le plus baissé. Mais, dans les années 1960, le « maintien de l'ordre » était probablement le cri de ralliement le plus efficace des conservateurs.

Si les Américains avaient le sentiment que la loi et l'ordre public s'effondraient, c'était pour une excellente raison : ils s'effondraient. Entre 1957 et 1970, le taux de criminalité a plus que triplé, et le taux de vol à main armée (qui, selon la définition des *Historical Statistics of the United States,* consiste à « dérober ou enlever un objet de valeur à la garde ou au contrôle de quelqu'un par la force et la violence ou par l'intimidation » – autrement dit, le vol avec agression), plus que quadruplé.

Pourquoi une telle hausse de la délinquance ? Disons sans détour que nous n'avons guère de lumières sur ce qui la fait augmenter ou diminuer, comme le prouve l'incapacité des experts à prédire les grands tournants du taux de criminalité. Sa montée en flèche dans les années 1960, alors que les libéraux s'attendaient à voir les progrès de la justice sociale récompensés par un meilleur comportement, a été une surprise totale. Et sa forte chute dans les années 1990 aussi : elle a stupéfié les conservateurs, qui étaient certains qu'aucun recul de la criminalité n'était possible sans retour aux valeurs sociales traditionnelles. La baisse de la criminalité des années 1990, observe Steven Levitt de l'université de Chicago, « avait été si peu anticipée qu'elle était largement perçue comme un phénomène temporaire ou illusoire longtemps après avoir commencé[1] ».

Peut-être l'explication la plus plausible de la grande vague de criminalité est-elle d'ordre démographique. Après la Seconde Guerre mondiale, des millions de Noirs ont quitté le Sud rural pour les villes du Nord – et, comme leurs concitoyens blancs, ils ont eu beaucoup d'enfants. Quand la génération du *baby-boom* a atteint l'adolescence, il y a eu accroissement massif de la jeunesse masculine, et notamment de la jeunesse masculine noire des villes. Certes, la hausse réelle de la criminalité a été beaucoup plus importante que celle des effectifs dans les catégories démographiques enclines à la délinquance, mais il se peut qu'il y ait eu un « effet multiplicateur » parce que les évolutions démographiques ont submergé les forces du contrôle social. La prolifération des jeunes de sexe masculin susceptibles de tomber dans la criminalité a créé de nouvelles normes de comportement fort dangereuses,

1. Steven Levitt, « Understanding Why Crime Fell in the 1990s », *Journal of Economic Perspectives*, vol. 18, n° 1, 2004, p. 163-190.

et la multiplication des délinquants potentiels n'a pas été compensée par une hausse correspondante du nombre de policiers ou de cellules. Au cours des années 1960, le nombre de détenus est resté fondamentalement stable alors que la criminalité était en pleine expansion – ce qui tranche radicalement avec la situation des années 1990, où le nombre de détenus n'a cessé d'augmenter tandis que la criminalité plongeait.

D'autres facteurs ont joué aussi. L'un d'eux était le faible nombre d'emplois disponibles dans les centres-villes. Des millions de Noirs avaient quitté le Sud pour les villes du Nord afin d'y travailler dans l'industrie, qui embauchait beaucoup dans les années 1940 et 1950, celles du boom de la guerre puis de la paix, de la consommation. Mais, dans les années 1960, ces villes ont commencé à se muer en « piège économique ». Grâce aux changements technologiques de la production et des transports, les entreprises se sont mises à quitter les quartiers urbains surpeuplés à forte concentration industrielle pour se disperser dans les banlieues. Les emplois se faisaient donc rares dans les centres-villes où vivaient les Noirs. Or ceux-ci restaient bloqués dans ces quartiers centraux, à cause de la ségrégation et de leur incapacité à acheter une voiture. D'où un taux de chômage élevé chez les Noirs urbains, alors que l'économie était en pleine expansion [1].

Et ce manque d'emplois dans les centres-villes, comme l'a brillamment soutenu le sociologue William Julius Wilson, a probablement contribué à nourrir une culture de la destruction. Wilson estimait aussi que les débuts de la déségrégation avaient eu un effet pervers, aggravant le problème : les Noirs de la classe moyenne ont profité de l'affaiblissement de la discrimination dans le logement pour s'échapper du ghetto,

1. Ce phénomène a été relevé pour la première fois par John F. Kain, « Housing Segregation, Negro Employment, and Metropolitan Decentralization », *Quarterly Journal of Economics*, vol. 82, 1968, p. 175-197, même si des preuves statistiques vraiment fortes de cet effet ne sont apparues clairement qu'après 1970.

où ils ont laissé une population victime d'une ségrégation sociale autant que raciale.

Quelles qu'aient été les raisons de la montée de la criminalité dans les années 1960, les Américains ne voyaient qu'une chose : la loi et l'ordre s'effondraient. Beaucoup étaient tout prêts à suivre Nixon pour en accuser la prétendue permissivité libérale. Rien n'indique que la permissivité – plutôt que la faible capacité des prisons, par exemple, ou les difficultés des Noirs à trouver un emploi – ait joué un rôle important dans la vague de criminalité. Mais l'opinion, confrontée à une hausse de la délinquance au moment même où le pays tentait de corriger des injustices passées, n'était que trop portée à faire le lien.

Et, dans l'esprit public, les inquiétudes face à la criminalité étaient inextricablement mêlées à la peur de violences urbaines à grande échelle.

L'époque des émeutes urbaines, qui a commencé avec celle de Harlem en 1964, n'a duré que quatre ans : même s'il y en a eu d'autres après 1968, par exemple en 1992 à Los Angeles à la suite des exactions policières contre Rodney King*, elles n'ont plus été ressenties comme une vague nationale. Mais, entre 1964 et 1968, c'est toute l'Amérique urbaine qui semblait devoir s'embraser.

Les causes de l'extension et du déclin de ces violences restent aussi obscures que celles de la montée et de la chute de la criminalité. Beaucoup, probablement la grande majorité, ont commencé par des actes de brutalité policière. Celle de Harlem en 1964, par exemple, a éclaté quand un policier a abattu un jeune Noir de quinze ans. Et pendant les émeutes, la police perdait souvent toute raison. Cela dit, les violences policières contre les Noirs n'étaient pas une nouveauté.

* Le 3 mars 1991, à Los Angeles, Rodney Glen King, automobiliste noir arrêté pour excès de vitesse, est battu avec une extrême violence par les policiers, et la scène est filmée par un habitant du quartier. Les policiers sont inculpés pour usage excessif de la force. Leur acquittement déclenchera les émeutes de Los Angeles de 1992.

Pourquoi, durant ces quatre années, ont-elles provoqué des révoltes gigantesques ?

Les sociologues ont constaté qu'elles se sont majoritairement produites en dehors du Sud, dans des villes à forte population noire. Leur absence dans le Sud s'expliquait probablement par la rigueur du contrôle social. Pour le dire sans euphémisme, les Noirs du Sud étaient trop terrorisés pour déclencher des émeutes. La répression était moins absolue dans les villes du Nord, et, avec la grande migration d'après guerre, beaucoup de ces villes avaient dans les années 1960 de très importantes populations noires, dont de plus en plus de jeunes Noirs qui n'avaient jamais vécu dans le Sud. Ces évolutions démographiques – celles, au fond, qui contribuaient aussi à la hausse de la criminalité –, associées aux terribles conditions de vie dans les ghettos urbains, ont probablement rendu possibles des ripostes violentes à des actes de brutalité qui autrefois auraient été subis sans réaction.

Le mouvement des droits civiques avait-il quelque chose à voir avec les émeutes urbaines ? Le rapport de 1968 de la Commission consultative nationale sur les désordres civiques, couramment nommée commission Kerner, laissait entendre que oui. Le racisme blanc, déclarait-il, « est le premier responsable du mélange explosif qui s'est accumulé dans nos villes depuis la fin de la Seconde Guerre mondiale ». Mais, s'il attribuait la responsabilité ultime des troubles au racisme blanc, ce rapport suggérait qu'ils avaient pour cause immédiate les attentes créées par le mouvement des droits civiques.

> *Espérances déçues.* Les victoires judiciaires et législatives du mouvement pour les droits civiques et la lutte spectaculaire pour l'égalité des droits dans le Sud ont soulevé des espérances. [...]
>
> *L'exemple de la violence.* Le terrorisme exercé dans le Sud par les Blancs contre des protestations pacifiques a créé un climat dans lequel on incline à la violence. [...] On a vu les autorités d'États et de villes défier ouvertement la loi et le gouvernement fédéral en résistant à la déségrégation. Alors, dans l'autre camp,

des mouvements de protestation se sont engagés sur la voie de la désobéissance civile, se sont éloignés des principes de la non-violence, sont allés au-delà des lois constitutionnelles qui assurent le droit de pétition, de libre association. Pour modifier lois et politiques qui leur déplaisent, ils ont eux aussi recouru à la violence. [...]

La frustration inspirant un sentiment d'impuissance a convaincu certains Noirs que seule la violence leur reste pour s'exprimer, remédier à leurs torts et « mettre le système en mouvement ». En général, ceux qui sont imbus de cette conviction s'écartent des institutions, de la loi, du gouvernement et de la société blanche qui les dominent, et leur deviennent hostiles. Conscience de race et solidarité raciale reflètent ce phénomène, encore mieux illustré par la formule « Puissance noire » (Black Power).

Tous ces faits se sont mêlés pour inspirer une nouvelle humeur aux Noirs, surtout aux jeunes. L'amour-propre et la fierté de race remplacent l'apathie et la soumission au « système »*.

Lyndon Johnson a été profondément contrarié par le rapport de la commission Kerner, qui, pensait-il, faisait le jeu des conservateurs. Ce n'était pas en rendant le racisme blanc responsable des émeutes urbaines que l'on allait gagner des voix chez les Blancs – que l'accusation fût véridique ou non. Suggérer que les tentatives visant à alléger l'oppression raciste avaient peut-être servi de catalyseur aux violences n'allait pas encourager la poursuite des réformes, mais donner un argument fort à ceux qui, dès le début, ne voulaient pas de mouvement des droits civiques. Et ce rapport a sûrement aidé Nixon.

De plus, dans l'esprit des électeurs blancs, criminalité et émeutes fusionnaient avec un autre indicateur, très souvent évoqué, de l'écroulement de l'Amérique : la montée de l'assistanat.

---

* Trad. fr. d'Yves Malartic, *Le Rapport noir*, Paris, Édition spéciale, 1968, p. 172-174.

L'explosion des aides sociales

Après sa mort en 2004, on a porté aux nues Ronald Reagan comme un grand-oncle sympathique tout dévoué à la cause de la liberté – définie par sa victoire sur l'empire du mal soviétique et peut-être aussi par ses réductions d'impôts. Le Ronald Reagan qui a été élu gouverneur de Californie en 1966 avait un profil tout à fait différent : c'était le représentant et l'agent des électeurs blancs en colère contre les « fainéants » qui vivaient d'aides sociales. Dans son autobiographie, Reagan évoque en ces termes les milieux qui l'ont poussé à se porter candidat aux fonctions de gouverneur :

> Les gens étaient las du gaspillage des programmes fédéraux, des escrocs à l'assistance sociale ; ils étaient furieux de l'interminable spirale des impôts et des réglementations gouvernementales, de l'arrogance des bureaucrates et des fonctionnaires qui pensaient résoudre tous les problèmes de l'humanité en les noyant sous les dollars des contribuables [1].

L'image est claire : les « escrocs à l'assistance sociale » faisaient monter les impôts des honnêtes gens. Quelle importance si ce n'était pas vrai, du moins à une échelle autre que négligeable ? L'aide aux familles nombreuses*, que la plupart des gens avaient en tête quand ils parlaient d'« assistance sociale », n'avait jamais pesé bien lourd dans les dépenses de l'État [2], et l'arnaque aux allocations n'était pas un problème

---

1. Ronald Reagan, *An American Life*, Simon & Schuster, 1990, p. 147 ; trad. fr. d'Évelyne Chatelain *et al.*, *Une vie américaine : Mémoires / Ronald Reagan*, Paris, J.-C. Lattès, 1990, p. 160.

* L'AFDC (Aid to Families with Dependent Children) était une des composantes du Social Security Act de 1935, la grande loi sociale du New Deal.

2. En 1970, après une décennie de croissance rapide, les versements des allocations aux familles nombreuses (AFDC) représentaient au total 4,9 milliards de dollars, à comparer avec les 39 milliards de dollars payés aux bénéficiaires de la Caisse de retraite publique. Chiffres de la Social Security Administration : www.ssa.gov/policy/docs/statcomps/supplement/2005/9g.html.

sérieux. (Plus tard, Reagan multiplierait les références à une histoire invraisemblable : la *Welfare Queen*, « Reine des prestations sociales » de Chicago, au volant de sa Cadillac d'assistée.) Mais le fait est que le nombre d'assistés augmentait. En 1966, il y avait deux fois plus d'Américains vivant de prestations sociales qu'en 1956. Et ce n'était qu'un début : leur nombre a une nouvelle fois plus que doublé dans l'« explosion de l'aide sociale » de la fin des années 1960 et du début des années 1970[1]. Reagan n'avait pas besoin de souligner qu'un important pourcentage des nouveaux bénéficiaires d'allocations étaient des Noirs.

Qu'est-ce qui a provoqué l'explosion de l'aide sociale ? Un changement de mentalité, s'il faut en croire les grands médias. « À Washington », écrivait le magazine *Time* en 1970,

> ils appellent cela le « syndrome de l'assistance sociale ». À la suite, essentiellement, du travail mené par des groupes comme la National Welfare Rights Organization, qui a maintenant des sections dans l'ensemble des cinquante États, les pauvres ne se sentent plus déshonorés de s'inscrire à l'aide sociale. Des dizaines de milliers de personnes qui étaient autrefois trop timides ou avaient trop honte pour demander une allocation tambourinent aujourd'hui aux portes du bureau local d'aide sociale et réclament les versements qu'elles pensent leur revenir de droit[2].

Trente ans plus tard, Mickey Kaus, auteur et journaliste en vue, écrirait sans détour ce qui avait vraiment changé : « Avant l'"explosion de l'aide sociale" de la fin des années 1960, on empêchait ou dissuadait de nombreux Noirs pauvres de demander des allocations[3]. »

Il est donc probable que l'« explosion » a été en partie un sous-produit du mouvement des droits civiques. Comme la

1. *Ibid.*
2. *Time*, 23 novembre 1970.
3. Mickey Kaus, « The Ending of the Black Underclass », Slate.com, 3 novembre 1999 : http://slate.com/id/1003938.

montée de la criminalité, elle devait aussi être liée au transfert de la production industrielle hors des centres-villes, qui laissait aux populations noires urbaines fort peu de moyens de gagner leur vie. Quelles qu'aient été ses raisons, il est clair que ce phénomène confortait à merveille le sentiment croissant de beaucoup d'Américains, persuadés que des bureaucrates « arrogants », comme disait Reagan, leur prenaient leurs dollars durement gagnés pour les donner à des gens qui ne les méritaient pas. Et si Reagan définissait ces « non-méritants » par la personnalité morale qu'il leur prêtait – « des escrocs à l'assistance sociale » –, beaucoup de ses partisans les définissaient sûrement par la couleur de leur peau.

Cependant, si le racisme en était une motivation première, le « choc en retour » n'avait-il pas d'autres cibles ?

Sexe, drogue et rock'n'roll

Ah, le *Summer of Love** ! Pour les Américains d'un certain âge – ceux du *baby-boom* évoquant leur jeunesse, ou peut-être celle qu'ils aimeraient avoir eue –, les années 1960 brillent des feux de la nostalgie. Mais à l'époque, ce n'est pas avec admiration que la plupart des Américains ont réagi à l'émergence de la contre-culture. C'est avec horreur et colère.

Pourquoi la contre-culture est-elle apparue ? Là encore, nul ne le sait vraiment, mais certains facteurs ont manifestement joué un rôle. L'« économie magique » faisait certainement partie du tableau : puisqu'il était facile de gagner sa vie, le coût d'une expérience de mode de vie alternatif paraissait faible – on pourrait toujours revenir en arrière et trouver un emploi normal. De fait, on peut se demander si la récession

* Le Summer of Love est un vaste rassemblement de jeunes du monde entier venus vivre la contre-culture à Haight-Ashbury, le quartier hippie de San Francisco, pendant l'été 1967.

Nixon de 1969-1971 – où le taux de chômage a bondi de 3,5 à 6 % – n'a pas pesé plus lourd dans la disparition du mouvement hippie que les morts d'Altamont*.

De plus, du fait même qu'elle était familière, la prospérité pouvait inspirer le mépris. Si la génération adulte était heureuse, émerveillée de vivre une vie de classe moyenne, les jeunes voyaient uniquement les limites de ce que l'argent peut acheter. Dans le film de 1967, *Le Lauréat***, Benjamin, le personnage joué par Dustin Hoffman, est désespéré quand l'ami de son père, après lui avoir demandé de faire bien attention à ce qu'il va lui dire, assène : « Un seul mot : la carte » (de paiement). Benjamin, quand il essaie d'expliquer son malaise à son père, dit qu'il veut un avenir « différent ».

Comme dans tant de phénomènes des années 1960, la démographie a sûrement joué un rôle. La contre-culture est apparue vers 1964 – l'année où la première vague du *baby-boom* a atteint l'âge de l'université. Leur nombre même permettait aux jeunes de rompre plus aisément avec les conventions culturelles de leurs aînés. Il y a eu aussi des changements technologiques – avec la pilule, l'expérimentation sexuelle était plus facile qu'à toutes les époques antérieures. Enfin, si les jeunes des années 1960 avaient des valeurs différentes, c'est en partie parce qu'ils étaient la première génération à avoir grandi en regardant la télévision, exposée à un tir de barrage d'images (et de publicités) qui, bien qu'on les eût conçues pour vendre des produits, sapaient aussi les valeurs traditionnelles.

La révolte des jeunes a épouvanté et ulcéré beaucoup d'Américains – et en particulier Ronald Reagan. En campagne pour se faire élire gouverneur de Californie, il a promis l'ouverture d'« une enquête judiciaire au sujet du communisme et de l'inconduite sexuelle flagrante sur le campus de

---

* Le 6 décembre 1969, un meurtre et plusieurs décès accidentels ont lieu pendant un grand concert de rock organisé par les Rolling Stones, avec de nombreux autres groupes, à Altamont, dans le nord de la Californie.
** *The Graduate*, de Mike Nichols.

Berkeley ». Il a évoqué « des orgies sexuelles si viles que je ne peux pas vous les décrire », et a même affirmé avoir la preuve que le procureur de district du comté d'Alameda avait enquêté sur un bal d'étudiants qui avait tourné à l'« orgie » : « des images d'hommes et de femmes nus, dans des poses sensuelles, provocantes, lascives » auraient été projetées sur écran géant. Il n'y avait en réalité aucune enquête de ce genre : comme la *Welfare Queen* et sa Cadillac, le bal virant à l'orgie sortait tout droit de l'imagination de Reagan.

Tout cela paraît comique aujourd'hui. Communisme et inconduite sexuelle – la somme de toutes les terreurs ! Impossible de ne pas verser dans la psychanalyse sauvage : pourquoi le futur président était-il à ce point obsédé par ce que faisaient les étudiants de Berkeley ? Néanmoins, pour les Américains de la classe moyenne, les normes sociales mouvantes des années 1960 créaient une angoisse bien réelle. D'un côté, ils avaient peur d'être agressés – ce qui arrivait effectivement à quantité de gens dans des villes devenues dangereuses. De l'autre, ils craignaient que leurs enfants « s'ajustent, s'allument et s'évadent* ». Et cela aussi arrivait vraiment.

Cependant, puisque mon centre d'intérêt dans ce livre est l'économie politique, la question pour moi est de savoir si la révolte culturelle de la jeunesse a eu un impact politique majeur et durable. Or, rien n'indique qu'elle ait fait basculer de nombreux électeurs. La plupart des gens désapprouvaient ce que faisaient les jeunes, mais seule une minorité voyait là une grave menace. Ainsi, lorsqu'un sondage Harris de 1971 a posé la question : « Avez-vous le sentiment que les hippies constituent un vrai danger pour la société, qu'ils sont plus

---

* Slogan cher à l'écrivain « psychédélique » Timothy Leary, *Tune in, turn on and drop out* glorifiait à l'origine le LSD, mais avait pris un sens plus large : « s'ajuster » (*tune in*), c'était se mettre en harmonie avec le monde ; « s'allumer » (comme on allume une radio, *turn on*) signifiait s'ouvrir à ses possibilités physiques ; quant à « s'évader », *drop out*, ce terme conseillait clairement de « laisser tomber » la société établie et, pour commencer, les études.

nuisibles à eux-mêmes qu'à la société, ou qu'ils ne sont particulièrement nocifs pour personne ? », seuls 22 % ont dit que les hippies étaient un vrai danger, autant qu'ils n'étaient pas particulièrement nocifs, et 53 % qu'ils se faisaient essentiellement du tort à eux-mêmes [1]. Et il y a peut-être plus éloquent encore que les sondages : le comportement des hommes politiques qui cherchaient à exploiter le désarroi de l'opinion sur ce qui se passait en Amérique. À la lecture des discours de Richard Nixon et de Spiro Agnew, son vice-président chien d'attaque, on est frappé de constater combien ils parlaient peu, en fin de compte, des angoisses culturelles. Même le discours de Nixon sur la « majorité silencieuse » en 1969, dont on dit souvent qu'il dressait les Américains normaux contre les hippies et la contre-culture, se concentrait en fait non sur de vastes conflits culturels mais sur un point précis : les manifestations contre la guerre du Vietnam [2].

Pourtant, comme le suggère l'exemple de Reagan, certains ont été intensément troublés par la rébellion des jeunes, pour des raisons qu'ils ne se seraient peut-être pas avouées à eux-mêmes. L'obsession pour la vie sexuelle des autres est un trait durable du conservatisme de mouvement – une des grandes sources, disons..., de sa passion.

Le Vietnam

Lyndon Johnson ne voulait pas de guerre. Son discours sur l'état de l'Union de 1967 se distingue par son ton plaintif, son manque d'emphase. « Rien ne pourrait mieux décrire notre situation actuelle, déclara-t-il, que ces mots jadis prononcés

1. Sondage Harris, janvier 1971 : www.ropercenter.uconn.edu/data_access/ipoll/ipoll.html.
2. Discours à l'adresse : www.watergate.info/nixon/silent-majority-speech-1969.shtml.

par le grand Thomas Jefferson : "C'est la loi mélancolique des sociétés humaines d'être parfois obligées de choisir un grand mal pour en repousser un plus grand." [...] J'aurais voulu pouvoir vous annoncer que le conflit est presque terminé. Je ne peux pas. Nous avons devant nous plus de coûts, plus de pertes et plus de douleur. Car ce n'est pas fini. »

Johnson et l'Amérique n'en ont pas moins été enlisés dans la guerre. Une guerre qui divisait âprement le pays, sur un mode qui nous est redevenu familier ces dernières années. Il y avait d'immenses manifestations, parfois violemment réprimées. Quelques jeunes Américains se sont tant radicalisés qu'ils ont conçu des fantasmes de révolution armée. Pendant ce temps, Richard Nixon exploitait la guerre pour gagner la Maison-Blanche, victoire rendue possible par la décision de Johnson, piégé par le conflit, de ne pas se représenter. Quatre ans plus tard, en tournant à son avantage une guerre impopulaire, Nixon a réussi un exploit politique que la victoire de George W. Bush en 2004 renouvellerait. Même si l'écrasante majorité de l'opinion était devenue hostile à la guerre, il est parvenu à faire passer le retrait du Vietnam prôné par George McGovern pour un acte de faiblesse irresponsable.

Donc, le Vietnam a sûrement dû transformer la politique américaine – c'est du moins ce que beaucoup pensent. Néanmoins, lorsqu'on examine de près les données, il apparaît étonnamment difficile de prouver qu'il a été un tournant. Pour que nous puissions reconnaître au Vietnam un rôle décisif, il aurait fallu que le mouvement antiguerre ou la réaction hostile à ce mouvement – ou les deux – deviennent des forces durables dans la vie publique américaine, qu'ils continuent à déterminer les orientations politiques et les élections même après la fin du conflit. Or rien de tel ne s'est produit.

Le mouvement antiguerre, qui semblait si massif dans les années 1960 et au début des années 1970, s'est évanoui remarquablement vite lorsque la conscription a été supprimée en 1973 et que le gros des forces américaines a quitté le Vietnam. Les militants antiguerre sont passés à autre chose ;

et le gauchisme radical n'est jamais devenu une force politique importante.

Dans l'autre camp, Nixon n'a pas réussi à convertir le « choc en retour » contre le mouvement antiguerre en une victoire décisive aux élections législatives. Un mythe persistant veut que le Vietnam ait « détruit les démocrates ». Il est cependant contredit par l'histoire du contrôle du Congrès durant les années de guerre, telle qu'elle ressort du tableau 4. Même en 1972, l'année du raz de marée triomphal qui a réélu Nixon contre McGovern, les démocrates ont aisément conservé leur majorité à la Chambre et accentué leur domination au Sénat. Et les coups bas auxquels Nixon a eu recours pour s'assurer la victoire en 1972 ont abouti à cette parfaite illustration de l'effet boomerang qu'est le scandale du Watergate, et à une très vive ascension de la cote électorale des démocrates.

De plus, il ne ressort pas des données dont nous disposons que, dans les premières années de l'après-Vietnam, les démocrates aient été largement perçus comme des faibles en matière de sécurité nationale. Les sondages effectués entre la chute de Saigon et la crise des otages en Iran semblent mettre les deux partis plus ou moins à égalité sur la question : on ne voit pas l'avantage écrasant des républicains dont parle la légende. Par exemple, interrogée sur le thème « Les républicains et l'armée » entre 1975 et 1979, la base de données iPOLL du Roper Center a indiqué en réponse deux sondages Harris de 1978 et un sondage du Comité national républicain de 1979. À la question « À quel parti peut-on faire confiance pour la sécurité militaire ? » aucun des trois n'enregistre une grosse avance des républicains.

Tableau 4

La persistance de la majorité démocrate

		Nombre de sièges démocrates	
Congrès	Années	Au Sénat [a]	À la Chambre [b]
90e	1967-1968	64	248
91e	1969-1970	58	243
92e	1971-1972	54	255
93e	1973-1974	56	242
94e	1975-1976	61	291

a. Sur les 100 sénateurs.
b. Sur les 435 représentants.
Source : www.library.unt.edu/govinfo.

Au bout du compte, les démocrates se sont bel et bien retrouvés en difficulté, et le temps viendrait où les républicains utiliseraient efficacement l'argument du « coup de poignard dans le dos » en Indochine pour les présenter comme peu fiables en matière de sécurité nationale. Mais les réalités du Vietnam avaient très peu de rapports avec tout cela.

Ce qu'ont fait les années 1960

Les années 1960 ont été celles des hippies et des étudiants révolutionnaires, des ouvriers du bâtiment* bastonnant les cheveux longs, de la guerre et des manifestations. Il serait

* Dits les *hard hats* à cause de leurs casques de chantier.

stupide de dire que rien de tout ça n'a eu d'importance. Pourtant, tous ces événements n'ont eu, au mieux, qu'un effet direct mineur sur la gestation des bouleversements qu'allait connaître l'économie politique américaine au cours des trente années suivantes. Indirectement, ils ont peut-être compté davantage. Les leçons apprises par les républicains sur l'exploitation des « chocs en retour » culturels allaient bien servir les conservateurs de mouvement lors des décennies à venir, même si les cibles de ces ripostes sont passées des hippies et de la délinquance à l'avortement et au mariage gay.

Ce qui, en réalité, a pesé le plus lourd à long terme, c'est la rupture de la coalition du New Deal sur la question raciale. Après le vote du Civil Rights Act, Johnson a dit à Bill Moyers*, qui était alors un de ses conseillers : « Je crois que nous venons de livrer le Sud au parti républicain pour le reste de ma vie, et de la vôtre. » Il avait raison. Dans leur victoire décisive aux élections législatives de 2006, les démocrates ont gagné dans le Nord-Est avec 28 % d'avance, dans l'Ouest avec 11 %, dans le Midwest avec 5 % – mais les républicains les ont devancés de 6 % dans le Sud[1].

Cette fracture a ouvert la porte à une politique de type nouveau. Le basculement de la politique raciale a permis à une force conservatrice rénovée, dont l'objectif ultime était de renverser les acquis du New Deal, de gagner des élections nationales – même si les politiques qu'elle préconisait servaient les intérêts d'une toute petite élite aux dépens des Américains à faibles et moyens revenus.

Cependant, avant de pouvoir gagner des élections, cette force – le conservatisme de mouvement – devait d'abord se

---

* Bill Moyers a été un important collaborateur du président Johnson avant de faire carrière dans le journalisme, notamment sur le réseau public de télévision PBS (Public Broadcasting System).

1. Philip Klinkner et Thomas Schaller, « A Regional Analysis of the 2006 Election », *Forum*, vol. 4, n° 3, 2006 : www.bepress.com/forum/vol4/iss3/art9.

doter d'une base institutionnelle et s'emparer du parti républicain. La façon dont elle l'a fait sera le sujet du prochain chapitre.

6

LE CONSERVATISME DE MOUVEMENT

Au moment même où Dwight Eisenhower prêchait les vertus d'un républicanisme atténué, « moderne », un type inédit de conservateur commençait à apparaître. À la différence de ceux qui, à l'instar de McKinley, avaient d'abord combattu Franklin Roosevelt, puis Eisenhower – des hommes traditionnels, guindés et surtout âgés –, ces « nouveaux conservateurs », comme on allait les appeler, étaient jeunes, effrontés et habiles à jouer des médias. Ils se considéraient comme des marginaux en lutte contre l'*establishment.* Ils ont été néanmoins bien financés dès le début.

William F. Buckley a montré le chemin. Son livre de 1951, *God and Man at Yale,* qui reprochait à l'université de servir de base à un professorat hostile ou du moins sceptique à l'égard du christianisme, sans compter qu'il enseignait l'économie keynésienne, a fait de lui une personnalité nationale. En 1955, il a fondé la *National Review.*

Il est intéressant de se pencher sur les premiers numéros de la *National Review* pour se faire une idée de ce qu'était le profil des conservateurs de mouvement avant qu'ils n'apprennent à user d'un langage codé. Aujourd'hui, les grandes figures de la droite américaine sont des virtuoses de la *dog-whistle politics,* selon le mot des Britanniques, la « politique du sifflet pour chien » : ils tiennent des propos qui parlent à certaines catégories sur un mode qui n'est audible qu'à ce seul public cible – et évitent ainsi d'afficher l'extrémisme de leurs positions aux yeux de tous. Nous le verrons, Ronald Reagan a réussi à indiquer sa sympathie pour le racisme sans jamais prononcer la moindre phrase ouvertement raciste, et George W. Bush use constamment d'un langage sonnant aux oreilles de la plupart des Américains, au pire, comme un peu compassé, mais lourd de sens à en craquer pour les extrémistes les plus fanatiques du millénarisme religieux. Aux premiers temps de la *National Review*, en revanche, les positions s'énonçaient plus franchement. Ainsi, en 1957, elle publiait un éditorial à la gloire d'un vote du Sénat qui, pensait-elle, aiderait le Sud à continuer de refuser aux Noirs le droit de vote :

> Voici la question cruciale qui se pose – et ce n'est pas une question parlementaire, ni une question à laquelle on peut répondre en consultant un catalogue des droits des citoyens américains, nés Égaux : la communauté blanche du Sud a-t-elle le droit de prendre les mesures nécessaires pour l'emporter, politiquement et culturellement, dans des régions où elle n'est pas numériquement majoritaire ? La réponse sérieuse est Oui – la communauté blanche en a le droit, parce qu'elle est, pour le moment, la race avancée [...].
>
> La *National Review* estime que les postulats du Sud sont justes. Quand la volonté de la majorité est socialement atavique, barrer la route à la majorité est un choix certes non démocratique, mais éclairé. Il est plus important pour toute communauté, où qu'elle se trouve dans le monde, d'édicter des normes civilisées et de vivre en s'y conformant que de se plier aux exigences de la majorité numérique. Parfois, il devient impossible d'imposer la volonté d'une minorité : elle doit céder et la société régresse ; parfois la minorité numérique ne peut dominer que par la violence : elle doit alors déterminer si la victoire de sa volonté vaut le prix terrible de la violence[1].

1 Éditorial, *National Review*, 24 août 1957.

Le « catalogue des droits des citoyens américains, nés Égaux », qu'écarte l'éditorial, est vraisemblablement le document que l'on a coutume d'appeler Constitution des États-Unis. Et à quoi faisait allusion l'auteur quand il évoquait le « prix terrible de la violence » qu'il valait parfois la peine de payer pour éviter à la société de régresser ? William F. Buckley a précisé sa pensée un peu plus tard, toujours en 1957, dans sa « Lettre d'Espagne » :

> Le général Franco est un authentique héros national. C'est un fait très généralement reconnu : il avait, plus que les autres, l'ensemble de talents, la persévérance et le sentiment de la justesse de sa cause qui étaient nécessaires pour arracher l'Espagne aux visionnaires, aux idéologues, aux marxistes, aux nihilistes qui lui imposaient, dans les années 1930, un régime si grotesque qu'il faisait violence à l'âme espagnole, qu'il niait jusqu'à l'identité historique de l'Espagne[1].

Le « régime si grotesque » qu'a renversé le *generalísimo* Francisco Franco – avec l'aide cruciale de Mussolini et de Hitler – était en fait le gouvernement espagnol démocratiquement élu. Les méthodes dont a usé Franco pour protéger l'« âme » de l'Espagne comprenaient le massacre de populations et l'internement en camp de concentration des opposants et des suspects. Et tout cela n'était pas du passé quand Buckley faisait l'éloge du dictateur. Comme le souligne l'historien Paul Preston, les adversaires de Franco ont continué « à subir la terreur policière et les exécutions » jusque dans les années 1970[2].

Dans le demi-siècle écoulé depuis la parution de ces articles, les conservateurs de mouvement ont appris à être plus circonspects. Aujourd'hui, ils se présentent en champions de

---

1. William F. Buckley, « Yes, and Many Thanks, But Now the War Is Over », *National Review*, 26 octobre 1957.
2. Paul Preston, « The Conqueror of His Country », *New York Times*, 27 décembre 1987.

la liberté et du choix individuel. Il n'en est pas moins vrai que, depuis le début, leur mouvement est profondément antidémocratique et, avant tout, soucieux de défendre la religion et la propriété. Le chapitre 1 de *God and Man at Yale* reprochait à l'école de ne pas être « prochrétienne », et, s'il était intitulé « L'individualisme à Yale », le chapitre 2 s'en prenait surtout aux professeurs qui enseignaient l'économie keynésienne et parlaient favorablement de l'impôt progressif et de l'État-providence. Bref, si la démocratie ne créait pas un environnement assez protecteur pour la religion et la propriété, tant pis pour la démocratie.

Or, il fallait regarder la réalité en face : il n'y avait pas de Franco aux États-Unis, ni aucune chance réelle d'en voir surgir un. Pour accéder au pouvoir dans ce pays, les nouveaux conservateurs devaient prendre le contrôle d'un parti et gagner des élections.

Découverte d'une base populaire

En 1964, une coalition de militants conservateurs saisit les leviers de commande de la convention nationale républicaine et fit élire Barry Goldwater candidat du parti à la présidence. Mais ce fut un faux départ pour la droite. Le mouvement conservateur naissant n'avait obtenu l'investiture républicaine pour Goldwater qu'en prenant l'*establishment* du GOP par surprise, et il n'avait encore aucun moyen de remporter des élections nationales : Goldwater subit une défaite humiliante. Pour atteindre ses objectifs, le conservatisme de mouvement avait besoin d'élargir sa base électorale. Ronald Reagan, plus que tout autre, lui a montré comment s'y prendre.

Le 27 octobre 1964, dans le cadre de la campagne sans espoir de Goldwater, Reagan prononça un discours télévisé que les journalistes David Broder et Stephen Hess appelleraient plus tard « le début politique national le plus réussi depuis que William Jennings Bryan avait galvanisé la convention démocrate de 1896 avec son discours sur “la croix de l'or” ». Dans les années suivantes, ce discours de Reagan – officiellement intitulé « L'heure du choix » – serait appelé simplement « le discours ».

Ce n'était pas le discours de Lincoln à la Cooper Union *. Celui de Reagan, pour être précis, était une diatribe – une diatribe contre les maux de l'État tentaculaire, du *big government*, qui ne reposait pas sur une argumentation logique mais sur un mélange de statistiques à sensation et d'anecdotes.

Les statistiques étaient au mieux fallacieuses, et les anecdotes suspectes. « Les agents fédéraux sont 2,5 millions, et si l'on ajoute les États et les autorités locales, un actif sur six dans ce pays travaille pour les pouvoirs publics », lançait Reagan pour donner l'impression d'une immense bureaucratie superflue. Il aurait manqué son effet si son public avait su ce que faisaient, en réalité, ces fonctionnaires « inutiles » : en 1964, près des deux tiers des agents fédéraux travaillaient au département de la Défense ou au service postal, et la plupart des employés des États et des autorités locales étaient enseignants, policiers ou pompiers. Par ailleurs, Reagan attaquait les allocations familiales en racontant cette histoire : une mère de sept enfants demandait le divorce parce que son chèque de l'Aid to Families with Dependent Children (l'aide aux familles nombreuses) serait alors plus élevé que le salaire de son mari – information qu'il tenait, prétendait-il, de la bouche même d'un juge anonyme de Los Angeles.

Reagan affichait aussi une remarquable insensibilité : « On nous a dit il y a quatre ans que dix-sept millions d'individus se couchaient tous les soirs en ayant faim », déclarait-il, en

* Le 27 février 1860, Lincoln prononce dans la grande salle de la Cooper Union à New York un discours de haute tenue où il soutient que le pouvoir fédéral a le droit d'interdire l'extension de l'esclavage à l'ouest des États-Unis. Il sera élu président en novembre de la même année.

faisant allusion à l'un des slogans de campagne de John F. Kennedy. « C'était probablement vrai. Ils étaient tous au régime. »

À la fin du discours, comme jaillie de nulle part, une transition soudaine l'amenait, apparemment, à réclamer un affrontement armé avec le communisme :

> Ceux qui veulent échanger notre liberté contre la soupe populaire de l'État-providence nous disent qu'ils ont une solution utopique, la paix sans la victoire. Ils appellent leur politique l'« accommodement ». Ils disent que, si nous évitons tout affrontement direct avec l'ennemi, il oubliera ses méthodes scélérates et apprendra à nous aimer. Tous ceux qui ne sont pas d'accord sont traités de va-t-en-guerre.

On ne peut pas dire que ce fut un discours grandiose. Pourtant, Broder et Hess ont raison : il a eu un impact énorme. La *National Review*, avec sa rhétorique ultraconservatrice à l'ancienne, ne s'adressait qu'à une minorité consciemment élitiste, très riche mais minuscule. Reagan avait trouvé moyen de défendre plus ou moins la même ligne dans une langue en résonance avec les perceptions – et les préjugés – de l'homme de la rue. Ses discours touchaient des gens qui eussent été bien incapables de suivre les phrases sinueuses de Buckley, qui ne savaient rien et se moquaient bien de la façon dont le général Franco avait sauvé l'âme de l'Espagne. Reagan avait découvert une méthode pour doter le conservatisme de mouvement d'une véritable base populaire.

Il y était en partie parvenu en usant de la rhétorique anti-État, du *small government*, pour exploiter la « riposte blanche » sans se montrer explicitement raciste. Même quand il ne fustigeait pas les arnaqueurs de l'aide sociale (chacun savait de qui il parlait), ses diatribes contre les hordes de bureaucrates qui dilapidaient l'argent des contribuables s'adressaient clairement aux électeurs persuadés qu'on leur prenait leurs dollars au profit de qui vous savez.

Mais Reagan exploitait aussi l'authentique paranoïa populaire sur la menace communiste.

Ce n'est pas par hasard que George Clooney a choisi de tourner *Good Night, and Good Luck* (le film sur le combat d'Edward R. Murrow contre Joe McCarthy) en 2005 : le communisme était le terrorisme des années 1950. Concrètement, l'ennemi était très différent : puissance nucléaire, l'Union soviétique représentait une véritable menace existentielle pour les États-Unis, ce qui n'est pas le cas du terrorisme islamique. Et le pacte de Varsovie existait vraiment, à la différence de l'« axe du mal ». Néanmoins, psychologiquement, la réaction à la menace communiste des années 1950 paraît familière et compréhensible aujourd'hui.

Paradoxalement, l'un des problèmes du statut de superpuissance est la difficulté d'expliquer aux citoyens les limites de cette puissance. Les Canadiens ne se demandent pas pourquoi leur gouvernement n'arrive pas à imposer sa volonté au monde entier. Mais les Américains se laissent trop facilement convaincre que ceux qui menacent leur pays peuvent être éliminés par la force – et que celui qui préconise la retenue est au mieux un faible et au pire un traître.

En fait, la retenue était la seule solution raisonnable. Comme le terrorisme actuel, le communisme des années 1950 et 1960 constituait une menace que l'on pouvait endiguer mais non éliminer. De plus, en fin de compte, la stratégie de l'endiguement, le *containment* – s'abstenir de toute tentative directe pour renverser des régimes communistes par la violence, ne livrer que des guerres défensives, combattre l'influence soviétique par l'aide et la diplomatie –, a été un succès total : la troisième guerre mondiale n'a pas eu lieu et la guerre froide s'est soldée par une victoire décisive des États-Unis. Cette stratégie, comme aujourd'hui la réaction rationnelle au terrorisme, n'en passait pas moins pour de la pleutrerie aux yeux de gens qui ne voyaient dans la retenue que faiblesse et dégénérescence. Lorsque Reagan caricature la logique de l'endiguement par la formule : « Si nous évitons tout affrontement direct avec l'ennemi, il oubliera ses méthodes scélérates et apprendra à nous aimer », il annonce Dick Cheney ridiculisant quarante ans plus tard John Kerry pour avoir dit que « la guerre contre le terrorisme » était plutôt un problème de police.

Reagan pensait que les promoteurs de l'endiguement étaient des imbéciles sans énergie attachés à une « solution utopique, la paix sans la victoire ». D'autres à droite, notamment Joseph McCarthy, étaient convaincus que c'étaient des traîtres – et beaucoup en sont restés persuadés même après la chute du sénateur. Pour les maccarthystes, les frustrations d'une superpuissance, en particulier l'incapacité des États-Unis à empêcher la victoire communiste en Chine, ne pouvaient s'expliquer que par la trahison au plus haut niveau :

> Comment rendre compte de notre situation actuelle sans se dire que des hommes haut placés dans ce gouvernement se concertent pour nous conduire au désastre ? Cette situation est forcément l'effet d'une grande conspiration, à une échelle si immense qu'elle écrase toutes les entreprises passées de ce type dans l'histoire de l'humanité. Un infâme complot, si noir que, lorsqu'il sera enfin percé au jour, ses grandes figures mériteront pour toujours les malédictions de tous les honnêtes gens [1].

Autre grand paradoxe de la situation : l'anticommunisme était infiniment plus virulent et extrémiste en Amérique, où il n'y avait pratiquement pas de communistes, qu'en Europe occidentale, où les partis communistes sont restés des forces politiques puissantes jusqu'à l'effondrement de l'Union soviétique. Non que l'anticommunisme ouest-européen ait été faible : les partis de droite en Europe se définissaient bien

1. Discours prononcé par le sénateur Joseph McCarthy devant le Sénat le 14 juin 1951, *Congressional Record : Proceedings and Debates of the 82nd Congress, First Session*, vol. 97, 5e partie (28 mai 1951-27 juin 1951), p. 6556-6603.

souvent par leur opposition au communisme. Et l'anticommunisme européen, même – ou peut-être surtout – quand il s'imposait aux dépens de la démocratie, avait ses admirateurs américains. Nous avons vu que le comité de rédaction de la *National Review*, l'organe « maison » initial du conservatisme de mouvement, était peuplé d'ardents adulateurs du général Franco.

Mais en dehors de l'Espagne, les anticommunistes européens étaient des conservateurs traditionnels, qui défendaient l'ordre démocratique existant. Aux États-Unis, l'anticommunisme – dirigé contre de ténébreux ennemis censés contrôler la politique du pays – est devenu un mouvement extrémiste, et même révolutionnaire. Comme l'explique l'historien Richard Hofstadter dans son célèbre essai de 1964 *The Paranoid Style in American Politics* (Le style paranoïaque dans la politique américaine), la droite américaine moderne

> se sent dépossédée : on lui a pris l'essentiel de l'Amérique, à elle et aux siens, bien qu'elle soit décidée à la récupérer et à empêcher sa destruction finale par la subversion. Les anciennes vertus américaines ont déjà été englouties par les cosmopolites et les intellectuels ; l'ancien capitalisme concurrentiel a été peu à peu miné par les faiseurs de plans socialistes et communistes ; l'ancienne sécurité nationale et l'indépendance du pays ont été détruites par des entreprises de trahison dont les agents les plus puissants ne sont plus, comme autrefois, des marginaux et des étrangers, mais des hommes d'État de première grandeur qui se trouvent aux centres nerveux de la puissance américaine [1].

Bizarrement, ce sentiment de dépossession et de persécution a eu un écho particulier dans les banlieues aisées, alors en expansion rapide aux États-Unis – et surtout dans l'Orange County en Californie, la patrie de Disneyland et l'incarnation, à l'époque, du nouveau rêve américain. Il y

1. Richard Hofstadter, « The Paranoid Style in American Politics », *Harper's Magazine*, novembre 1964, p. 77-86.

avait, semble-t-il, un lien entre la condition de ces nouveaux propriétaires de pavillons, partis vers l'ouest et hors de la ville pour en finir avec tout ça – du Midwest à la côte, de la ville aux banlieues –, et une crainte anxieuse de tout perdre, si anxieuse qu'ils étaient prêts à croire à d'obscurs complots contre leur mode de vie. (Ces tendances n'ont évidemment pas souffert d'une autre spécificité de l'Orange County : il était au cœur du complexe militaro-industriel ; puisqu'on y trouvait de nombreuses entreprises contractantes du Pentagone, c'était un endroit où beaucoup de gens avaient un intérêt financier personnel au maintien d'une forte tension entre l'Occident et l'Union soviétique.) Si, ces dernières années, l'administration Bush a dûment alimenté les angoisses des « mamans sécurité* », la révolte des « guerriers de banlieue[1] » des années 1950 et 1960 était vraiment un mouvement spontané, prêt à faire bloc derrière les politiciens qui semblaient partager ses préoccupations.

Malgré la hauteur de vues qu'affectait leur rhétorique, les fondateurs du conservatisme de mouvement n'hésitaient guère à surfer sur la vague de la paranoïa. Le penseur politique Peter Viereck fut l'un des rares « nouveaux conservateurs » à rompre avec ce groupe quand il évolua en « conservatisme de mouvement » proprement dit. Dans un article publié en 1962 dans *The New Republic*, « The New Conservatism : One of Its Founders Asks What Went Wrong » (Nouveau conservatisme : un de ses fondateurs s'interroge sur sa dérive), il soulignait que beaucoup, parmi les nouveaux conservateurs les plus en vue, « n'ont pas réussi le test suprême de la tentation maccarthyste des années 1950, de même que les "compagnons de route" n'ont pas réussi le test suprême de la tentation communiste des années 1930 ». En fait, soulignait

---

* L'expression *security mom*, apparue ces dernières années, désigne les mères de famille qui se préoccupent avant tout de la lutte contre le terrorisme et de la sécurité de leurs enfants.

1. Le terme vient de Lisa McGirr, *Suburban Warriors : The Rise of the New American Right*, Princeton University Press, 2001.

Viereck, Goldwater – réinventé depuis, comme Reagan, par l'historiographie populaire, qui en a fait un personnage beaucoup moins extrémiste et menaçant qu'il ne l'était – « a défendu ardemment la tyrannie de McCarthy jusqu'à l'extrême fin[1] ». Et, si les conservateurs de mouvement ont fini par se dissocier de Robert Welch, le fondateur de la John Birch Society*, ils ont pris soin de ne pas condamner l'organisation elle-même, ni ses croyances en une théorie du complot.

Le conservatisme de mouvement a donc acquis une base populaire de masse en trouvant comment faire appel à deux sentiments très répandus : la « riposte blanche » et la peur paranoïaque du communisme. L'émergence de cette assise populaire a beaucoup fait pour transformer les « nouveaux conservateurs » politiquement marginaux des années 1950 en une force avec laquelle il fallait compter. Et cet effort a été complété par la mise en place d'une autre base d'appui, qui, à défaut de suffrages, pouvait apporter de l'argent : un soutien fervent des milieux d'affaires.

Construction d'une base dans les milieux d'affaires

Aujourd'hui, il nous paraît naturel que, dans leur grande majorité, les milieux d'affaires soutiennent fermement la droite dure. L'industrie pharmaceutique veut maintenir son pouvoir de monopole ; les compagnies d'assurances veulent empêcher l'instauration d'une assurance maladie nationale ; les firmes de l'énergie veulent être débarrassées des réglementations environnementales ; et tout le monde veut des réductions d'impôts. Mais dans les années 1950 et 1960, où le

1. Peter Viereck, « The New Conservatism : One of Its Founders Asks What Went Wrong », *New Republic*, 24 septembre 1962.

* La John Birch Society est une association d'extrême droite créée en 1958 sur la base de l'anticommunisme. Elle a combattu le mouvement des droits civiques.

souvenir des triomphes du New Deal était encore frais, les grandes entreprises étaient politiquement prudentes. La base initiale du conservatisme de mouvement dans les milieux d'affaires se composait essentiellement de petites et moyennes entreprises, qui souvent appartenaient à des particuliers. Et leur fureur avait une cible prioritaire : les syndicats.

Il est difficile aujourd'hui de bien comprendre à quel point ce problème était important. Les lecteurs de *Time* ont probablement été un peu surpris, en 1998, de voir cette revue citer Walter Reuther, qui présida l'United Automobile Workers de 1946 à sa mort en 1970, parmi les cent personnalités les plus influentes du XXe siècle. À la fin du siècle, le syndicalisme américain n'était plus que l'ombre de lui-même et Reuther avait totalement sombré dans l'oubli. Mais il fut un temps où Reuther était un personnage extrêmement puissant – et, pour certains, terrifiant. En 1958, Barry Goldwater l'avait qualifié de « menace plus dangereuse que le Spoutnik ou que tout ce que la Russie soviétique pourrait faire à l'Amérique ».

Dans les années 1950, l'Amérique était un pays où le travail organisé jouait un rôle important et bien visible. Plus de 30 % des actifs non agricoles étaient syndiqués, contre moins de 12 % aujourd'hui. Le taux de syndicalisation était plus élevé aux États-Unis qu'au Canada, en Italie ou en France ; il était presque au niveau de celui de l'Allemagne occidentale. Outre leur impact économique, les syndicats avaient un rôle politique crucial, puisqu'ils constituaient l'ossature de la puissance du parti démocrate hors du Sud. Néanmoins, tout le monde ne les acceptait pas comme une réalité incontournable.

On aurait pu croire que le problème de la légitimité politique et économique des syndicats avait été réglé par les extraordinaires victoires du travail dans les années 1930 et 1940. Ces victoires étaient cependant incomplètes, sur deux points importants. D'abord, le New Deal avait bien créé un État-providence, mais pas aussi développé que dans les autres pays riches, notamment en matière de santé. Afin de combler l'écart, les syndicats devaient faire pression pour obtenir des assurances privées. Quand ils l'ont fait, ils se sont heurtés à un regain d'opposition. Deuxièmement, le taux relativement élevé de syndicalisation dissimulait de grosses différences régionales : de vastes zones restaient hostiles aux syndicats et offraient un terreau propice aux politiciens qui les combattaient.

Commençons par cet État-providence incomplet. Toutes les démocraties occidentales, à l'issue des épreuves de la Grande Dépression et de la Seconde Guerre mondiale, s'étaient dotées d'une forme d'État-providence. Leur envergure était cependant variable. Avec la Social Security, les États-Unis avaient créé une caisse de retraite publique assez généreuse, comparable à celles des autres pays riches, voire meilleure. Mais à certains égards l'État-providence américain était beaucoup moins développé. En particulier, nous n'avons jamais eu d'assurance maladie garantie par les pouvoirs publics.

Pourtant, dans les années 1960, la grande majorité des Américains avaient une assurance maladie, les salariés avaient souvent une assurance invalidité, ils étaient assez nombreux à bénéficier de généreuses indemnités de chômage, ainsi que de retraites complémentaires – et rien de tout cela ne venait de l'État. Ces avantages sociaux étaient fournis par les employeurs privés. Comme l'a bien vu le politologue Jacob Hacker, l'Amérique d'après guerre a élaboré un État-providence qui, si on le mesure à la part des dépenses sociales dans l'économie, était presque aussi développé que ceux d'Europe occidentale. Mais, aux États-Unis, une grande partie de ces dépenses étaient à la charge des entreprises privées et non de l'État[1].

Pourquoi les employeurs offraient-ils tous ces avantages ? En partie parce que l'assurance était un bon moyen d'attirer les salariés, notamment durant la Seconde Guerre mondiale,

1. Jacob Hacker, *The Divided Welfare State*, Cambridge University Press, 2002.

quand les contrôles sur les salaires empêchaient les entreprises de se disputer une main-d'œuvre rare en les augmentant. De plus, une rémunération en prestations sociales a l'avantage de ne pas être soumise à l'impôt sur le revenu, si bien qu'un dollar versé à un salarié sous forme d'assurance maladie vaut davantage pour celui qui le reçoit qu'un dollar payé en salaire. Enfin, après la guerre, les avantages sociaux sont devenus un objectif premier des syndicats dans les négociations. Afin d'expliquer pourquoi Reuther figurait dans les cent premiers de sa liste, le magazine *Time* écrivait :

> Reuther a maintenu la pression pour obtenir de nouveaux avantages sociaux ou améliorer les anciens ; avec le temps, le syndicat a gagné tout ce qui, pour les salariés d'aujourd'hui, va de soi. Année après année, les travailleurs ont obtenu, entre autres, la couverture complète d'assurance maladie, le remboursement des frais de scolarité, l'assurance vie, la participation aux bénéfices, les indemnités de licenciement, l'assurance juridique, le « paiement de deuil* », la rémunération en cas de participation à des jurys – plus des progrès sur les vacances, les jours fériés et le temps de repos[1].

Ces revendications ne représentaient pas un fardeau inacceptable pour les constructeurs automobiles et autres gros employeurs. Avant l'époque de la forte concurrence étrangère, ces grands industriels pouvaient reporter les hausses de coûts sur les prix à la consommation. Et ils savaient que les autres producteurs nationaux de leur branche négociaient les mêmes accords.

Mais du point de vue du propriétaire d'une entreprise moyenne (par exemple, un grand magasin), les revendications syndicales ne paraissaient pas aussi tolérables. Si ce type d'établissement n'est pas confronté à la concurrence internationale,

* En cas de décès dans sa famille, le salarié est autorisé à cesser le travail quelques jours et ces journées lui sont payées.
1. www.time.com/time/time100/builder/profile/reuther2.html.

il a des concurrents intérieurs, peut-être non syndicalisés, dont des micro-entreprises, souvent familiales, bien trop petites pour retenir l'attention du mouvement ouvrier. Les propriétaires de petites et moyennes entreprises jugeaient exaspérantes, voire menaçantes, les exigences toujours plus élevées des syndicats.

La famille de Barry Goldwater possédait un grand magasin à Phoenix. Comme l'explique Rick Perlstein dans son livre remarquable *Before the Storm : Barry Goldwater and the Unmaking of the American Consensus* (Avant l'orage : Barry Goldwater et le démantèlement du consensus américain), Goldwater était un « prince marchand » – un membre de la classe la plus disposée à riposter aux revendications croissantes du mouvement syndical. Les propriétaires des entreprises familiales de taille moyenne, souligne Perlstein, constituaient le noyau dur du mouvement « manionite », l'une des sources fondatrices du conservatisme de mouvement. (Clarence Manion, doyen de l'école de droit de Notre Dame, a été l'un des pionniers du publipostage dans sa croisade contre « les internationalistes, les mondialistes, les socialistes et les communistes » qui, selon lui, avaient envahi l'État[1].)

Goldwater venait de l'Arizona, État qui avait inscrit dans sa Constitution le « droit au travail » – l'interdiction par la loi des contrats imposant que tous les travailleurs d'une entreprise soient membres d'un syndicat. Ce qui illustre la seconde raison pour laquelle les victoires du travail à l'époque du New Deal n'avaient pas réglé le problème de la place du syndicalisme dans la structure sociopolitique américaine : les syndicats bénéficiaient d'un ancrage parfaitement sûr dans le cœur industriel du pays, mais ils étaient beaucoup moins répandus et puissants dans ce qu'on appellerait plus tard le *Sun Belt*[*].

1. Rick Perlstein, *Before the Storm : Barry Goldwater and the Unmaking of the American Consensus*, Hill & Wang, 2001, chap. 1.
* Le *Sun Belt*, « Ceinture du Soleil », s'étend de la Caroline du Sud à la Californie et se caractérise, surtout depuis les années 1970, par son dynamisme économique.

Dans les années 1950, les ouvriers étaient moitié moins syndiqués dans le Sud que dans le Midwest. Quand la base et la population industrielles du pays ont été relocalisées dans le Sud et dans l'Ouest, beaucoup de personnalités influentes – et notamment une grande partie de la structure politique existante dans le *Sun Belt* – étaient décidées à faire le nécessaire pour que le mouvement syndical ne suive pas.

Au départ, c'est son antisyndicalisme virulent qui a donné à Goldwater une stature nationale. Sa remarque sur la menace incarnée par Walter Reuther a été faite au cours d'une enquête du Sénat sur des allégations de corruption des syndicats. Malgré leurs efforts acharnés, les enquêteurs n'ont pas réussi à trouver la moindre malversation de la part de Reuther : il était si scrupuleux que, lorsqu'il était en mission pour le syndicat, il payait lui-même ses factures de pressing. Pour la vraie corruption, il fallait chercher du côté des *Teamsters* de Jimmy Hoffa*, l'un des rares syndicats qui soutenaient les candidats républicains. Le rôle joué par Goldwater dans cette enquête n'en a pas moins raffermi sa position de chef de l'aile droite émergente du parti républicain.

L'antisyndicalisme a donné au conservatisme de mouvement sa première base d'appui solide dans les milieux d'affaires. À partir des années 1960, les propriétaires d'entreprises qui exécraient les syndicats ont été une source sûre de soutien financier. Et ce soutien a été récompensé. Dans les années 1970 et 1980, comme je l'expliquerai au chapitre 8, le virage à droite politique de l'Amérique a donné aux entreprises les moyens d'affronter et souvent d'écraser le mouvement syndical, avec d'énormes conséquences pour l'inégalité des salaires comme pour l'équilibre du pouvoir politique.

---

* Jimmy Hoffa, président du syndicat des camionneurs, les *Teamsters*, avait des liens avec le crime organisé. Après sept ans de prison, il a mystérieusement disparu en 1975 dans une banlieue de Detroit.

Mise en place d'une intelligentsia

En même temps qu'il se dotait d'une base populaire et d'un solide ancrage dans les milieux d'affaires, le conservatisme de mouvement acquérait aussi une sorte d'« intelligentsia de parti ». Certes, les « nouveaux conservateurs » initiaux, à commencer par Buckley et la *National Review*, étaient des intellectuels, mais ils ne produisaient pas le flux continu d'études et d'articles associant érudition apparente et soutien inaltérable aux positions de la droite qui accompagne aujourd'hui tous les débats sur l'action des pouvoirs publics. L'intelligentsia du conservatisme de mouvement n'a vraiment pris forme qu'au moment où les « nouveaux conservateurs » ont été rejoints par un groupe tout à fait différent, les « néoconservateurs », et où les uns et les autres ont reçu des postes stables au sein d'une infrastructure institutionnelle puissante.

Le néoconservatisme est essentiellement issu de deux mouvances : celle des économistes de Chicago dirigés par Milton Friedman, qui menaient la contre-offensive antikeynésienne, et celle des sociologues dirigés par Irving Kristol qui, autour de la revue *The Public Interest*, se révoltaient contre la Grande Société de Lyndon Johnson.

C'est du côté des économistes que l'intelligentsia conservatrice est d'abord apparue, parce que les vérités bien réelles de leur discipline créent chez eux une propension naturelle à pousser sa logique à l'extrême, jusqu'au fondamentalisme du marché. Comme l'a bien vu Adam Smith et comme l'ont montré de façon plus précise de nombreuses générations d'économistes, les marchés parviennent souvent à mettre l'intérêt personnel au service du bien commun. Des individus qui ne cherchent qu'à gagner eux-mêmes de l'argent sont conduits, « comme par une main invisible », à produire les marchandises précises dont les autres ont besoin au moment précis où ils en ont besoin. C'est une vision puissante et véridique. Même les économistes keynésiens* apprécient à sa juste valeur l'efficacité des marchés comme mode d'organisation de l'activité économique.

Mais parfois les marchés ne fonctionnent pas. Ce qui l'a bien fait comprendre aux économistes et aux autres, c'est l'amère expérience de la Grande Dépression. Dans les premières années qui ont suivi la Seconde Guerre mondiale, alors que le souvenir de la Grande Crise était encore frais, la plupart des experts estimaient que, pour maintenir l'économie sur ses rails, l'État devait jouer un rôle important. La science économique admise refusait l'économie planifiée, mais jugeait nécessaires une intervention de l'État pour combattre les récessions, et un renforcement général de son rôle au niveau de l'ensemble de l'économie.

Néanmoins, une fois la crise passée, il était inévitable que certains économistes reviennent à l'ancienne foi. À la fin des années 1940, Friedman et son collègue George Stigler fustigeaient déjà (à très juste titre) l'impact négatif du contrôle des loyers. Au cours des années 1950, ils sont passés à une vaste offensive contre l'intervention de l'État et la réglementation en général. Au début des années 1960, Friedman en était presque entièrement revenu au fondamentalisme du marché : pour lui, même la Grande Dépression n'était pas due à un échec du marché, mais à un échec de l'État. Son argumentation était douteuse et frisait, à mon avis, la mauvaise foi[1]. Cependant, le fait même qu'un grand économiste se sente tenu d'effectuer des tours de passe-passe intellectuels suffit à montrer quel attrait exerçait le fondamentalisme du marché. Les économistes de cette obédience se sont mis à rejeter non

* Paul Krugman écrit en fait : « même les économistes libéraux » – toujours en donnant au mot « libéral » le sens de « progressiste », « de gauche ». Il a paru préférable de traduire autrement pour éviter toute ambiguïté en français.

1. Paul Krugman, « Who Was Milton Friedman ? », *New York Review of Books*, 15 février 2007.

seulement le New Deal, mais aussi les réformes de l'Ère progressiste : même des actions de l'État comme la surveillance de l'innocuité des produits alimentaires et pharmaceutiques, suggéraient-ils, n'étaient pas justifiées. Et Friedman s'est associé à la campagne de Goldwater.

La révolte des sociologues est venue plus tard, bien après le retour du fondamentalisme du marché, et ses accents étaient plus sombres. Si Friedman et ses amis rayonnaient d'un optimisme panglossien, le groupe qui s'est constitué autour de Kristol et de la revue *The Public Interest*, fondée en 1965, se caractérisait par le scepticisme, voire la méfiance systématique. Ils s'élevaient contre la Grande Société, qu'ils considéraient (ce n'était pas entièrement faux) comme un effort absurde et voué à l'échec d'ingénierie sociale. « Nous étions particulièrement outrés, écrirait plus tard Kristol, par l'acceptation générale des idées sociologiques de gauche intégrées à la "guerre contre la pauvreté" [1]. »

Donc, Daniel Patrick Moynihan, rejetant des articles de foi libéraux, soutenait que la pauvreté des Noirs venait en grande partie de la multiplication des familles monoparentales dont le chef était une femme, et non de la discrimination ; Edward Banfield récusait le lien entre les émeutes urbaines et le racisme : la plupart des émeutiers, selon lui, étaient tout simplement venus piller, et non protester contre une injustice.

Friedmaniens et néoconservateurs se considéraient comme des marginaux, en rupture avec l'*establishment* libéral. Il est remarquable que les héritiers de ces mouvements s'arrangent, dans une large mesure, pour se sentir toujours dans cette position. Pourtant, à partir des années 1970, l'intelligentsia conservatrice de mouvement a eu son propre *establishment*, avec un soutien financier dont l'envergure dépassait les rêves les plus fous de ses adversaires libéraux. Disons-le crûment : se faire intellectuel conservateur est devenu un bon choix de carrière.

1. Irving Kristol, « American Conservatism, 1965-1995 », *The Public Interest*, automne 1995, p. 80-96.

Dans un rapport de 1996, « Buying a Movement », l'organisation People for the American Way retrace la carrière de Dinesh D'Souza, rendu célèbre en 1991 par son best-seller *Illiberal Education* [L'Éducation contre les libertés], une charge contre l'*affirmative action* et le politiquement correct sur les campus*. Mais laissons de côté les mérites de son œuvre : l'intéressant est de mesurer la différence entre la carrière de D'Souza et celle des conservateurs de la génération précédente.

Les premiers intellectuels conservateurs modernes étaient, pour la plupart, des chercheurs qui avaient, ou avaient acquis, des opinions conservatrices. Pour prendre l'exemple le plus spectaculaire, Milton Friedman était d'abord un économiste professionnel. Ses travaux sur le comportement des consommateurs, les forces monétaires et l'inflation sont acceptés et salués par l'immense majorité des économistes, toutes sensibilités confondues. Conservateur ou non, il aurait de toute façon reçu le prix Nobel d'économie. De même, la « douzaine de chercheurs et d'intellectuels » qui, selon Kristol, constituaient le « noyau dur » de la revue *The Public Interest* étaient pour la plupart des sociologues universitaires qui avaient bâti leur carrière sur des travaux plus ou moins apolitiques et ne s'étaient ralliés que plus tard au conservatisme.

D'Souza a eu un type de carrière tout à fait différent. Il est passé de la direction d'une publication d'étudiants conservateurs, la *Dartmouth Review*, à celle d'une publication d'anciens élèves conservateurs, *Prospect*. Après avoir écrit une

* L'*affirmative action* est l'ensemble des mesures spéciales prises en faveur des Noirs, à l'instar des quotas d'admission dans les universités ou dans certains emplois, afin de contrebalancer les déséquilibres créés par la discrimination raciale. « Politiquement correct » est une expression empruntée par la droite au vocabulaire soviétique pour présenter l'antiracisme, le féminisme, le rejet de l'homophobie et la pensée de gauche en général comme une chape de plomb conformiste qui compromet la liberté de penser dans les universités. Le livre de Dinesh D'Souza, *Illiberal Education. The Politics of Race and Sex on Campus*, a été traduit en français : *L'Éducation contre les libertés : politiques de la race et du sexe sur les campus américains*, trad. fr. de Philippe Delamare, Paris, Gallimard, 1992.

élogieuse biographie de l'évangéliste Jerry Falwell, il est devenu analyste stratégique dans l'administration Reagan, spécialisé en politique intérieure. Il a ensuite occupé un poste dans un institut de réflexion conservateur, l'American Enterprise Institute, où, avec le soutien de la très conservatrice fondation Olin, il a écrit *Illiberal Education* et un autre livre, *The End of Racism* (il y déclarait que « pour beaucoup de Blancs, la classe inférieure noire criminelle et irresponsable représente un retour de la barbarie au sein même de la civilisation occidentale »). La promotion de ses livres a été assurée par des revues conservatrices, en particulier la *National Review*.

Autrement dit, D'Souza a un profil qui n'existait pas quarante ans plus tôt : c'est un intellectuel conservateur professionnel, qui a fait toute sa carrière à l'intérieur d'un réseau compact d'institutions fondamentalement partisanes.

D'où venaient ces institutions ? Voici l'histoire en peu de mots : à la fin des années 1960 et au début des années 1970, des membres de la nouvelle intelligentsia conservatrice ont persuadé quelques individus fortunés et certains dirigeants d'entreprises de financer une infrastructure intellectuelle conservatrice. Elle se compose essentiellement d'instituts de réflexion, qui s'efforcent de ressembler aux instituts de recherche universitaires mais ne publient que des études favorables à un point de vue bien précis. L'American Enterprise Institute, bien qu'il ait été fondé en 1943, s'est considérablement développé à partir de 1971 quand il a commencé à recevoir en grosse quantité des financements d'entreprises et des dons de fondations familiales conservatrices. L'Heritage Foundation a été créée en 1973 avec des fonds de Joseph Coors et de Richard Mellon Scaife. Le Cato Institute libertarien a beaucoup compté sur le soutien financier des fondations de la famille Koch .

---

* Joseph Coors est un gros industriel de la bière du Colorado ; Richard Mellon Scaife est un des principaux héritiers de la fortune des Mellon, de Pittsburgh, l'une des grandes dynasties capitalistes américaines ; la famille Koch possède un puissant conglomérat au Kansas (pétrole, chimie, notamment).

Des médias font aussi partie de l'infrastructure. Le groupe de fondations qui a financé les instituts de réflexion conservateurs a également accordé un soutien substantiel à la revue *The Public Interest*, ainsi qu'à des publications comme *The American Spectator*, qui a obsessionnellement traqué de prétendus scandales dans les années Clinton.

En sollicitant le soutien de fondations et d'intérêts d'affaires, les néoconservateurs ont accepté d'un cœur léger une simplification grossière de leurs idées. « Nous ne cessons de répéter, écrivait Kristol en 1995, que les idées ont des conséquences, et c'est vrai, mais nous le disons en pensant aux idées complexes, réfléchies, bien formulées. Ce que nous avons trop tendance à négliger, c'est que les idées simples, associées à la passion et à l'organisation, ont des conséquences aussi. » On pourrait croire que Kristol le déplorait – eh bien non, il se félicitait d'avoir admis, avec ses camarades de lutte, les formules à l'emporte-pièce du conservatisme pour obtenir le succès politique.

C'était particulièrement vrai en économie, où *The Public Interest*, avec la page éditoriale du *Wall Street Journal*, s'était fait le principal avocat de l'économie de l'offre. La doctrine des *supply-siders*, qui prétendaient sans aucune preuve que les réductions d'impôts allaient s'autofinancer*, n'a jamais séduit personne dans le monde de la recherche économique professionnelle, même dans son aile conservatrice. On connaît la célèbre formule par laquelle N. Gregory Mankiw, l'économiste de Harvard qui a présidé le Council of Economic Advisers de Bush de 2003 à 2005, a défini les économistes de

* Les *supply-siders*, ou « économistes de l'offre », préconisaient de stimuler l'offre, c'est-à-dire les entreprises, les investisseurs, etc., et non la demande (le pouvoir d'achat des consommateurs). Ils soutenaient la thèse de l'économiste Arthur Laffer, auteur d'une célèbre courbe, dite courbe de Laffer, qui veut illustrer la formule : « trop d'impôt tue l'impôt ». Ainsi, le rendement de l'impôt est supposé devenir négatif (les sommes récoltées diminuant) au-delà d'un taux de prélèvement excessif (mais ce dernier est théoriquement et pratiquement indéterminable).

l'offre dans la première édition de son manuel sur les principes de la science économique : « cinglés et charlatans ». (Elle a disparu des rééditions.) Pourquoi, dans ces conditions, Kristol était-il convaincu que les économistes de l'offre avaient raison ? Réponse : il ne l'était pas – peu lui importait qu'ils eussent raison ou tort. Il ne voyait qu'une chose : leurs idées étaient politiquement utiles. Voici comment il le dit dans son essai de 1995 :

> Parmi les spécialistes des sciences sociales qui formaient le noyau dur de *The Public Interest*, il n'y avait pas d'économistes. (Ils sont venus plus tard, quand nous avons « mûri ».) Cela explique ma propre attitude un peu cavalière à l'égard du déficit ou d'autres problèmes monétaires et budgétaires. Notre tâche, de mon point de vue, était de créer une majorité nouvelle, ce qui voulait dire, bien sûr, une majorité conservatrice, ce qui a fini par signifier une majorité républicaine – donc la priorité était l'efficacité politique, pas les faiblesses comptables du gouvernement [1].

Quelques paragraphes plus haut, notons-le avec intérêt, Kristol expliquait en ces termes l'efficacité de *The Public Interest* à ses débuts : « Nous étions, pour la plupart, des spécialistes des sciences sociales, et, comme disait Pat Moynihan, le meilleur usage que l'on peut faire de la science sociale est de réfuter la fausse science sociale. » Tout dépend, probablement, de l'usage qu'on fait de la fausse science sociale.

Nixon et la grande transition

La campagne de Ronald Reagan en Californie en 1966 a été le premier grand succès électoral du conservatisme de mouvement. Mais la réussite de Reagan a été rejetée dans

1 *Ibid.*

l'ombre par l'ascension de Richard Nixon vers la présidence et sa victoire écrasante en 1972. Son triomphe ne peut être considéré comme celui du conservatisme de mouvement, car Nixon était une personnalité de transition. S'il a utilisé la stratégie politique du mouvement – qu'il a même dans une large mesure inventée –, il ne partageait pas ses objectifs. Les siens étaient purement personnels.

On ne saurait surestimer l'impact de Nixon sur la façon dont on fait de la politique aux États-Unis. C'est lui qui a montré comment exploiter les divisions raciales, l'angoisse face à l'évolution sociale et la paranoïa sur les menaces étrangères pour détacher peu à peu les ouvriers blancs de la coalition du New Deal. C'est lui qui a introduit l'art de la manipulation des médias : Roger Ailes, le président de Fox News, était le conseiller de Nixon en la matière, et il est une grande figure du livre publié en 1969 par Joe McGinniss, *Comment on « vend » un président**. Plus tard, Nixon a inauguré l'intimidation des médias qui a si brillamment étouffé la critique durant une grande partie de l'administration Bush, et la tactique consistant à leur reprocher de rapporter les mauvaises nouvelles.

C'est pendant les années Nixon qu'un coup bas bien mené est devenu un passeport pour les hautes sphères du parti républicain. En 1970, le jeune Karl Rove avait semé le chaos dans un meeting adverse en imprimant sur du papier à en-tête volé au candidat démocrate de faux tracts promettant de la bière gratuite. L'année suivante, il a quitté l'université sans terminer ses études pour devenir le directeur général rémunéré du Comité national des étudiants républicains [1]. Deux ans plus tard, quand Rove a brigué la présidence des étudiants républicains, il l'a emporté par la triche – avec la bénédiction du

* Trad. fr. de Pierre Girard, Paris, Arthaud, 1970 [*The Selling of the President*, 1968, New York, Trident Press, 1969].

1. Dan Balz, « Team Bush : The Iron Triangle », *Washington Post*, 23 juillet 1999, p. C1.

président du Comité national républicain de l'époque, un certain George H.W. Bush [1].

Les conservateurs de mouvement applaudissaient à ces méthodes. Ce qu'ils n'aimaient pas, c'étaient les politiques que Nixon mettait en œuvre. Quand Rick Perlstein, l'auteur de *Before the Storm*, a fait un exposé (devant un groupe de conservateurs) sur le rôle des conservateurs dans les basses œuvres de l'administration Nixon, un des autres conférenciers a rétorqué que Nixon n'était pas un conservateur – « Je n'ai aimé Nixon qu'avec le Watergate [2] », a-t-il ajouté.

Effectivement, les mesures concrètes de Nixon, à la différence de ses façons de procéder, ne correspondaient pas du tout aux vœux des conservateurs de mouvement. En politique intérieure, il a gouverné en modéré, voire en libéral : il a augmenté les impôts, étendu les réglementations environnementales et même tenté de créer une assurance maladie nationale. En politique extérieure, il s'est montré tout aussi pragmatique : il a ouvert un dialogue avec la Chine communiste tout en continuant à combattre les Nord-Vietnamiens alliés de Pékin. Nixon détestait manifestement beaucoup de choses, mais pas l'intervention de l'État ni l'État-providence. De toute manière, les temps n'étaient pas mûrs.

Au milieu des années 1970, les conservateurs de mouvement étaient, en un sens, dans la position qu'occupait à la fin des années 1920 ce qui allait devenir le New Deal. Les idées existaient ; l'organisation existait ; les cadres intellectuels étaient en place. Cependant, pour prendre le pouvoir, ils avaient besoin d'une crise.

Il y eut une double crise, extérieure et intérieure.

À l'extérieur, la chute de Saigon a été suivie par ce que l'on a perçu à l'époque comme une déferlante de victoires

1. Franklin Foer, « Swimming with Sharks », *New Republic*, 3 octobre 2005, p. 20.
2. En ligne sur le *Huffington Post*, www.huffingtonpost.com/rick-perlstein/i-didnt-like-nixon-_b_11735.html, 5 décembre 2005.

communistes en Asie du Sud-Est et en Afrique, puis par l'invasion soviétique de l'Afghanistan, et par des événements sans rapport mais tout aussi anxiogènes : la révolution islamique en Iran et l'humiliante « crise des otages* ». À l'intérieur, la conjonction d'une mauvaise politique et des chocs énergétiques a créé le cauchemar de la stagflation : un chômage élevé associé à une inflation à deux chiffres.

Avec le recul, les cris d'angoisse sur l'avancée communiste paraissent parfaitement ridicules : l'invasion soviétique de l'Afghanistan, en particulier, a été le début de la fin pour le communisme. Si la révolution islamique en Iran a été un vrai revers, une politique étrangère agressive n'aurait pu qu'aggraver la situation. Quant à la crise économique, elle était due à l'effet combiné de la malchance et d'une mauvaise politique monétaire, et ces deux facteurs n'avaient rien à voir avec le keynésianisme des libéraux**.

Le sombre climat des années 1970 n'en a pas moins permis aux conservateurs de mouvement de proclamer que les politiques libérales n'étaient plus crédibles. Et, dès leur accès au pouvoir, ils ont remarquablement réussi à défaire ce que le New Deal avait fait.

---

* Le 4 novembre 1979, alors que le régime proaméricain du shah d'Iran a été renversé depuis le mois de janvier, une soixantaine d'Américains sont pris en otages à Téhéran. Cinquante-deux seront retenus jusqu'au 20 janvier 1981, jour de l'inauguration du président Reagan. Ils seront alors libérés contre le dégel des fonds iraniens à l'étranger.

** Ici aussi, Paul Krugman écrit simplement : « n'avaient rien à voir avec le libéralisme ».

7

LA GRANDE DIVERGENCE

Les théologiens médiévaux discutaient du nombre d'anges qui pouvaient tenir sur la tête d'une aiguille. Les économistes actuels se demandent si le revenu médian américain a augmenté ou diminué depuis le début des années 1970. Ce qui est vraiment significatif, c'est le fait même que nous ayons ce débat. L'Amérique est un pays beaucoup plus productif, donc plus riche, qu'il y a une génération. La valeur de ce que produit un actif moyen en une heure, même corrigée de l'inflation, s'est accrue de près de 50 % depuis 1973. Mais la croissance de la concentration des revenus entre les mains d'une petite minorité a été si rapide que nous ne savons même pas avec certitude si l'Américain type* a gagné *quelque chose* à cette hausse de la productivité.

La grande expansion d'après guerre, dont les bénéfices ont été partagés par la quasi-totalité des Américains, a pris fin avec la crise économique des années 1970 – provoquée par la hausse des prix du pétrole, l'envol d'une inflation devenue incontrôlable et une productivité exsangue. Si la situation s'est apaisée dans les années 1980, le sentiment de progrès largement partagé n'est jamais revenu. Il y a eu, certes, des périodes d'optimisme – le « Matin de l'Amérique » de Reagan

* Les expressions « Américain type », « Américain ordinaire », désignent en fait le médian (plus riche que la moitié de la population, mais plus pauvre que l'autre moitié).

(la reprise qui a suivi la grave récession du début des années 1980), ou la fiévreuse époque d'enrichissement accéléré des dernières années 1990. Néanmoins, depuis la fin de l'expansion d'après guerre, le progrès économique a toujours paru hésitant et temporaire.

Pourtant, le revenu *moyen* – le revenu total du pays divisé par le nombre de ses habitants – a considérablement augmenté depuis 1973, la dernière année de la grande expansion. Les États-Unis sont une nation beaucoup plus productive qu'à la fin du boom de l'après-guerre, donc une nation plus riche. Pensons à tous les progrès technologiques intervenus dans notre vie depuis 1973 : l'ordinateur personnel, le fax, le téléphone portable, le lecteur de codes-barres. D'autres technologies très importantes pour la hausse de la productivité, comme les conteneurs (que l'on peut transborder directement des ponts des bateaux aux camions et aux trains), existaient déjà en 1973 mais n'étaient pas encore largement utilisées. Tous ces changements ont considérablement accru la valeur produite par le travailleur moyen en une journée de travail normale, et ont donc beaucoup augmenté le revenu américain moyen.

Cependant, le revenu moyen ne dit pas nécessairement combien gagnent la plupart des gens. Quand Bill Gates entre dans un bar, la richesse moyenne de la clientèle monte en flèche, mais ceux qui étaient dans le bar quand il est entré ne sont pas plus riches qu'avant. C'est pourquoi les économistes qui s'efforcent de cerner la situation du membre type d'un groupe, et non des quelques individus qui réussissent extrêmement bien ou sont extrêmement mal lotis, ne parlent pas, en général, du revenu *moyen* ; ils observent le revenu *médian* – celui de la personne qui est plus riche que la moitié de la population et plus pauvre que l'autre moitié. À la différence du revenu moyen, le revenu médian ne monte pas en flèche dans le bar où entre Bill Gates.

En fait, l'entrée de Bill Gates dans un bar est une très bonne métaphore pour décrire ce qui s'est vraiment passé aux

États-Unis depuis une génération. Si le revenu moyen a beaucoup augmenté, c'est essentiellement parce qu'une poignée de personnes se sont considérablement enrichies. Le revenu médian, selon la définition qu'on utilise, a augmenté modestement ou a baissé.

À y regarder de plus près, cela se complique. On pourrait croire que le revenu médian est facile à calculer : on trouve l'Américain plus riche que la moitié de la population mais plus pauvre que l'autre et on compte ce qu'il gagne. En fait, il y a désaccord sur deux points qui ne sont pas simples à régler : comment définir la population pertinente et comment mesurer l'évolution du coût de la vie. Mais avant d'en venir à ces complications, je tiens à répéter l'idée cruciale : le fait même que nous nous posions cette question – le revenu de l'Américain ordinaire a-t-il augmenté ? – dit l'essentiel de ce qu'il faut savoir. En 1973, on ne se demandait pas si la situation de l'Américain médian était meilleure ou pire que dans les années 1940. Toutes les mesures indiquaient que les niveaux de vie avaient plus ou moins doublé depuis la fin de la Seconde Guerre mondiale. Personne n'avait la nostalgie des emplois et des salaires de la génération précédente. Aujourd'hui, il est clair que l'économie américaine est globalement bien plus riche qu'en 1973, l'année qui, nous l'avons dit, marque la fin de l'expansion d'après guerre, et pourtant il y a un débat entre économistes pour savoir si les Américains ordinaires ont tiré un profit quelconque des gains globaux du pays.

Voyons à présent ce qui pose problème. Nous ne pouvons pas mettre en file indienne par ordre de revenu les 300 millions d'habitants des États-Unis et calculer ce que gagne l'Américain numéro 150 000 000. D'ailleurs, les enfants ne devraient pas figurer, car ils n'ont un revenu que dans la mesure où les foyers dont ils font partie en ont un. Donc, peut-être devrions-nous examiner les ménages et non les individus. Si nous optons pour cette procédure, nous trouvons que le revenu du ménage médian, corrigé de l'inflation, a augmenté modérément de 1973 à 2005, dernière année pour laquelle nous avons des chiffres. Son gain total a été d'environ 16 %.

Cependant, même ce modeste gain risque fort de surestimer la part réelle de la hausse de la productivité qu'ont reçue les familles américaines, parce qu'il a été en partie obtenu en travaillant plus, en accomplissant plus d'heures. En 1973, beaucoup d'épouses ne travaillaient pas hors du foyer, et celles qui le faisaient étaient souvent à temps partiel. Je ne sous-entends nullement qu'il soit regrettable que les femmes soient plus nombreuses à travailler, mais une hausse du revenu familial due au fait que le conjoint prend un emploi n'est pas la même chose qu'une augmentation de salaire. Elle peut notamment comporter des coûts dissimulés qui annulent une partie des gains monétaires : moins de temps pour le ménage, dépendance accrue à l'égard des aliments précuisinés, frais de garderie, etc.

Nous tirons des statistiques des conclusions beaucoup plus pessimistes lorsque nous nous demandons s'il serait plus ou moins facile aux familles américaines actuelles de vivre comme elles étaient nombreuses à le faire il y a une génération : avec le seul salaire du mari. À en croire les chiffres dont nous disposons, ce serait plus difficile. Le revenu réel médian des hommes travaillant à temps plein en 2005 était légèrement inférieur à son niveau de 1973. Et même cette statistique-là améliore fallacieusement la situation réelle. Puisque les *baby-boomers* ont vieilli, la population active est aujourd'hui plus âgée et plus expérimentée qu'en 1973 – et des travailleurs plus expérimentés devraient, toutes choses égales par ailleurs, avoir des salaires plus élevés. Si nous regardons les salaires des hommes âgés de trente-cinq à quarante-quatre ans – qui, à la génération précédente, auraient souvent été soutiens de famille, avec femme au foyer –, nous découvrons qu'en termes réels ils étaient *plus élevés* qu'aujourd'hui de 12 % en 1973.

Les controverses sur la définition de la population pertinente ne sont qu'une des raisons pour lesquelles il y a débat entre les économistes sur la question : les Américains ordinaires ont-ils ou non amélioré leur revenu depuis 1973 ? Il y a aussi un autre ensemble de problèmes, qui portent sur la mesure des prix. J'ai toujours parlé du revenu « en termes réels », « corrigé de l'inflation » : cela signifie que, pour convertir le revenu d'il y a une génération en dollars actuels, on l'ajuste à l'évolution de l'indice des prix à la consommation. Or, certains économistes soutiennent que cet indice surestime l'inflation réelle, parce qu'il ne tient pas pleinement compte des nouveaux produits et services qui ont amélioré notre vie. Par conséquent, concluent-ils, le niveau de vie s'est en fait accru davantage que ne le suggèrent les chiffres officiels. C'est l'argument « Oui, mais ils n'avaient pas Netflix* ». Plaisanterie mise à part, il est vrai que de nombreux biens et services aujourd'hui accessibles n'avaient pas été inventés ou commercialisés en 1973, du téléphone portable à Internet. Et au premier chef, sûrement, des médicaments et techniques médicales qui non seulement sauvent des vies, mais aussi améliorent la qualité de l'existence de dizaines de millions de personnes. D'un autre côté, la vie des familles qui travaillent s'est faite plus difficile sur des plans qui échappent aux statistiques officielles : il y a une concurrence plus acharnée pour habiter dans un bon secteur scolaire, les encombrements de la circulation se sont aggravés, etc.

Peut-être faut-il laisser le dernier mot à l'opinion. Selon une enquête réalisée en 2006 par le Pew Research Center, la plupart des Américains qui travaillent estiment que l'actif moyen « doit travailler plus dur pour gagner sa vie décemment » aujourd'hui qu'il y a vingt ou trente ans[1]. Simple

* Netflix est le plus grand service de location de DVD en ligne des États-Unis.

1. « Public Says Work Life Is Worsening, but Most Workers Remain Satisfied with Their Jobs », Pew Center for People and Press, Fête du Travail, 2006, http://pewresearch.org/assets/social/pdf/Jobs.pdf.

nostalgie d'une époque que la mémoire mue en âge d'or ? Peut-être, mais la génération précédente n'avait pas ce genre de regret pour l'Amérique de ses parents. L'idée qui ressort de l'enquête est claire : la famille américaine ordinaire n'a pas amélioré nettement son sort depuis trente ans. Et ce n'est pas normal.

Gagnants et perdants

Comme je l'ai laissé entendre en évoquant l'entrée de Bill Gates dans un bar, les travailleurs américains ordinaires n'ont pas engrangé les gains de la croissance de la productivité à cause de la hausse de l'inégalité. Qui donc a gagné à cette redistribution des revenus vers le haut ? Pas seulement Bill Gates – mais tout de même un groupe étonnamment restreint.

Si les gains de productivité avaient été partagés à égalité dans l'ensemble de la population active, le revenu de l'actif ordinaire serait aujourd'hui supérieur d'environ 35 % à celui du début des années 1970 [1]. Cependant, avec la redistribution des revenus vers le haut, ses gains ont été beaucoup plus réduits. En fait, chez tous ceux qui se trouvent, en gros, au-dessous du 90e centile de la répartition des revenus – au-dessous des 10 % les plus riches, si l'on préfère –, la croissance des revenus a été inférieure à la moyenne, et seuls ceux qui se situent au-dessus du 90e centile ont vu leurs revenus

1. Dean Baker, du Center for Economic Policy Research, estime que la croissance de la productivité « utilisable » – l'augmentation de la valeur nette horaire produite par salarié américain, corrigée de la hausse des prix à la consommation – a été de 47,9 % entre 1973 et 2006. Mais les coûts non salariaux du travail se sont accrus, en raison de la hausse des impôts sur les effectifs salariés, de la hausse des coûts des garanties santé, et d'autres facteurs, si bien que les montants disponibles pour les salaires ont augmenté d'environ 36 % (Dean Baker, « The Productivity to Paycheck Gap : What the Data Show », à l'adresse www.cepr.net, avril 2007).

augmenter plus que la moyenne. Par conséquent, les gains réduits de l'Américain actif ordinaire et les gains supérieurs à la moyenne des 10 % les plus riches sont les deux faces de la même pièce.

Et les gains vraiment importants sont allés à ceux qui étaient vraiment, vraiment riches. Dans le film d'Oliver Stone *Wall Street* (1987), Gordon Gekko – le *raider* joué par Michael Douglas et en partie inspiré d'un personnage réel, Ivan Boesky* – rit des modestes ambitions de son protégé, joué par Charlie Sheen : « Je ne te parle pas de gens qui gagnent dans l'année 400 000 dollars à Wall Street, qui ne sont pas trop mal logés, qui voyagent en première classe. »

À l'époque, avec 400 000 dollars par an, on se serait situé aux alentours du 99,9e centile de la répartition des salaires – pas si mal, direz-vous. Mais à la fin des années 1980, comme l'a bien vu Oliver Stone, un bouleversement ahurissant était en cours tout en haut de l'échelle des revenus. Les riches se détachaient à vive allure des simples nantis, et les super-riches des simples riches. Ceux qui se trouvaient dans la moitié basse des 10 % les plus riches, avec des revenus de l'ordre de 100 000 à 150 000 dollars, ont certes été mieux servis que les Américains des échelons moins élevés, mais pas tant que cela – en fait, depuis 1973, leurs revenus sont loin d'avoir autant progressé, en pourcentage, qu'au cours de la grande expansion d'après guerre. Seul le 1 % le plus riche a fait mieux depuis les années 1970 que dans la génération d'après la Seconde Guerre mondiale. Et c'est lorsqu'on arrive tout en haut de l'échelle que les gains ont été vraiment spectaculaires : les revenus du 0,1 % le plus riche ont quintuplé, et

* Ivan Boesky était un spécialiste de l'« arbitrage » : dès l'annonce d'une OPA, il achetait le plus possible de titres de la société visée pour les revendre au plus offrant. Ayant bénéficié en 1985 d'informations confidentielles, il a pu faire de très gros profits en agissant *avant* l'annonce de l'OPA. Il a été arrêté et incarcéré pour délit d'initié en novembre 1986, peu avant le krach de 1987.

le 0,01 % le plus riche des Américains gagne sept fois plus qu'en 1973.

Qui sont ces gens, et pourquoi réussissent-ils tellement mieux que tous les autres ? À l'origine, durant l'Âge doré, ceux qui avaient des revenus très élevés les devaient en général à leurs avoirs. L'élite économique possédait des biens fonciers de valeur, de précieuses ressources minières ou des sociétés très rentables. Même aujourd'hui, le revenu du capital – celui que rapportent des avoirs comme les actions, les obligations, les biens immobiliers – est beaucoup plus concentré entre les mains d'une poignée de personnes que le revenu d'activité. Et le « revenu d'entrepreneur » aussi – celui que donne la propriété d'entreprises. Mais la propriété n'est plus la source principale du statut de l'élite. De nos jours, même les multimillionnaires reçoivent l'essentiel de leurs revenus sous forme de rémunérations de leur travail.

Nous ne parlons pas ici, cela va sans dire, d'esclaves salariés s'échinant pour un salaire horaire. Si l'Américain à haut revenu vers 1905 était par essence un baron de l'industrie qui possédait des usines, son homologue cent ans plus tard est un cadre supérieur immensément récompensé de ses efforts par des primes et des *stock-options*. Même au sommet du sommet, le 0,01 % aux revenus les plus hauts – le dix millième le plus riche de la population –, près de la moitié des revenus sont des rémunérations. Une estimation approximative attribue environ la moitié des revenus salariaux de cette super-élite aux gains des cadres de très haut niveau – pas seulement les PDG, mais aussi leurs subordonnés aux échelons les plus élevés de la hiérarchie – dans les très grandes compagnies. Le reste des revenus salariaux de ce 0,01 % supérieur représente essentiellement, semble-t-il, les rémunérations des vedettes du sport et du spectacle.

Donc, une large part de la hausse globale de l'inégalité est le résultat direct d'un changement dans la façon dont la société rémunère ses éléments prétendument les meilleurs et les plus brillants. Ils avaient toujours été bien payés. Désormais, ils le sont fabuleusement bien.

Qu'est-ce qui a provoqué cette évolution ? C'est évidemment la grande question. En gros, deux explications s'opposent pour rendre compte de la grande divergence des revenus constatée depuis les années 1970. La première a les faveurs de qui veut paraître raisonnable et sensé : elle en attribue la responsabilité à la croissance de la demande de travail qualifié, dont la cause principale est l'évolution technologique, un peu aidée par la mondialisation. L'autre explication privilégie les changements dans les institutions, les normes et le pouvoir politique.

La demande de travail qualifié

L'explication classique de la hausse de l'inégalité – l'explication sans danger, suis-je tenté de dire, puisqu'elle est avancée par ceux qui ne veulent pas faire de vagues – lui assigne pour cause principale une augmentation de la demande de main-d'œuvre qualifiée, qui est elle-même, pour l'essentiel, un effet de l'évolution technologique. Voici, par exemple, ce qu'en disait en 2006 Edward Lazear, président du Council of Economic Advisers (le Comité des conseillers économiques du président) :

> La composante essentielle de l'inégalité reflète une hausse des retours sur l'« investissement en compétences » – les actifs qui font davantage d'études, suivent davantage de formations et acquièrent de nouvelles capacités. [...] Qu'est-ce qui explique cette divergence entre les gains des qualifiés et ceux des non-qualifiés ? La plupart des économistes estiment que, fondamentalement, on peut la ramener au changement technologique qui s'est produit dans les deux ou trois dernières décennies. Dans notre société technologiquement avancée, la compétence a plus

de valeur que dans une société technologiquement moins avancée. [...] Avec l'importance croissante des ordinateurs, les qualifications du type de celles qu'on acquiert dans le système scolaire et par l'investissement dans la formation professionnelle deviennent presque essentielles pour qu'un salarié puisse être productif. Le type de travail que chacun fait aujourd'hui exige un niveau de compétences techniques bien plus élevé que le genre de tâches qu'accomplissaient les salariés en 1900 ou en 1970 [1].

Élargissons les remarques de Lazear : les technologies de l'information – ordinateurs personnels, téléphones portables, réseaux locaux, Internet, etc. – stimulent la demande de personnes ayant un niveau scolaire suffisant pour construire, programmer, utiliser et réparer ces nouveaux instruments de travail très utiles. En même temps, elles réduisent le besoin d'embaucher des gens pour faire des tâches simples et répétitives. Par exemple, il y a aujourd'hui beaucoup moins de secrétaires dans les bureaux qu'en 1970, parce qu'avec le traitement de texte les besoins en dactylos sont bien moindres et que les réseaux ont considérablement réduit la nécessité de constituer et d'exploiter un archivage physique ; en revanche, il y a plus de cadres de gestion que jamais. Avec les lecteurs de codes-barres reliés à des réseaux locaux, il y a moins de personnel pour tenir les caisses enregistreuses et suivre l'évolution des stocks ; mais il n'y a jamais eu autant de consultants en marketing. Et ainsi de suite, dans l'ensemble de l'économie.

L'hypothèse selon laquelle le progrès technologique, en augmentant la demande de travail qualifié, a provoqué une montée de l'inégalité est si répandue que, dans leurs colloques, les économistes utilisent souvent l'abréviation SBTC – *skill-biased technical change*, « changement technologique biaisé en faveur des compétences » – sans plus d'explication, en supposant que leurs auditeurs savent de quoi ils parlent.

---

1. Edward Lazear, discours à l'Hudson Institute, « The State of the U.S. Economy and Labor Market », Washington, D.C., 2 mai 2006.

C'est une hypothèse séduisante pour trois grandes raisons. D'abord, la chronologie fonctionne : l'ascension de l'inégalité a commencé à peu près au moment où débutait la grande explosion de la puissance de calcul informatique et de ses applications. Certes, les ordinateurs centraux – grosses machines, trônant dans une pièce qui leur était entièrement réservée, dont on se servait pour traiter les listes de paie et autres données des entreprises – étaient d'usage courant dans les années 1960. Mais ils n'avaient guère d'impact sur la façon dont la plupart des salariés faisaient leur travail. L'heure des technologies de l'information modernes a sonné lorsque Intel a introduit le premier circuit intégré – la première puce – en 1971. C'est alors seulement qu'elles ont pu devenir omniprésentes. Deuxièmement, l'hypothèse SBTC est de celles qui permettent aux économistes de se sentir à l'aise : tout est une question d'offre et de demande, sans qu'il soit besoin de faire intervenir le genre de sujets dont parle la sociologie mais que l'économie a bien du mal à intégrer à ses modèles – les institutions, les normes, le pouvoir politique... Troisièmement, avec l'hypothèse SBTC, la hausse de l'inégalité n'est la faute de personne. Elle est un pur effet de la technologie, qui œuvre par le biais de la main invisible.

Cela dit, les preuves directes que « le changement technologique a accru l'inégalité » sont remarquablement rares. La vérité est qu'il n'existe aucun moyen simple de mesurer l'effet de la technologie sur les marchés ; sur cette question comme sur d'autres, lorsque les économistes invoquent la technologie, c'est surtout pour rendre compte de phénomènes qu'ils ne peuvent pas expliquer par d'autres forces mesurables. La procédure est à peu près la suivante : d'abord, on suppose que la hausse de l'inégalité est provoquée par la technologie, la croissance du commerce international et l'immigration ; puis on évalue les effets du commerce et de l'immigration – opération elle-même tendancieuse, mais au moins nous avons des chiffres, le volume des importations et le nombre d'immigrés ; enfin, on attribue à la technologie tout ce qui n'est pas expliqué par ces facteurs mesurables. Autrement dit, les économistes qui affirment que le changement technologique est la cause principale de la hausse de l'inégalité parviennent à cette conclusion par un processus d'élimination : ils ont conclu que le commerce et l'immigration ne sont pas assez importants pour expliquer ce qui s'est passé ; par conséquent, la coupable est sûrement la technologie.

Comme je viens de le suggérer, les principaux facteurs que les économistes considèrent comme des explications alternatives de la hausse de l'inégalité sont l'immigration et la croissance du commerce international, car l'une et l'autre, en principe, ont dû pousser vers le haut les salaires des Américains qualifiés et tirer vers le bas ceux des Américains peu qualifiés.

L'immigration est en elle-même, bien sûr, un problème politique brûlant. En 1970, près d'un demi-siècle après l'Immigration Act de 1924 qui avait fermé la porte à l'arrivée massive d'une main-d'œuvre venue des pays à bas salaires, moins de 5 % des adultes américains étaient nés à l'étranger. Mais, pour des raisons qui ne sont pas tout à fait claires*, l'immigration a commencé à remonter à la fin des années 1960 puis a explosé après 1980. Aujourd'hui, les migrants constituent environ 15 % de la population active. Cette évolution, à elle seule, a dû avoir un effet déprimant sur le niveau global des salaires : les travailleurs en concurrence pour les emplois américains sont beaucoup plus nombreux qu'ils ne le seraient sans l'immigration.

De plus, la majorité des migrants de la dernière génération sont venus d'Amérique latine, et beaucoup sont originaires d'autres pays du Tiers Monde. Cela signifie que les immigrés,

* Les changements introduits en 1965 dans la législation en la matière ont fait du regroupement familial l'objectif central de la politique d'immigration, alors que jusque-là elle avait pour but premier de tenter de restreindre l'immigration à l'Europe occidentale essentiellement. Mais les économistes qui étudient l'immigration mexicaine découvrent qu'il y avait relativement peu de barrières même avant 1965.

tant légaux que clandestins, sont en moyenne bien moins instruits que les actifs nés aux États-Unis. Un tiers des immigrants a une équivalence d'un niveau inférieur à un diplôme du secondaire. Par conséquent, du fait de l'arrivée d'un grand nombre de migrants, la main-d'œuvre peu instruite est devenue plus abondante aux États-Unis, et la rareté des actifs très instruits s'est accrue en termes relatifs. Dans ces conditions, la loi de l'offre et de la demande prédit que l'immigration a dû peser sur les salaires des travailleurs peu qualifiés tout en faisant monter ceux des très qualifiés.

Cependant, les effets sont, tout au plus, d'envergure moyenne. Même les plus pessimistes des estimations scientifiques, celles de George Borjas et Larry Katz de Harvard, suggèrent que l'immigration a réduit les salaires des non-diplômés du secondaire d'environ 5 %, avec un effet négatif bien plus réduit sur les diplômés du secondaire et un petit effet positif sur les actifs très instruits. De plus, d'autres économistes jugent les chiffres de Borjas et Katz trop élevés.

Au chapitre 8, je soutiendrai que l'immigration a peut-être stimulé l'inégalité plus indirectement : en faisant remonter sur l'échelle économique le centre de gravité du pouvoir *politique*. Mais son effet économique direct a été modeste.

Et le commerce international ? Il est probable qu'une grande partie de ses échanges n'ont eu aucun effet, ou fort peu, sur la répartition des revenus. Par exemple, le commerce des automobiles et des pièces détachées entre les États-Unis et le Canada – deux pays à hauts salaires qui occupent des niches différentes de la même industrie, et exportent l'un vers l'autre des biens produits avec un dosage à peu près identique de main-d'œuvre qualifiée et non qualifiée – n'a probablement eu d'impact sensible sur les écarts de rémunérations dans aucun des deux pays. En revanche, pour le commerce des États-Unis avec, disons, le Bangladesh, c'est une autre histoire. Le Bangladesh exporte essentiellement des vêtements

– l'exemple classique du produit à forte intensité de main-d'œuvre non qualifiée, fabriqué par des travailleurs qui n'ont besoin que de peu d'instruction scolaire et d'aucun autre matériel qu'une machine à coudre. En échange, il achète des biens sophistiqués – des avions, des produits chimiques, des ordinateurs.

Incontestablement, le commerce des États-Unis avec le Bangladesh et d'autres pays du Tiers Monde, Chine comprise, accroît l'inégalité. Supposons qu'on achète au Bangladesh des pantalons qui auraient pu être fabriqués aux États-Unis. En achetant ces pantalons étrangers, on oblige en fait les salariés qui auraient pu produire des pantalons *made in America* à chercher un autre emploi. L'inverse est vrai aussi, bien sûr, quand les États-Unis exportent : lorsque le Bangladesh achète un Boeing, les travailleurs américains qui vont produire cet avion n'ont pas à chercher un autre emploi. Mais la main-d'œuvre intégrée aux produits d'exportation américains est très différente de celle qu'embauchent les industries américaines en concurrence avec les importations. Nous exportons en général des produits « à forte intensité de travail qualifié », comme les avions, les superordinateurs et les films hollywoodiens, et nous importons plutôt des produits « à forte intensité de main-d'œuvre non qualifiée », comme les pantalons et les jouets. Par conséquent, le commerce des États-Unis avec les pays du Tiers Monde réduit le nombre d'emplois offerts aux travailleurs américains peu qualifiés tout en augmentant la demande de personnels très qualifiés. Il est indéniable que ce phénomène élargit l'écart des salaires entre actifs peu qualifiés et actifs très qualifiés, ce qui contribue à aggraver l'inégalité. Et la croissance rapide du commerce avec les pays à bas salaires, notamment le Mexique et la Chine, suggère que cet effet s'est accru dans les quinze dernières années.

Cela dit, il faut bien comprendre cette vérité : l'évolution technologique favorable au travail qualifié, l'immigration et la croissance du commerce international ne peuvent expliquer, au mieux, que l'élargissement de l'écart de revenus entre actifs peu instruits et actifs très instruits. Or, quoi qu'en disent Lazear et bien d'autres, cet élargissement ne raconte qu'une partie de l'histoire de la hausse de l'inégalité : c'est vrai que la rémunération de l'instruction a augmenté, mais même les actifs qui ont une formation universitaire ont vu, dans leur immense majorité, la progression de leurs salaires prendre du retard sur la hausse de la productivité. Le revenu réel de l'homme médian formé dans l'enseignement supérieur, par exemple, n'a augmenté que de 17 % depuis 1973.

Pourquoi ? Parce que les gros gains de revenus ne sont pas allés à une large catégorie d'actifs bien payés ; ils ont été accaparés par un tout petit groupe d'individus extrêmement bien payés. En général, les bénéficiaires de ces énormes revenus sont instruits aussi, mais leurs gains ne sont pas représentatifs de ceux de l'ensemble des actifs instruits. Si les PDG et les enseignants ont en général une maîtrise, les revenus des enseignants n'ont augmenté que modestement depuis 1973, tandis que ceux des PDG, qui étaient environ trente fois supérieurs au salaire de l'actif moyen en 1970, le sont plus de trois cents fois aujourd'hui.

Ce constat – même les Américains très instruits ont vu, dans leur immense majorité, leurs revenus tomber au-dessous de la moyenne, tandis qu'une poignée de personnes ont gagné des sommes incroyables – ébranle dans ses fondements la thèse qui explique l'inégalité par l'évolution technologique favorable au travail qualifié, et conforte celle qui l'attribue en grande partie à des changements au niveau des institutions (la puissance des syndicats, par exemple) et des normes (comme l'idée, jadis très répandue mais aujourd'hui fort peu, selon laquelle rémunérer le patron immensément plus que les salariés est mauvais pour le moral).

Institutions : la fin du traité de Detroit

L'explication de la hausse de l'inégalité par des changements institutionnels et normatifs et non par une évolution anonyme des techniques en faveur du travail qualifié est de plus en plus soutenue par les économistes, pour deux grandes raisons. La première : en expliquant la montée actuelle de l'inégalité par les institutions et les normes, on la lie à la *chute* spectaculaire de l'inégalité – la Grande Compression – qui a eu lieu dans les années 1930 et 1940. La seconde : privilégier les institutions et les normes aide à rendre compte de l'exception américaine, à comprendre pourquoi aucun autre pays avancé n'a connu l'augmentation considérable de l'inégalité qui s'est produite aux États-Unis.

La Grande Compression elle-même – ou plus exactement sa persistance – constitue un bel exemple du rôle crucial des forces sociales, et non de la main invisible, dans la détermination de la répartition des revenus. Comme je l'ai montré au chapitre 3, l'Amérique de la classe moyenne dans laquelle les *baby-boomers* ont grandi ne s'est pas constituée graduellement. Elle a été construite en un temps très court par la législation du New Deal, l'activisme syndical et le contrôle des salaires durant la Seconde Guerre mondiale. Pourtant, la répartition relativement « plate » des revenus imposée par ce conflit a duré des décennies après la fin des contrôles de guerre sur l'économie. Cette persistance prouve clairement que les forces anonymes du marché sont moins décisives que ne le prétendent les manuels d'économie. C'est ce que soulignent Thomas Piketty et Emmanuel Saez :

> On peut expliquer la compression des salaires pendant le conflit par les contrôles de l'économie de guerre, mais comment comprendre que ceux qui étaient très bien payés n'aient pas retrouvé leurs fortes rémunérations après la levée de ces contrôles ? Ce constat, impossible de le faire directement cadrer avec les explications de la réduction de l'inégalité par le

seul jeu de l'évolution technologique. [...] Nous estimons que ce modèle d'évolution de l'inégalité en est une preuve indirecte de plus : des mécanismes autres que le marché, comme les institutions du marché du travail et les normes sociales sur l'inégalité, peuvent contribuer à déterminer les rémunérations [1].

Les économistes du MIT Frank Levy et Peter Temin ont entamé l'analyse de la façon dont fonctionnaient ces « institutions du marché du travail » et ces « normes sociales » [2]. Ils soulignent l'importance d'un ensemble d'arrangements institutionnels qu'ils appellent le « traité de Detroit » – reprenant le nom donné par la revue *Fortune* à un compromis sans précédent conclu en 1949 entre le syndicat United Auto Workers (UAW) et General Motors. Aux termes de cet accord, les membres de l'UAW se voyaient garantir des salaires qui augmentaient avec la productivité, ainsi que des avantages sociaux en matière de santé et de retraite ; en échange, General Motors obtenait la paix sociale.

Levy et Temin s'approprient le terme pour désigner non seulement cet accord officiel entre les constructeurs automobiles et leurs ouvriers, mais aussi sa généralisation, puisqu'il a été imité dans toute l'économie américaine. D'autres syndicats ont fondé leurs revendications sur la norme fixée par l'UAW, et les accords « salaires plus avantages sociaux » ont fait tache d'huile : s'ils n'étaient pas, en général, aussi fastueux que celui qu'avait réussi à obtenir Walter Reuther, ils garantissaient que les salariés auraient leur part des fruits du progrès. Et même les non-syndiqués ont été fortement touchés, car, pour prévenir la menace d'une activité syndicale, les employeurs des entreprises non syndicalisées offraient souvent à leurs salariés à peu près ce qu'obtenaient leurs homologues syndiqués. L'économie des années 1950 et 1960 se caractérisait par un « modèle salarial » particulier : les accords salariaux

1. Th. Piketty et E. Saez, « Income Inequality », *op. cit.*
2. F. Levy et P. Temin, « Inequality and Institutions », *op. cit.*

que signaient les principaux syndicats avec les grandes entreprises fixaient des normes qui se diffusaient dans l'ensemble de l'économie.

En même temps, l'existence de syndicats puissants servait de frein à la hausse des revenus des dirigeants et des actionnaires. Les cadres supérieurs savaient que, s'ils se payaient des salaires énormes, ils stimuleraient les mouvements revendicatifs dans leur personnel. De même, faire de très gros profits sans augmenter les salaires risquait fort de compromettre la paix sociale dans l'entreprise.

Le gouvernement fédéral était aussi partie, officieusement, au traité de Detroit. Il intervenait de diverses façons pour soutenir la position des salariés dans les négociations et freiner les comportements qui lui paraissaient abusifs au sommet. La productivité des salariés était nettement plus faible dans les années 1960 qu'aujourd'hui, mais le salaire minimum réel était considérablement plus élevé. Le droit du travail était interprété et appliqué dans un sens favorable aux syndicats et, lorsque de grandes entreprises et des cadres supérieurs franchissaient la ligne rouge, ils subissaient souvent une pression politique directe. Dans un cas bien connu, John F. Kennedy a demandé aux firmes sidérurgiques qui venaient de négocier un accord salarial peu généreux d'annuler une augmentation de prix.

Pour mesurer à quel point les relations sociales régies par le traité de Detroit étaient différentes de ce qu'elles sont aujourd'hui, comparons deux entreprises symboliques, l'une du passé, l'autre du présent.

Dans les dernières années de l'expansion d'après guerre, General Motors était le plus grand employeur privé d'Amérique, si l'on exclut le monopole réglementé du téléphone. Son PDG comptait donc parmi les chefs d'entreprise américains les mieux payés. Le salaire de Charles Johnson en 1969 était de 795 000 dollars, environ 4,3 millions de dollars actuels – et suscitait des commentaires considérables. Mais les salariés ordinaires de General Motors aussi étaient bien payés.

En 1969, les ouvriers de production de l'industrie automobile gagnaient en moyenne près de 9 000 dollars, ce qui ferait plus de 40 000 dollars aujourd'hui. Les ouvriers de General Motors, qui bénéficiaient également d'excellents avantages sociaux en matière de santé et de retraite, appartenaient sans conteste à la classe moyenne.

Aujourd'hui le plus grand employeur des États-Unis est Wal-Mart, avec 800 000 salariés. En 2005, son président, Lee Scott, a été payé près de 23 millions de dollars. C'est plus de cinq fois le salaire de Charles Johnson (en termes réels), et pourtant la rémunération de M. Scott a suscité assez peu de commentaires, puisqu'elle n'avait rien d'exceptionnel pour le PDG d'une grande entreprise à cette date. Les salaires versés aux employés de Wal-Mart, en revanche, attirent l'attention, parce qu'ils sont faibles, même au regard des normes actuelles. En moyenne, le personnel de Wal-Mart hors fonctions d'encadrement est payé dans les 18 000 dollars par an, moins de la moitié de ce que gagnaient (en termes réels, toujours) les ouvriers de General Motors il y a trente-cinq ans. Wal-Mart est aussi tristement célèbre pour le faible pourcentage de ses salariés qui bénéficient d'une assurance maladie et pour la mesquinerie de ses rares avantages sociaux[1].

Ce que soutiennent Piketty et Saez, Levy et Temin, ainsi qu'un nombre croissant d'économistes, c'est que le contraste entre General Motors à l'époque et Wal-Mart aujourd'hui est représentatif de ce qui s'est passé dans toute l'économie : dans les décennies 1970 et suivantes, le traité de Detroit a été dénoncé, les institutions et les normes qui, après la Seconde Guerre mondiale, avaient limité l'inégalité ont disparu et celle-ci est remontée à son niveau de l'Âge doré. Autrement dit, la Grande Divergence des revenus à l'œuvre depuis les années 1970 est, fondamentalement, la Grande Compression à l'envers. Dans les années 1930 et 1940, on a créé des institutions et établi des normes qui ont limité l'inégalité ; à partir

1. Voir, par exemple, Reed Abelson, « Wal-Mart's Health Care Struggle Is Corporate America's, Too », *New York Times*, 29 octobre 2005.

des années 1970, ces institutions et ces normes ont été détruites, ce qui a eu pour effet une montée de l'inégalité. L'explication par les institutions et les normes intègre en un seul récit l'ascension et la chute de l'Amérique de la classe moyenne.

Cette explication prédit aussi, correctement, que les tendances lourdes de l'inégalité doivent différer d'un pays à l'autre. N'oublions pas que les forces du changement technologique et de la mondialisation ont touché tous les pays avancés : l'Europe a adopté les technologies de l'information presque aussi rapidement que l'Amérique, et la probabilité que les vêtements bon marché viennent de Chine est aussi grande dans les pays européens qu'aux États-Unis. Si la technologie et la mondialisation étaient les forces motrices de l'augmentation de l'inégalité, celle-ci devrait monter aussi vite en Europe qu'en Amérique. En termes d'institutions et de normes, en revanche, les pays avancés sont dans des situations très différentes. En Europe, les syndicats restent forts, et les vieilles normes qui condamnaient les salaires extrêmement élevés et mettaient l'accent sur les droits des travailleurs n'ont pas disparu. Donc, si l'explication par les institutions est la bonne, nous devons nous attendre à ce que l'expérience américaine de hausse de l'inégalité soit exceptionnelle, sans équivalent en Europe.

Or, si l'on fait la comparaison, l'explication par les institutions et les normes l'emporte : l'Amérique est bien un cas unique. Les données liées à l'impôt sur le revenu le prouvent ; elles permettent de comparer la part de la richesse nationale qui va à l'élite économique. Ces chiffres montrent que, durant la Seconde Guerre mondiale et la période qui l'a suivie, tous les pays avancés ont connu une Grande Compression, une forte chute de l'inégalité. Aux États-Unis, ce nivellement a été inversé à partir des années 1970, et les effets de la Grande Compression ont aujourd'hui entièrement disparu. Au Canada, qui est étroitement lié à l'économie américaine, et en Grande-Bretagne, qui a eu sa propre période de domination conservatrice sous Margaret Thatcher, l'inégalité a connu un regain plus limité. Mais au Japon et en France elle a très peu évolué depuis 1980[1].

Il y a aussi l'information plus dispersée, moins cohérente, que donnent les enquêtes sur les revenus des ménages. Si le tableau perd ici en netteté, les États-Unis et, à un moindre degré, la Grande-Bretagne se singularisent encore par une très forte croissance de l'inégalité, tandis que, dans les autres pays avancés, cette croissance est mineure, ou rien n'a changé[2].

Bref, il existe de puissantes raisons indirectes de croire que les sources principales de la hausse de l'inégalité aux États-Unis sont les institutions et les normes, et non la technologie ou la mondialisation. L'exemple évident du changement institutionnel est l'effondrement du mouvement syndical américain. Mais que signifie au juste « changement de normes » ?

Normes et inégalité : l'exemple des PDG exponentiels

Quand les économistes disent que des changements de normes ont fait augmenter l'inégalité, ils ont souvent un seul exemple concret à l'esprit : la croissance exponentielle de la rémunération des PDG. Si les cadres supérieurs des très grandes entreprises ne sont pas les seuls grands vainqueurs de la montée de l'inégalité, leur visibilité fait d'eux une bonne illustration de ce qui se passe plus généralement dans toute l'économie.

1. Voir Th. Piketty et E. Saez, « The Evolution of Top Incomes », *op. cit.*
2. Voir Andrea Brandolini et Timothy Smeeding, « Inequality Patterns in Western-Type Democracies : Cross-Country Differences and Time Changes (document de travail du Luxembourg Income Study n° 458, avril 2007). Un essai de systématisation des données des enquêtes, qui donne des résultats semblables à ceux de Piketty et Saez, est en ligne à l'adresse www.tcf.org/list.asp?type=NC&pubid=1403.

Selon une étude de la Federal Reserve, les PDG de 102 très grandes sociétés (celles à qui il est arrivé de figurer au moins une fois dans les cinquante premières, classées par ordre d'importance de leur chiffre d'affaires, entre 1940 et 1990) étaient payés dans les années 1970, en moyenne, environ 1,2 million de dollars (en dollars actuels). Ce n'était pas un salaire de misère, c'est le moins qu'on puisse dire. Mais ce n'était que légèrement supérieur à ce que recevaient les PDG dans les années 1930, et « seulement » 40 fois ce que gagnait à l'époque l'actif moyen travaillant à temps plein aux États-Unis. Au début des années 2000, en revanche, la rémunération moyenne des PDG dépassait 9 millions de dollars par an, 367 fois celle du salarié moyen. D'autres cadres supérieurs ont également bénéficié d'augmentations gigantesques de leur salaire, même si elles n'égalaient pas celles des PDG. Les deux dirigeants suivants dans la hiérarchie des grandes entreprises gagnaient 31 fois le salaire de l'actif moyen dans les années 1970, mais 169 fois au début des années 2000 [1].

Pour donner un sens à cette évolution extraordinaire, commençons par un modèle idéalisé des facteurs qui déterminent la rémunération d'un PDG [2]. Imaginons que la rentabilité de chaque entreprise dépende de la qualité de son PDG et que l'impact du PDG sur le profit soit d'autant plus important que l'entreprise est grande. Imaginons aussi que la qualité des PDG potentiels soit observable : que tout le monde sache qui est le 100e meilleur PDG aux États-Unis, le 99e, etc. Dans ce cas, ces cadres dirigeants feront l'objet d'une concurrence qui finira par attribuer les meilleurs aux plus grandes sociétés, où leur contribution rapportera le plus. Et, en raison de cette concurrence, le salaire de chaque PDG reflétera sa qualité.

---

1. Carola Frydman et Raven Saks, « Historical Trends in Executive Compensation, 1936-2003 », Federal Reserve Bank of New York, 2005.
2. Voir Xavier Gabaix et Augustin Landier, « Why Has CEO Pay Increased So Much ? » (document de travail du National Board of Economic Research n° 12365), juillet 2006.

On voit l'une des conséquences immédiates de ce système : au sommet, même de petites différences dans la qualité visible du PDG se traduiront par de gros écarts de salaire. À cause de la concurrence. Pour une firme géante, le différentiel de rentabilité entre le 10e et le 11e PDG par ordre de qualité peut facilement se chiffrer en dizaines de millions de dollars par an. Dans ces conditions, ce modèle idéalisé suggère que les cadres supérieurs méritent peut-être leur salaire. Et il dit aussi que, si les PDG sont payés infiniment plus aujourd'hui qu'il y a une génération, c'est sûrement parce que, pour une raison quelconque – une concurrence plus acharnée, des cours boursiers plus élevés, ce qu'on voudra –, il est plus important qu'avant d'avoir vraiment le meilleur à la tête de l'entreprise.

Mais dès que nous assouplissons les postulats idéalisés de ce modèle, il n'est guère difficile de voir pourquoi la rémunération des dirigeants est beaucoup moins déterminée par les forces fondamentales de l'offre et de la demande et beaucoup plus sensible aux changements de normes sociales et de pouvoir politique que dans le système que l'on vient d'exposer.

D'abord, ni la qualité des dirigeants ni l'impact qu'elle a sur les profits ne sont précisément chiffrables. Estimer la productivité d'un chef d'entreprise n'est pas aussi simple que compter le nombre de briques qu'un salarié peut poser en une heure. Il n'est pas possible d'évaluer sans risque d'erreur les cadres supérieurs en observant la rentabilité des entreprises qu'ils gèrent, parce que les profits dépendent de quantité de facteurs qu'un PDG ne contrôle pas. De plus, la rentabilité peut, sur de longues périodes, n'exister qu'aux yeux de l'observateur : la plupart des gens dans le monde avaient la ferme impression qu'Enron connaissait un succès fabuleux ; Toll Brothers, la firme reine des McMansion, passait pour immensément efficace tant que la bulle immobilière continuait à gonfler. La détermination du niveau de rémunération d'un PDG comporte donc une part importante de subjectivité, voire d'effet de mode. Dans les années 1950 et 1960, les grandes firmes ne jugeaient pas essentiel d'avoir un dirigeant célèbre, charismatique : les PDG apparaissaient rarement sur les couvertures des revues d'affaires et les entreprises pratiquaient souvent la promotion interne, privilégiant ainsi les bons « coéquipiers » qui « jouaient collectif ». En revanche, à partir des années 1980, les PDG sont devenus des *rock stars*, définissant leur entreprise autant que leur entreprise les définissait. Les conseils d'administration sont-ils aujourd'hui plus sages qu'à l'époque où ils confiaient la gestion de leur entreprise à des dirigeants solides qui la connaissaient de l'intérieur, ou se sont-ils simplement laissé prendre à la culture du vedettariat ?

Deuxièmement, même si l'on suppose qu'un conseil d'administration évalue correctement tant la qualité des dirigeants que son impact sur les profits, les rémunérations réelles qu'il paiera aux cadres supérieurs dépendront beaucoup, en fin de compte, de ce que font les *autres* entreprises. Dans le monde des affaires des années 1960 et 1970, les firmes payaient rarement des salaires mirobolants à des dirigeants au profil de « superstars du management ». Elles avaient plutôt tendance à penser que d'énormes salaires au sommet auraient nui à l'esprit d'équipe et créé des problèmes avec le personnel. Dans ce contexte-là, même un conseil d'administration *effectivement persuadé* qu'embaucher une star était le bon choix n'était pas obligé de proposer un salaire exorbitant pour l'attirer. Mais aujourd'hui, payer un PDG en millions ou dizaines de millions de dollars est la norme. Et même les conseils d'administration peu convaincus par l'idée du dirigeant superstar finissent par verser ces très gros salaires, à la fois pour s'assurer les services des cadres qu'ils jugent à la hauteur et parce que les marchés financiers se méfieraient d'une entreprise dont le PDG ne serait pas fabuleusement payé.

Enfin, s'il existe un marché pour les talents de gestionnaire, qui sont au juste les acheteurs ? Qui détermine la qualité d'un PDG et la rémunération à lui verser pour empêcher une autre firme de le débaucher et de faire main basse sur son savoir-faire d'entrepreneur ? On connaît la réponse : les conseils d'administration, dont les membres sont en grande partie sélectionnés par le PDG, recrutent des experts en rémunération, presque toujours choisis par le PDG, pour déterminer la valeur du PDG. C'est, dirons-nous, une situation propice à la surestimation tant des qualités personnelles du PDG que de l'importance de ces qualités supposées pour les profits de l'entreprise.

Tout cela suggère que les plus hauts revenus – les salaires des cadres supérieurs et, par analogie, ceux de beaucoup d'autres superstars de la rémunération – dépendent peut-être considérablement de facteurs « souples » comme les mentalités sociales et le contexte politique. Lucian Bebchuk et Jesse Fried, les auteurs de *Pay without Performance* (Salaires sans résultats), publié en 2004, ont parfaitement expliqué cette idée. Ils soutiennent que les cadres supérieurs fixent en fait leur propre salaire, et que ni leur qualité ni le marché du talent n'ont d'impact réel. La seule force qui limite le salaire des PDG, affirment-ils, c'est la « contrainte indignation » : la crainte de la réaction violente que pourrait provoquer une rémunération extrêmement élevée du chef d'entreprise, en sortant de leur torpeur habituelle les actionnaires, les salariés, les responsables politiques ou l'opinion publique[1].

Si cette analyse est correcte, la montée en flèche des plus hauts revenus peut être perçue comme un phénomène social et politique, et non purement économique. Ce n'est pas une demande accrue pour le talent qui a entraîné cette ascension considérable des hautes rémunérations, mais toute une série de facteurs qui ont levé la « contrainte indignation ». Les médias qui autrefois auraient peut-être condamné les PDG démesurément payés ont choisi de s'extasier sur leur génie des affaires ; les politiques qui autrefois auraient fustigé « les nantis » avec des accents populistes ont préféré flatter les généreux donateurs dont les contributions financent leurs

1. *Pay Without Performance : The Unfulfilled Promise of Executive Compensation*, Harvard University Press, 2004.

campagnes électorales ; les syndicats qui autrefois auraient fait grève pour protester contre ces primes géantes aux PDG ont été écrasés par des années de répression antisyndicale. Ah, j'oubliais ! Puisque le taux marginal d'imposition le plus élevé est passé de 70 % au début des années 1970 à 35 % aujourd'hui, les incitations qui poussent un cadre supérieur à profiter de sa position se sont renforcées : il gardera une part beaucoup plus importante de sa surrémunération. Et le résultat, c'est une explosion de l'inégalité des revenus en haut de l'échelle.

L'idée selon laquelle l'ascension des plus hauts salaires est essentiellement due à des changements sociaux et politiques et non à la main invisible paraît à certains peu plausible : trop contraire aux manuels d'économie. Elle a toutefois quelques partisans inattendus : des défenseurs, parmi les plus ardents, du mode de rémunération actuel des PDG disent pratiquement la même chose.

Mais avant d'en venir à eux, je voudrais citer brièvement quelqu'un qui a bien écouté leurs propos. Voici un extrait du célèbre discours de Gordon Gekko devant les actionnaires de Teldar Paper, dans le film *Wall Street* :

> À l'époque du libre marché, quand l'Amérique était la première puissance industrielle du monde, les entrepreneurs devaient rendre compte à leurs actionnaires. Les Carnegie, les Mellon, les hommes qui ont bâti ce gigantesque empire industriel, se pliaient à cette règle, parce que c'était leur propre fortune qui était en jeu. Aujourd'hui, vos administrateurs ne risquent pas un seul dollar dans la société ! [...]. Le fait est, mesdames et messieurs, que la cupidité – à défaut d'un meilleur terme – est bonne. La cupidité, c'est bien. La cupidité, ça marche.

Ceux qui voient ce film aujourd'hui n'en sont peut-être pas conscients, mais le raisonnement qu'Oliver Stone prête à Gordon Gekko ressemble à s'y méprendre à celui que tenaient à l'époque les grands théoriciens de la rémunération des cadres supérieurs. En 1990, Michael Jensen de la Harvard Business School et Kevin Murphy de l'université de Rochester ont publié dans la *Harvard Business Review* un article qui résumait leurs idées déjà influentes sur le salaire des dirigeants. Le problème des entreprises américaines, écrivaient-ils, est que « la rémunération des cadres supérieurs est pratiquement indépendante de leurs résultats. En général, l'Amérique des affaires paie ses dirigeants les plus importants comme des fonctionnaires. Faut-il s'étonner, dans ces conditions, que tant de PDG se comportent en fonctionnaires, au lieu d'être les entrepreneurs ne pensant qu'à maximiser la valeur dont les entreprises ont besoin pour se renforcer sur les marchés mondiaux ? » Autrement dit, la cupidité, c'est bien [1].

En fait, c'est à cause de la pression sociale et politique que les entreprises ne rémunéraient pas leurs cadres en fonction des résultats :

> Pourquoi les conseils d'administration ne lient-ils pas plus étroitement le salaire aux résultats ? Les commentateurs avancent beaucoup d'explications, mais presque toutes les analyses que nous avons vues négligent un paramètre important – le coût qu'impose la révélation publique des salaires des dirigeants. Les règles de transparence édictées par l'État garantissent que la rémunération des cadres supérieurs restera un sujet visible et controversé. Les avantages d'une telle transparence sont évidents : elle constitue un garde-fou contre le « pillage » auquel pourraient se livrer des dirigeants en collusion avec un conseil d'administration « captif ».
>
> Les coûts de cette publicité sont moins bien compris mais pourraient être supérieurs aux avantages. Les contrats de travail des dirigeants ne sont pas une affaire privée entre employeurs et employés. Des tiers jouent un rôle important dans leur mode

1. Michael C. Jensen et Kevin J. Murphy, « CEO Incentives – It's Not How Much You Pay, but How », *Harvard Business Review*, mai-juin 1990, p. 138-153.

> d'établissement, et des forces politiques puissantes agissent à l'intérieur comme à l'extérieur des entreprises pour fixer la rémunération des cadres supérieurs. De plus, les décisions concernant leurs salaires ne sont pas prises par les actionnaires : elles relèvent de « comités de rémunération » généralement composés d'administrateurs extérieurs. Si ces comités sont élus par les actionnaires, ils ne sont pas pour eux des agents parfaits. La révélation publique de « ce que gagne le patron » donne des munitions à des groupes de pression extérieurs qui ont leur propre programme d'action au service d'intérêts particuliers. Les comités de rémunération réagissent d'ordinaire à l'agitation sur le niveau des salaires en plafonnant – explicitement ou implicitement – ce que gagne le PDG [1].

Autrement dit, Jensen et Murphy, qui écrivaient ces lignes à une époque où le salaire des dirigeants était encore faible par rapport à ce qui se pratique aujourd'hui, estimaient que des normes sociales, en l'occurrence la « contrainte indignation », tiraient vers le bas les bulletins de paie des PDG. Ce qui, manifestement, leur paraissait négatif. Ils ne croyaient guère au risque d'abus de leurs fonctions par les dirigeants à des fins d'enrichissement personnel, puisqu'ils mettaient les mots « pillage » et « captif » entre guillemets. Mais leur analyse implicite des raisons de l'évolution des plus hauts salaires était la même que celle des adversaires des rémunérations colossales. Le salaire réel des cadres supérieurs, faisaient remarquer Jensen et Murphy, avait en réalité diminué entre la fin des années 1930 et le début des années 1980, alors que les entreprises avaient considérablement grossi. La grande raison, selon eux, était la pression de l'opinion publique. Ils soutenaient donc que c'étaient des considérations sociales et politiques, et non des forces purement économiques, qui avaient provoqué la très forte réduction des écarts de salaires entre ouvriers et patrons dans l'après-guerre.

1. *Ibid.*

Aujourd'hui, la thèse qui voit dans les rémunérations gigantesques l'un des rouages d'un mécanisme bénéfique incitant les chefs d'entreprise à bien travailler sonne plutôt comme de l'humour noir. Un article de 2001 dans *Fortune*, « Le grand hold-up salarial des PDG[1] », a bien résumé le scepticisme général : « Le raisonnement auquel on aurait pu s'attendre était : "Le cours de l'action stagne, donc il ne faut pas augmenter le PDG." En réalité, on raisonne dans l'autre sens : "Le cours de l'action stagne, donc il faut trouver une autre base pour augmenter le PDG." » Et l'article citait un Michael Jensen un peu repenti : « Je craignais en général que ces gars-là ne soient pas assez payés. Aujourd'hui, même moi, je suis troublé[2]. » Aucune importance. La doctrine « la cupidité est bonne » a fait son travail, en aidant à changer les normes sociales et politiques. Des rémunérations qui, à la génération précédente, auraient fait la une des journaux et soulevé un tollé sont à peine mentionnées aujourd'hui.

Bien évidemment, les salaires des PDG dans les pays européens – qui n'ont pas connu la même métamorphose des normes et des institutions – ont pris un retard considérable. Le PDG de la compagnie pétrolière British Petroleum, basée au Royaume-Uni, gagne moins de la moitié de ce que reçoit celui de Chevron, qui ne pèse que la moitié de British Petroleum mais est basée en Amérique. Comme dit un conseil en rémunérations européen, « il n'y a pas de facteur honte aux États-Unis. En Europe, on pense davantage à l'impact social[3] ».

Soyons justes : les PDG ne sont pas les seuls membres de l'élite économique qui ont vu leurs revenus monter en flèche depuis les années 1970. Quelques économistes soutiennent

1. http://money.cnn.com/magazines/fortune/fortune_archive/2001/06/25/305448/index.htm.
2. *Ibid.*
3. « U.S.-Style Pay Deals for Chiefs Become All the Rage in Europe », *New York Times*, 16 juin 2006, p. A1.

depuis longtemps que certains types de changements technologiques, comme l'essor des mass-media, peuvent entraîner de gros écarts de rémunérations entre des personnes qui, à première vue, semblent avoir des qualifications semblables[1]. De fait, l'ascension des mass-media contribue peut-être à expliquer pourquoi les vedettes de diverses natures gagnent tellement plus qu'avant. Et l'on peut soutenir que la technologie a un vague rapport avec l'élargissement des écarts de revenus à l'intérieur de certaines professions libérales, chez les avocats par exemple : l'existence des fax et d'Internet a peut-être permis aux ténors du barreau de prendre davantage d'affaires qui demandaient un petit plus, en ne laissant à leurs confrères moins inspirés que le travail de routine le plus besogneux. Néanmoins, l'exemple de la rémunération des PDG prouve que des changements dans les institutions et les normes peuvent faire augmenter l'inégalité – et, nous l'avons vu, les comparaisons internationales suggèrent que les institutions, pas la technologie, sont au cœur des bouleversements des trente dernières années.

Pourquoi ?

Depuis les années 1970, les normes et les institutions ont changé aux États-Unis dans un sens qui a soit encouragé, soit permis une forte augmentation de l'inégalité. Mais d'où est venu ce changement des normes et des institutions ? La réponse est claire : de la politique.

Prenons le sort des syndicats, par exemple. Ils constituaient autrefois un frein important à l'inégalité des revenus, tant directement, en faisant monter les salaires de leurs membres, qu'indirectement, puisque, dans les années 1950 et 1960, les

1. Sherwin Rosen, « The Economics of Superstars », *American Economic Review*, vol. 71, n° 5, décembre 1981, p. 845-858.

accords salariaux négociés par leurs soins – qui, très régulièrement, augmentaient davantage les travailleurs les moins payés – servaient de modèle pour l'ensemble du marché du travail. Le déclin des syndicats a supprimé cette influence modératrice. Mais pourquoi se sont-ils effondrés ?

Réponse traditionnelle : à cause des changements structurels de la population active. Autrefois, expliquent les tenants de cette thèse, l'économie américaine était dominée par l'industrie, où se trouvaient aussi les syndicats les plus puissants – pensons à l'UAW et aux Steelworkers*. À présent, nous sommes essentiellement une économie de services, en partie à cause du changement technologique, en partie parce que nous importons quantité de biens manufacturés. Donc, la désindustrialisation doit forcément expliquer l'affaiblissement des syndicats.

Sauf qu'en fait elle ne l'explique pas. L'industrie a perdu de l'importance, mais l'essentiel de la baisse des effectifs des syndicats vient d'un effondrement de la syndicalisation *à l'intérieur* de l'industrie, de 39 % des ouvriers en 1973 à 13 % en 2005. De plus, aucune loi économique n'impose que la syndicalisation soit limitée à l'industrie. Bien au contraire, une société comme Wal-Mart, qui n'affronte pas la concurrence étrangère, devrait constituer une cible encore meilleure pour la syndicalisation que les entreprises industrielles. Pensons à tout ce que cela changerait dans le profil de l'économie américaine : si les salariés de Wal-Mart étaient membres d'un syndicat pouvant exiger une hausse des salaires, de meilleures prestations sociales, les prix à la consommation seraient peut-être légèrement plus élevés, mais le géant de la vente au détail n'en serait pas pour autant acculé à la faillite – et la classe moyenne américaine aurait des centaines de milliers de membres supplémentaires. Imaginons l'extension de ce scénario aux autres géants de la vente au détail, ou mieux, à tout le secteur des services, et nous commencerons à nous faire

* Le syndicat des ouvriers sidérurgistes.

une idée de la façon dont la Grande Compression s'est produite sous Franklin Roosevelt.

Alors, pourquoi Wal-Mart n'est-il pas syndicalisé ? Pourquoi, plus généralement, le mouvement syndical a-t-il perdu du terrain dans l'industrie sans parvenir à gagner des adhérents dans les services en plein essor ? La réponse est simple et brutale : les intérêts patronaux, qui, dans les années 1960, semblaient avoir conclu un pacte avec le mouvement ouvrier, ont repris l'offensive contre les syndicats à partir des années 1970. Et nous ne parlons pas de douce persuasion. Les patrons ont employé la manière forte, souvent en procédant au licenciement illégal des salariés qui tentaient d'organiser ou de soutenir une activité syndicale. À la fin des années 1970 et au début des années 1980, au moins un salarié ayant voté pour la syndicalisation* sur vingt a été licencié illégalement. Certaines estimations disent un sur huit.

L'écroulement du mouvement syndical américain qui s'est produit à partir des années 1970 n'a d'équivalent dans aucun autre pays occidental. Le tableau 5 révèle un vif contraste entre les États-Unis et le Canada. Dans les années 1960, la population active était – si l'on veut vraiment voir une différence – à peine moins syndiquée aux États-Unis qu'au Canada. Cependant, à la fin des années 1990, les syndicats américains avaient été presque entièrement chassés du secteur privé, tandis que le mouvement syndical canadien était resté intact. La différence, c'était évidemment la politique : un climat politique propice à la destruction des syndicats s'était instauré aux États-Unis, mais pas au Canada.

---

* Aux États-Unis, les salariés n'ont pas le droit de se syndiquer individuellement ; il faut qu'un vote sur le lieu de travail décide majoritairement la « syndicalisation » de l'entreprise (ils pourront ensuite choisir d'adhérer ou non au syndicat). L'organisation de ce scrutin est régie par une procédure complexe qui commence par la signature nominative d'une pétition.

Tableau 5

Taux de syndicalisation (en pourcentage)

	États-Unis	Canada
1960	30,4	32,3
1999	13,5	32,6

Source : David Card, Thomas Lemieux et W. Craig Riddell, *Unionization and Wage Inequality : A Comparative Study of the U.S., the U.K., and Canada,* document de travail du National Bureau of Economic Research n° 9473, janvier 2003.

J'ai rappelé au chapitre 6 que l'antisyndicalisme a été crucial dans l'ascension de Barry Goldwater et a éminemment contribué à doter le conservatisme de mouvement d'une base solide dans les milieux d'affaires. Dans la seconde moitié des années 1970, les conservateurs de mouvement étaient devenus assez puissants politiquement pour que les entreprises se sentent capables d'attaquer les syndicats.

Et, une fois Ronald Reagan élu, l'offensive antisyndicale a été soutenue par le pouvoir politique au plus haut niveau. La répression déclenchée par Reagan contre le syndicat des contrôleurs du trafic aérien*, en particulier, a donné le signal

* Dans sa première année de présidence, en août 1981, Ronald Reagan a réagi à la grève des contrôleurs du trafic aérien en licenciant la quasi-totalité des grévistes (plus de 11 000). Il s'agit d'un cas tout à fait exceptionnel qui fait date dans les annales des conflits du travail. Licencier tous les contrôleurs pour renégocier totalement la grille salariale, cela n'a été possible que parce que le contrôle du ciel des États-Unis pouvait être assuré par l'U.S. Air Force. La plupart des licenciés ont été réembauchés à de nouvelles conditions, l'activité aérienne n'étant pas interrompue. Même si la méthode, en pratique, n'était pas généralisable, même si la concurrence des demandeurs d'emplois et des chômeurs ne joue que comme une menace à la marge sur les salaires des « *insiders* », des salariés de l'entreprise, cette dérégulation violente a été symbolique du reaganisme et a changé le climat social.

d'un assaut généralisé contre les syndicats dans toute l'économie. Le refoulement du syndicalisme, qui avait puissamment freiné l'inégalité, a été politique au sens le plus général du terme. Il a été réalisé par des actes de pouvoir, dans l'État comme dans l'ensemble de notre société.

Pour comprendre la Grande Divergence, nous devons donc trouver comment le conservatisme de mouvement a pu devenir un facteur aussi puissant dans la vie politique américaine.

8

LA POLITIQUE DE L'INÉGALITÉ

Durant six ans, de 1994 à la fin de l'administration Clinton, une âpre lutte pour le pouvoir a opposé un Congrès républicain et un président démocrate. Tout le monde ou presque se souvient du spectaculaire *impeachment** de 1998. Mais la « fermeture de l'État » de 1995, qui portait sur des questions de gouvernement et non de comportement personnel, a été plus révélatrice. Ce fut un affrontement direct entre des visions différentes de l'État et de la société.

Si la « fermeture » a eu lieu, c'est essentiellement parce que Newt Gingrich, le président de la Chambre des représentants, essayait d'imposer un plan qui aurait considérablement réduit le financement public de Medicare[1] et – point tout aussi important – incité les retraités en bonne santé à quitter ce programme, dont l'universalité et la viabilité financière

* L'*impeachment* est la procédure de destitution du président par le Congrès en cas d'accusation grave (comme le Watergate pour Richard Nixon). Les républicains avaient cherché à obtenir la destitution de Clinton pour parjure (il avait nié sous serment sa liaison avec Monica Lewinsky, stagiaire à la Maison-Blanche).

1. À l'époque, les républicains soulignaient avec force qu'ils ne proposaient pas de réduire les prestations de Medicare puisque, dans le cadre de leur projet, la somme dépensée par personne âgée continuait à augmenter. Mais cette hausse serait restée bien inférieure à celle du coût de la santé, donc ils proposaient bel et bien de grosses réductions. Le débat de 2005 sur la Social Security a donné lieu à des sophismes du même ordre

auraient ainsi été compromises. En fait, Gingrich voulait pour Medicare une mort lente par strangulation. Il avait assez de voix pour faire adopter son plan au Congrès, mais pas assez pour passer outre à un veto présidentiel. Il a donc essayé de forcer la main à Clinton en refusant à l'État fédéral les crédits dont il avait besoin pour fonctionner.

« Fermeture de l'État » n'est pas à prendre au sens strictement littéral : tous les bureaux des agences fédérales fermés à double tour. Environ la moitié des fonctionnaires fédéraux sont restés à leur poste, les services essentiels ont été maintenus. La brutalité de l'événement était malgré tout remarquable : pour abattre l'un des piliers de l'État-providence américain, les républicains étaient prêts à engager un bras de fer qui compromettait la capacité même de l'État à fonctionner.

Gingrich avait mal jugé Clinton et l'électorat. Clinton n'a pas cédé. L'opinion publique a tenu le Congrès et non la présidence pour responsable de ce blocage, et les républicains ont fini par faire marche arrière. Avec l'*impeachment* de Clinton trois ans plus tard, Gingrich a tenté de prendre sa revanche : c'est la meilleure interprétation possible de cet événement, qui, sinon, paraîtrait bizarre. La « fermeture de l'État » de 1995 a prouvé à quel point la politique américaine était devenue partisane. Et, à la différence de l'*impeachment*, cet affrontement a bien montré l'enjeu réel des luttes entre les deux partis.

De nombreuses personnalités de la politique et de la presse souffrent du mal baptisé « brodérisme [1] » par certains libéraux : elles se lamentent sans cesse sur la disparition de l'« esprit bipartisan », comme si l'incapacité des responsables politiques actuels à s'entendre résultait de mystérieux défauts de leur personnalité. Des défauts, certains de nos dirigeants

1. Du nom du chroniqueur du *Washington Post* David Broder, le « doyen des journalistes politiques de Washington », qui a passé l'essentiel de l'ère Bush à attribuer aux deux partis une égale responsabilité dans la discorde.

les plus marquants en ont à foison, bien sûr – Clinton avait ses problèmes, et Gingrich, qui entretenait lui-même une liaison avec une subordonnée au moment où il fustigeait l'immoralité de Clinton, pratiquait un mélange de grandiloquence et d'hypocrisie rare même chez les hommes politiques. Mais ce sont les orientations et non les personnalités qui ont rendu notre vie publique si âpre et si partisane.

Ce n'est pas la courtoisie des élus de l'ancienne génération qui a créé la grande époque de la coopération bipartisane. C'est l'atténuation du conflit politique dans une période où les partis n'étaient pas si éloignés sur les problèmes de fond. Après l'élection de 1948, les républicains ont conclu que les acquis du New Deal étaient indestructibles, et ils n'ont plus tenté de les détruire ; en même temps, les démocrates, qui avaient fait une révolution dans les années 1930-1940, se sont repliés sur un programme de réformes par petites touches. Dans ces conditions, l'esprit partisan a joué en sourdine durant toute une génération. Cette époque a pris fin, et la lutte acharnée est réapparue, lorsque les républicains ont changé d'avis pour la seconde fois. S'il y a tant d'animosité entre les partis aujourd'hui, c'est parce qu'à partir des années 1970 le GOP est redevenu hostile aux prélèvements fiscaux sur les riches et aux transferts sociaux vers les pauvres et la classe moyenne – et s'est montré prêt à faire le nécessaire pour imposer son programme.

Comprendre la nature du clivage entre les partis est une chose, déterminer ses causes en est une autre. Le virage à droite du parti républicain pose deux énigmes : pourquoi l'un des deux grands partis politiques des États-Unis a-t-il lancé une croisade pour démanteler l'État-providence à une époque où, l'inégalité étant en ascension rapide, l'idée de faire payer les riches pour subventionner les classes inférieures et moyennes allait probablement devenir plus attrayante, et non pas moins ? Et pourquoi le parti républicain a-t-il pu gagner tant d'élections malgré son programme économique antipopulaire ?

Dans ce chapitre, j'essaierai de résoudre la première énigme, en réservant la seconde pour le chapitre suivant. Mais d'abord, je voudrais répondre à une objection courante : quoi qu'ils disent, les deux partis ne sont pas très différents dans ce qu'ils font.

La fracture entre les partis

Avant la présidentielle de 2000, Ralph Nader a ironisé en baptisant les responsables politiques des deux grands partis les « Républicrates », indistinguables représentants des intérêts financiers. La plupart des Américains n'étaient pas d'accord avec lui, même durant cette campagne où George W. Bush avait réussi à se présenter comme un modéré : ils estimaient alors, dans leur immense majorité, que les partis étaient vraiment très différents. Cela dit, la façon dont on les voit n'est peut-être pas un reflet fidèle de ce qu'ils font. En réalité, sont-ils si éloignés ?

Quand Nader s'est fait connaître, dans les années 1960, les partis étaient vraiment aussi semblables qu'il le dit. Jusqu'au milieu des années 1970, il était à bien des égards difficile de les distinguer : John F. Kennedy a réduit les impôts, Richard Nixon les a augmentés, et le vote des grands textes de loi donnait lieu à d'importantes « traversées des frontières politiques », dans les deux sens. La législation de 1965 qui a créé Medicare et Medicaid, par exemple, doit beaucoup au soutien d'un groupe de républicains, et elle s'est heurtée à l'opposition acharnée d'un groupe de démocrates. Dans le vote final à la Chambre des représentants, 70 républicains ont dit oui et 47 démocrates ont dit non. Mais, politiquement, c'était une autre époque.

Pour voir à quel point la situation a changé, prenons un indicateur facile à mesurer, la politique fiscale, en particulier à l'égard des riches. Reagan, Clinton et George W. Bush ont inauguré leur administration par un changement majeur d'orientation en la matière. Reagan et Bush ont réduit les impôts des riches, Clinton les a augmentés.

Plus précisément, Reagan a commencé son mandat par une très forte réduction des taux de l'impôt personnel sur le revenu et du taux d'imposition effectif des profits des sociétés. Ces deux mesures ont apporté des bénéfices disproportionnés aux ménages de la tranche supérieure, d'abord parce que leurs revenus étaient jusque-là imposés à un taux bien plus élevé, ensuite parce qu'ils possédaient la plupart des actions qui profitaient de la baisse de l'impôt sur les sociétés. En revanche, Clinton a relevé le taux d'imposition des revenus de la tranche supérieure et supprimé le plafond du prélèvement fiscal sur les salaires pour Medicare : ces deux réformes frappaient essentiellement la même élite économique qui avait été la principale bénéficiaire des réductions d'impôts de Reagan. Quant à Bush, il a réduit les impôts à deux reprises, en 2001 et en 2003, en exploitant la brève illusion du succès en Irak pour faire passer le second train de réductions. Le premier a considérablement diminué le taux d'imposition des revenus les plus élevés et aboli les droits de succession, qui ne pesaient que sur les riches. Le second ensemble de mesures a réduit l'impôt sur les dividendes et l'impôt sur les plus-values, essentiellement au profit, là encore, des Américains aux revenus les plus élevés.

Le tableau 6 montre, pour certaines années, le taux effectif réel auquel a été imposé le 1 % le plus riche de la population – c'est-à-dire le pourcentage de leur revenu que les personnes situées dans cette catégorie (celles qui gagneraient aujourd'hui 425 000 dollars par an ou davantage) ont vraiment versé au fisc. Il est clair que les riches ont beaucoup gagné sous Reagan et Bush II, et beaucoup perdu sous Clinton. (Dans les années Reagan comme dans la période Clinton, les changements initiaux de la politique fiscale se sont érodés avec le temps, car le président a dû composer avec un Congrès contrôlé par l'opposition, mais la différence reste claire.)

Pour l'essentiel, la ligne de fracture lors du vote de toutes ces réformes fiscales a été très proche de celle des partis. L'augmentation d'impôts Clinton-Gore de 1993 n'a pas reçu la moindre voix républicaine à la Chambre des représentants. Et, lorsque la réduction d'impôts Bush de 2003 a été soumise à cette même assemblée, un seul républicain a voté contre et sept démocrates seulement ont voté pour. Le Gasoline for America's Security Act de 2005 – que l'on peut fondamentalement assimiler à un ensemble d'allégements fiscaux pour les compagnies pétrolières – a été adopté à une voix de majorité : treize républicains seulement ont voté contre et pas un seul démocrate n'a voté pour.

Tableau 6

Taux d'imposition fédéral moyen sur le 1 % le plus riche (en pourcentage)

1980	34,6
1982	27,7
1992	30,6
1994	35,8
2000	33,0
2004	31,1

Source : Congressional Budget Office, « Historical Federal Effective Tax Rates », www.cbo.gov/ftpdoc.cfm?index=7718&type=1.

Pour les dépenses, l'écart entre les deux partis peut sembler plus réduit, mais c'est seulement parce qu'ils ont moins réussi dans ce domaine à appliquer leur programme.

Reagan a d'abord tenté de faire des coupes claires dans la Social Security, puis il y a renoncé devant la levée de boucliers au Congrès et dans l'opinion. Il est néanmoins parvenu à faire adopter de nouvelles règles qui ont réduit les prestations en matière de bons alimentaires, d'aide aux familles nombreuses et d'assurance chômage. Il est bien connu que Clinton a essayé d'instaurer une forme d'assurance maladie universelle et totalement échoué. Toutefois, il a très sensiblement accru le crédit d'impôts pour les revenus du travail, augmentant ainsi les ressources des travailleurs à bas salaire.

Quand les législatives de 1994 ont donné aux républicains le contrôle du Congrès, ils ont essayé, nous l'avons vu, de miner le financement de Medicare. Ils ont échoué, et Bush le jeune allait plus tard faire voter une importante expansion de Medicare pour couvrir les médicaments prescrits. Mais il est clair que son objectif était de donner le change politiquement, et le nouveau programme a été conçu dans un sens favorable aux compagnies pharmaceutiques. De plus, en instaurant une aide publique importante aux plans Medicare Advantage*, où l'argent du contribuable transite par le secteur privé, la loi Bush sur Medicare a fait un grand pas vers l'objectif fixé par Gingrich : sa privatisation. En 2005, Bush a tenté de privatiser partiellement la Caisse de retraite publique, tout en réduisant les futures prestations promises. S'il était entré en vigueur, son plan aurait éliminé la Social Security traditionnelle en quelques décennies. Comme la tentative Reagan de rétrécissement de la Caisse, cependant, cet effort a vite tourné court.

La différence entre les partis n'est donc pas une illusion. Les républicains réduisent les impôts des riches, ils cherchent à diminuer les prestations sociales publiques et à saboter l'État-providence. Les démocrates augmentent les impôts des riches, ils cherchent à étendre les prestations sociales publiques et à renforcer l'État-providence.

---

* Le remboursement des médicaments par Medicare se fait avec de l'argent public, mais par l'intermédiaire de mutuelles privées agréées par Medicare. Certaines de ces mutuelles, dites « plans Medicare Advantage », proposent, en plus du remboursement des médicaments, des prestations liées à l'hospitalisation, aux consultations et aux actes médicaux.

Le changement de situation n'a pas échappé à l'opinion publique. Dans les années 1960 et 1970, quand on leur demandait s'il y avait ou non une différence importante entre les partis, les électeurs se divisaient plus ou moins à égalité. En 2004, 76 % des Américains voyaient de grosses différences entre les deux, contre 46 % en 1972[1].

La radicalisation du parti républicain

« L'assurance maladie complète, déclara le président, est une idée dont l'heure est venue en Amérique. C'est maintenant qu'il faut agir pour garantir à tous les Américains l'accès financier à des soins de haute qualité. » Bill Clinton ? Non, Richard Nixon. Son plan d'assurance maladie complète, proposé en 1974, ressemblait, en gros, à ceux qu'élaborent aujourd'hui des démocrates progressistes comme John Edwards. Mais ce projet de loi n'est jamais allé très loin, car Nixon a vite été englouti dans le Watergate[2].

Nos actuels conservateurs de mouvement disent parfois avec mépris que Nixon a gouverné à gauche. Pour les politiques économique et environnementale, c'est vrai, du moins selon les critères de notre époque. Outre son projet d'assurance maladie universelle, Nixon plaidait pour un revenu minimum garanti. Côté recettes, il a fait voter une augmentation d'impôts en 1969 et instauré l'impôt minimum de remplacement[3], dont l'objectif était de sanctionner les Américains

1. American National Election Studies, *The ANES Guide to Public Opinion and Electoral Behavior*, tableau 2B-4.
2. « Special Message to the Congress Proposing a Comprehensive Health Insurance Plan », 6 février 1974, www.presidency.ucsb.edu/ws/index.php?pid=4337.
3. L'impôt minimum de remplacement est un impôt plancher, substitué d'office à celui que le contribuable a calculé si l'usage des multiples déductions et esquives fiscales l'a fait descendre au-dessous de ce plancher.

très riches qui pratiquaient l'évasion fiscale *via* les paradis fiscaux. Sur un autre front, il a fait voter le Clean Air Act, et soumis au Congrès des dizaines de mesures environnementales. Des anciens de l'Environmental Protection Agency (EPA, Agence de protection de l'environnement) m'ont dit que les années Nixon avaient été un âge d'or.

Bref, Nixon était un personnage de transition. Bien qu'il ait utilisé de nombreuses tactiques politiques associées au conservatisme de mouvement, ce n'était pas un idéologue, mais un pragmatique – comme beaucoup de républicains. Le parti républicain a vite changé de nature après lui. En 1984, Thomas Edsall, du *Washington Post*, a publié *The New Politics of Inequality*, analyse remarquablement perspicace et prémonitoire des changements déjà en cours dans la politique américaine. Au cœur du sujet, il y avait le renouveau et la radicalisation du parti républicain, qui avaient eu lieu, selon lui, entre le milieu et la fin des années 1970 :

> Des groupes qui s'étaient jusque-là regardés avec hostilité et méfiance – la communauté des lobbyistes des grandes sociétés ; les organisations de la droite idéologique militant pour un système conservateur de valeurs sociales et culturelles ; les intérêts des « entrepreneurs » autonomes du Sun Belt, notamment les indépendants du pétrole ; un certain nombre d'intellectuels dits « néoconservateurs » ou « de guerre froide », favorables à une ligne dure en matière de défense et de politique étrangère, qui, même s'ils étaient parfois officiellement démocrates, apportaient leur soutien à la politique et aux décisions du parti républicain ; des économistes préconisant un bouleversement radical du système fiscal pour avantager les entreprises et les riches –, tous ces groupes ont découvert que le parti républicain leur offrait un terrain d'entente suffisant pour constituer une alliance*.

Autrement dit, le conservatisme de mouvement avait fait main basse sur le parti républicain.

---

* Thomas Edsall, *The New Politics of Inequality*, W.W. Norton, 1984, p. 73.

Ronald Reagan a été le premier président conservateur de mouvement. Dans son cercle rapproché, les idées jusque-là confinées à « un groupuscule scissionniste », comme disait Eisenhower, régnaient sans partage : David Stockman, son directeur du Budget, voyait dans la Social Security un bel exemple de « socialisme masqué », et les chauds partisans de l'économie de l'offre, persuadés que réduire les impôts augmentait les rentrées fiscales*, occupaient des postes clés au département du Trésor et dans d'autres services de l'État. Reagan a fait tout ce qu'il a pu pour détruire l'œuvre environnementale de Nixon, en écrasant le budget de l'EPA et en empêchant celle-ci de faire respecter les réglementations. Son premier secrétaire à l'Intérieur**, James Watt, antienvironnementaliste fervent et très lié à la droite religieuse, a quintuplé la superficie de la fraction du domaine public ouverte à l'extraction du charbon. Watt, on le sait, a dû démissionner après s'être vanté d'avoir dans son équipe « un Noir, une femme, deux Juifs et un handicapé[1] ».

Néanmoins, la marge de manœuvre de Reagan pour imposer un programme « conservateur de mouvement » était limitée par les réalités politiques. Les démocrates ont contrôlé la Chambre des représentants tout au long de son administration. Si les républicains étaient majoritaires au Sénat (sauf durant ses deux dernières années de présidence), beaucoup de sénateurs républicains étaient encore des modérés, dans le style d'Eisenhower. Ces réalités ont contraint Reagan à tempérer son action. Même si son cercle rapproché voulait réduire massivement les pensions de retraite de la Social Security, par exemple, il a été finalement obligé de la sécuriser financièrement par une augmentation d'impôts.

* Allusion à la « courbe de Laffer », là encore (voir p. 146).
** Aux États-Unis, le département de l'Intérieur est celui qui gère les parcs nationaux, les terres de l'État, les réserves indiennes. Il a également un important service géologique et minier.
1. Francis X. Clines, « Watt Asks That Reagan Forgive "Offensive" Remark About Panel », *New York Times*, 23 septembre 1983.

Après Reagan, en revanche, le GOP s'est profondément radicalisé. Lisons le programme 2004 du parti républicain du Texas, qui donne une idée de ce que pensent les vrais croyants : les plates-formes nationales doivent professer ne serait-ce qu'un semblant de modération, mais au Texas les républicains peuvent être des républicains. Ce programme préconise la suppression de certains services fédéraux, « dont (liste non exhaustive) le Bureau des alcools, tabacs et armes à feu ; le poste de Surgeon General (directeur général de la Santé) ; l'Environmental Protection Agency ; les départements de l'Énergie, du Logement et de l'Urbanisme, de la Santé et des Services humanitaires, de l'Éducation, du Commerce, du Travail ». Il recommande aussi de privatiser la Social Security et d'abolir le salaire minimum. Bref, les républicains du Texas souhaitent une abrogation complète du New Deal.

Et les conservateurs de mouvement veulent aller encore plus loin, comme le montre leur campagne pour l'abolition des droits de succession. Cet impôt est une très ancienne institution, introduite sous sa forme moderne en 1916. C'est le plus progressif des impôts fédéraux : il pèse sur les riches de façon plus disproportionnée que tous les autres. À la fin des années 1990, avant les réductions d'impôts de Bush, 2 % seulement des défunts laissaient des fortunes assez importantes pour donner lieu au paiement de droits de succession. Près des deux tiers des recettes venaient du 1 % le plus riche de la population, et 96 % des 10 % les plus riches [1].

Puisque les électeurs qui paient des droits de succession sont très rares et que ceux qui bénéficient de programmes publics en partie financés par ces droits sont très nombreux, tout parti courtisant l'électorat ordinaire devrait être enclin à ne pas toucher à cet impôt. C'est d'ailleurs ce que le parti

1. Décédés : www.taxpolicycenter.org/TaxFacts/TFDB/TFTemplate.cfm?Docid=52&Topic2id=60 ; répartition : www.taxpolicycenter.org/TaxFacts/TFDB/TFTemplate.cfm?Docid=50&Topic2id=60.

républicain a fait durant soixante-dix ans : sa dernière tentative sérieuse pour l'abolir (avant la période récente) a eu lieu en 1925-1926 ; elle a échoué car même certains de ses membres s'y sont opposés[1]. Mais, dans les années 1990, le parti républicain a réinscrit parmi ses priorités l'abolition des droits de succession. Et les réductions d'impôts introduites par Bush en 2001 ont prévu leur élimination progressive, par baisse des taux et élargissement des exemptions jusqu'à leur disparition totale en 2010. Autrement dit, le parti républicain d'aujourd'hui veut aller plus loin que celui des années 1920, dernier âge d'or du Long Âge doré, dans la réduction des impôts des riches.

Certains conservateurs de mouvement ne cachent pas leur désir de remonter le temps. On connaît la célèbre formule de Grover Norquist, le militant antifiscal qui passe pour le « maréchal » de la campagne des réductions d'impôts : « Mon objectif est de réduire l'État de moitié en vingt-cinq ans, de le rétrécir jusqu'à la taille où l'on pourra le noyer dans la baignoire[2]. » Mais il a tenu des propos encore plus révélateurs en annonçant son intention de ramener l'Amérique à « l'ère McKinley moins le protectionnisme », de revenir aux États-Unis tels qu'ils étaient « avant Teddy Roosevelt, l'époque où les socialistes sont arrivés au pouvoir. L'impôt sur le revenu, l'impôt sur la mort, la réglementation, tout ça[3] ».

Le parti républicain moderne a donc été pris d'assaut par des révolutionnaires qui veulent défaire le XXe siècle. Il n'y a aucune radicalisation symétrique chez les démocrates. La mainmise de la droite dure sur le GOP est la cause implicite du climat de lutte inexpiable qui règne aujourd'hui entre les partis. Reste à savoir comment ont fait les conservateurs de

---

1. Michael Graetz et Ian Shapiro, *Death by a Thousand Cuts*, Princeton University Press, 2005, p. 222-224.
2. Robert Dreyfuss, « Grover Norquist : Field Marshal of the Bush Plan », *The Nation*, 14 mai 2001.
3. William Greider, « Rolling Back the 20th Century », *The Nation*, 26 mai 2003.

mouvement pour conquérir et conserver sous leur coupe un des deux grands partis politiques des États-Unis.

La grande conspiration

La nature de l'emprise que le conservatisme de mouvement exerce sur le parti républicain est facile à résumer : oui Virginia, la grande conspiration de droite existe*. Il existe un ensemble d'institutions soudées, obéissant en dernière analyse à une poignée d'individus, qui, collectivement, récompense les fidèles et punit les dissidents. Ces institutions offrent à des politiciens dociles les ressources nécessaires pour gagner les élections, un refuge sûr en cas de défaite et de lucratives possibilités de carrière après leur mandat. Elles garantissent une couverture de presse favorable à ceux qui suivent la ligne du parti. Elles harcèlent et fragilisent les opposants. Et elles entretiennent une armée permanente de militants et d'intellectuels.

Le monde des instituts de réflexion de droite est loin d'être la composante majeure de cette « grande conspiration », mais il apporte un utile éclairage sur ses mécanismes de fonctionnement. Voici quelques tranches de vie d'un institut moderne :

– Bruce Bartlett, économiste conservateur et ancien membre de l'administration Reagan, travaille au National Center for Planning Analysis (NCPA, Centre national d'analyse prévisionnelle), institut spécialisé dans la promotion de la privatisation et soutenu financièrement par douze fondations, dont Castle Rock, Earhart, JM, Koch, Bradley, Scaife et Olin[1]. Déçu par la politique de George W. Bush, Bartlett écrit *Impostor*, livre dans lequel il accuse Bush de ne pas être

* L'origine de cette formule est un célèbre éditorial du *New York Sun* en 1897, « Oui Virginia, le Père Noël existe », en réponse à une lettre de Virginia Hanlon, huit ans.

1. www.sourcewatch.org/index.php?title=National_Center_for_Policy_Analysis.

un vrai conservateur. Il est promptement licencié de son poste à l'institut.

– Rick Santorum, sénateur ultraconservateur qui représentait un État plutôt modéré, la Pennsylvanie, est balayé aux élections de mi-mandat 2006. Il retrouve aussitôt un emploi : directeur du programme « Les ennemis de l'Amérique » à l'Ethics and Public Policy Center (EPPC, Centre « Éthique et Action des pouvoirs publics »), organisation qui s'est auto-investie de la mission de « clarifier et renforcer le lien entre la tradition morale judéo-chrétienne et le débat public sur les questions intérieures et extérieures ». L'EPPC est soutenu par les dons de huit fondations : Castle Rock, Earhart, Koch, Bradley, Smith Richardson, Olin et deux des fondations Scaife[1].

– Le National Center for Public Policy Research (NCPPR, Centre national de recherche sur l'action des pouvoirs publics) est un institut qui s'efforce de « proposer des solutions de marché aux problèmes publics d'aujourd'hui » – activité qui consiste pour l'essentiel, depuis quelques années, à semer le doute sur le réchauffement de la planète. Il a défrayé la chronique en 2004, lorsqu'on a appris qu'il aidait Jack Abramoff, le lobbyiste républicain, à blanchir de l'argent : l'institut avait versé un million de dollars à une entreprise de publipostage fictive qui logeait à la même adresse qu'Abramoff. Pourquoi le NCPPR ? Depuis sa fondation en 1982, cet organisme est dirigé par Amy Moritz Ridenour, qui a été l'une des collaboratrices d'Abramoff quand il est devenu président des Étudiants républicains en 1981. Le mari d'Amy Ridenour y travaille aussi, tous deux avec un salaire à six chiffres. Le NCPPR reçoit le soutien financier de Castle Rock, Earhart, Scaife, Bradley et Olin[2].

---

1. www.sourcewatch.org/index.php?title=Ethics_and_Public_Policy_Center ; www.eppc.org/news/newsid.2818/news_detail.asp.
2. www.sourcewatch.org/index.php ?title=National_Center_for_Public_Policy_Research.

Il n'existe rien à gauche de comparable à l'univers des instituts de réflexion de droite. Le *Washington Post* a une colonne régulière, intitulée « Think Tank Town », qui « publie des articles soumis par onze grands instituts de réflexion ». Sur les onze organismes ainsi honorés, cinq relèvent du conservatisme de mouvement : l'American Enterprise Institute (AEI, Institut de l'entreprise américaine), le Cato Institute, l'Heritage Foundation, le Manhattan Institute et le Hudson Institute. Un seul, le Center for American Progress (CAP), peut vraiment être considéré comme une émanation du mouvement progressiste – et il n'a été fondé qu'en 2003. Les autres, comme la Brookings Institution, bien qu'on les qualifie souvent de « libéraux », sont en fait des organisations vaguement centristes sans ligne politique définie. Une poignée d'instituts progressistes autres que le CAP jouent un rôle important dans le débat politique, notamment le Center on Budget and Policy Priorities (Centre d'études des priorités politiques et budgétaires) et l'Economic Policy Institute (Institut de politique économique). Cependant, en termes de ressources financières et humaines, ce sont de tout petits poissons face aux baleines du conservatisme de mouvement.

La prolifération de ces *think tanks* conservateurs depuis les années 1970 permet à un intellectuel du mouvement de vivre très confortablement s'il défend certaines positions. Il y a un prix à payer : comme l'a découvert Bruce Bartlett, il faut se conduire en apparatchik, et non en penseur indépendant. Mais beaucoup estiment que le jeu en vaut la chandelle.

Dans une très large mesure, les instituts de réflexion doivent leur existence à une poignée de fondations créées par de très riches familles. Les plus importants – l'Heritage Foundation et l'AEI, notamment – reçoivent aussi beaucoup d'argent des entreprises.

Le réseau des instituts de réflexion conservateurs a un équivalent dans le monde du journalisme. Des publications comme le *National Journal*, *The Public Interest* et *The American Spectator* ont également été créées avec une aide considérable de fondations de droite – pratiquement les mêmes. Le conservatisme de mouvement a aussi plusieurs quotidiens : la page éditoriale du *Wall Street Journal* a longtemps joué un rôle crucial, et le *Washington Times*, contrôlé par l'Église de l'unification de Sun Myung Moon*, est devenu *de facto* le journal promotionnel de l'administration Bush. Il y a aussi Fox News, bien sûr, avec son slogan orwellien : « Honnête et équilibré. »

Dernier point et non le moindre : les liens entre lobbyistes et politiques. L'apparente diversité des lobbies et celle des instituts conservateurs dissimulent la véritable centralisation du mouvement. Jusqu'à sa défaite de 2006 qui l'a obligé à se reconvertir dans le combat contre les ennemis de l'Amérique, le sénateur Rick Santorum réunissait tous les mardis vingt à trente lobbyistes de première grandeur. Voici comment le journaliste Nicholas Confessore décrivait ces réunions en 2003 :

> Chaque semaine, les lobbyistes présents font circuler une liste des postes à pourvoir dans les lobbies, et discutent des personnes qu'ils vont recommander. Santorum a mission de faire en sorte que ces fonctions aillent toutes à des républicains loyaux – le chef de cabinet d'un sénateur, un éminent conseiller de la Maison-Blanche, ou encore un autre lobbyiste ayant dûment prouvé sa fiabilité. Quand Santorum se sera décidé pour un candidat, les lobbyistes présents ne manqueront pas de faire savoir aux responsables du lobby concerné qui a les faveurs des dirigeants républicains[1].

Les réunions hebdomadaires de Santorum et d'autres du même genre convoquées par Roy Blunt, alors *majority whip*** (vice-président du groupe majoritaire) de la Chambre des représentants, constituaient le couronnement de la « stratégie

* Nom officiel de la « secte Moon ».

1. Nicholas Confessore, « Welcome to the Machine », *Washington Monthly*, juillet/août 2003, article principal.

** Le *majority whip* est chargé de faire respecter la discipline de vote dans le groupe majoritaire (*whip* signifie fouet).

de K Street ». C'est ainsi que Grover Norquist et Tom DeLay, ancien chef de la majorité à la Chambre des représentants, avaient baptisé leur plan pour expulser les démocrates des lobbies et réserver ce type de postes à des républicains loyaux. L'un des objectifs de cette stratégie était de garantir aux républicains la part du lion des contributions des entreprises et d'assécher les finances des démocrates. On le faisait aussi par la pression directe. En 1995, DeLay a fait dresser la liste des quatre cents comités d'action politique* les plus importants, avec le montant de leurs contributions et les pourcentages donnés à chaque parti. Après quoi il a convoqué dans son bureau les lobbyistes « inamicaux » pour leur exposer la loi : « Si vous voulez jouer un rôle dans notre révolution, vous devez vivre selon nos règles », a-t-il dit au *Washington Post*[1]. La mainmise sur les lobbies avait un autre but, tout aussi important : elle aidait à maintenir la loyauté au sein même du parti républicain, puisqu'elle offrait une réserve gigantesque d'emplois clientélistes – extrêmement bien payés – pour récompenser ceux qui suivaient strictement la ligne du parti.

Les diverses institutions du conservatisme de mouvement donnent aux élus républicains de fortes incitations à se positionner nettement à droite. Ce n'est pas une simple question de contributions de campagnes : il s'agit aussi de leurs perspectives financières personnelles. L'opinion est fermement persuadée que Medicare doit utiliser sa puissance de négociation pour obtenir une baisse des prix des médicaments – pourtant, le représentant Billy Tauzin, démocrate devenu républicain qui a présidé le comité de l'Énergie et du Commerce de la Chambre des représentants de 2001 à 2004,

* Les comités d'action politique sont des comités constitués par les entreprises pour financer la campagne électorale des candidats de leur choix, en collectant des contributions de leurs actionnaires, cadres, etc. Ce mécanisme est autorisé depuis 1974.

1. David Maraniss et Michael Weisskopf, « Speaker and His Directors Make the Cash Flow Right », *Washington Post*, 27 novembre 1995, p. A01.

a fait voter une loi sur Medicare qui interdit explicitement toute négociation sur les prix, après quoi il est devenu président du plus gros lobby de l'industrie pharmaceutique, avec, paraît-il, un salaire à sept chiffres. Il est clair que Rick Santorum était trop extrémiste pour la Pennsylvanie, mais il n'a eu aucun mal à trouver un emploi confortable dans un institut de réflexion après sa défaite, tandis que Lincoln Chafee, le républicain modéré du Rhode Island qui a perdu son siège au Sénat la même année, a dû se contenter d'un poste d'enseignement à l'université Brown, pour un an.

La défaite de Lincoln Chafee m'amène à évoquer un autre aspect du contrôle qu'exercent sur le parti républicain les institutions du conservatisme de mouvement. Elles ne se limitent pas à soutenir les élus républicains dans la ligne, elles sanctionnent aussi ceux qui ne le sont pas. Chafee s'est trouvé confronté, aux primaires, à un adversaire très agressif sur sa droite. Ce rival, Steve Laffey, avait reçu un soutien financier de plus d'un million de dollars du Club for Growth (Club de la croissance)*, qui se fait une spécialité de discipliner les républicains insuffisamment enthousiastes pour les réductions d'impôts. « Nous voulons être perçus comme le gendarme qui fait respecter les réductions d'impôts », a confié Stephen Moore, président du Club à l'époque, en 2001. Il avait bon espoir d'évincer Chafee : deux ans plus tôt, un candidat parrainé par le Club de la croissance avait bien failli battre le sénateur Arlen Specter, autre républicain plutôt modéré, aux primaires de Pennsylvanie. Et ces méthodes sont efficaces. Comme l'a dit un parlementaire républicain en 2001,

* Le Club for Growth se présente comme « un réseau national de milliers d'Américains de tous les milieux qui pensent que la prospérité vient de la liberté économique » ; il revendique la pérennisation des réductions d'impôts de Bush, l'abrogation de « l'impôt sur la mort », la réforme de la Social Security, etc. ; et il précise que sa « tactique essentielle consiste à soutenir financièrement des candidats au Congrès favorables à la croissance, en particulier dans les primaires républicaines ».

« quand on voit 100 % des républicains voter la réduction d'impôts de Bush, on comprend qu'ils se sentent surveillés : ils ne veulent pas que Steve Moore recrute un candidat dans leur circonscription ».

Specter a été élu pour la première fois au Sénat en 1980 : c'est un survivant de l'époque où le parti républicain faisait encore place à des modérés.

Les élus républicains plus jeunes ont grandi dans un parti défini par le conservatisme de mouvement. La droite dure s'était déjà emparée de l'organisation des Étudiants républicains en 1972, puisqu'un personnage aussi emblématique que Karl Rove en avait été élu président. Rick Santorum, Grover Norquist, Ralph Reed et Jack Abramoff sont aussi de grands anciens des Étudiants républicains. Les conservateurs de mouvement dirigent le Comité national républicain : ils sont donc chargés de recruter les candidats aux législatives, et, inévitablement, ils choisissent des hommes et des femmes à leur image. À de rares exceptions près, les derniers républicains modérés toujours présents au Congrès y sont entrés avant Reagan, ou, au plus tard, avant l'élection de 1994 qui a scellé l'hégémonie de la tendance Gingrich.

Un dernier point : les institutions du conservatisme de mouvement assurent une continuité des objectifs qui n'a pas d'équivalent dans l'autre camp. Jimmy Carter a essayé d'instaurer une politique nationale de l'énergie qui aurait réduit notre dépendance à l'égard du pétrole importé – et ça s'arrête là ; nul ne s'attendait à voir Bill Clinton reprendre les choses où Carter les avait laissées. Ronald Reagan a tenté de réduire les pensions de retraite de la Social Security sans y parvenir ; les conservateurs de mouvement n'ont vu là qu'un revers tactique. Dans un article de 1983 aujourd'hui célèbre, les experts du Cato Institute et de l'Heritage Foundation ont préconisé de suivre une « stratégie léniniste » pour éroder le soutien populaire à la Social Security, de « préparer le terrain politique afin que le fiasco des dix-huit derniers mois ne se reproduise pas »[1]. C'est cette stratégie qu'a mise en œuvre George W. Bush lorsqu'il s'est efforcé de privatiser la Caisse – et, tant que le conservatisme de mouvement n'aura pas subi une défaite aussi radicale que le parti républicain d'avant le New Deal, il y aura d'autres tentatives.

Pourquoi est-ce arrivé ?

Le mécanisme de durcissement du clivage entre les partis est clair : l'affrontement sans merci est devenu la règle parce que les républicains se sont déplacés vers la droite, et le GOP a viré à droite parce qu'il est tombé sous la coupe des conservateurs de mouvement. Reste la question de la cause ultime. Des familles riches haïssant les impôts, des intérêts d'affaires exécrant les réglementations, des intellectuels jugeant l'État-providence illégitime, il y en a toujours eu. Mais dans les années 1950 et 1960, c'étaient des groupes marginaux qui passaient aux yeux des deux partis pour un peu cinglés. Qu'est-ce qui a fait d'eux une force assez puissante pour métamorphoser la politique américaine ?

Selon les conservateurs de mouvement eux-mêmes – car il leur arrive de réfléchir aux raisons de leur ascension –, les idées justes ont simplement triomphé des fausses. Leur version des faits est à peu près la suivante : la Grande Dépression, associée à une propagande de gauche, a persuadé les gens, bien à tort, qu'ils avaient besoin d'un État interventionniste pour les protéger. Après quoi les institutions de ce *big government* se sont autoreproduites. Mais des esprits audacieux, de Milton Friedman à Ronald Reagan, ont progressivement fait comprendre aux républicains que l'État est le problème et non la solution. S'il y a un clivage entre les deux partis, c'est parce que certains ne l'ont pas encore compris.

1. Stuart Butler et Peter Germanis, « Achieving a Leninist Strategy », *Cato Journal*, vol. 3, n° 2, automne 1983, p. 547-561.

Aux antipodes de ce récit héroïsé du changement politique, il y a l'idée presque mécaniciste qui voit dans la montée de l'inégalité économique la cause fondamentale de l'essor du conservatisme de mouvement. Lorsque j'ai entrepris d'écrire ce livre, je l'ai dit au chapitre 1, je partageais ce point de vue, qui pourrait se résumer ainsi : l'argent achète l'influence, et, comme les Américains extrêmement riches, infime pourcentage de la population, se sont encore enrichis grâce aux forces qui stimulent l'inégalité (par exemple, le progrès technique), ils sont devenus assez riches pour se payer un parti. Vue sous cet angle, l'ascension du conservatisme de mouvement est un sous-produit de la hausse de l'inégalité.

Estimer que la hausse spectaculaire de l'inégalité depuis les années 1970 a transformé la politique américaine paraît plus raisonnable que tout expliquer par la vivacité d'esprit d'une poignée d'intellectuels. Mais cette hypothèse – la concentration croissante du revenu renforce l'élite économique, ce qui provoque le virage à droite du parti républicain – ne cadre pas avec la chronologie. Quand le brutal virage à droite du parti républicain a commencé, il n'y avait aucune augmentation perceptible de l'inégalité des revenus. Ronald Reagan a reçu l'investiture républicaine en 1980, et cette année-là les riches n'étaient pas plus riches par rapport à l'Américain moyen que sous Eisenhower. Au Congrès, le tournant politique a commencé aux législatives de 1976 et 1978. « Le noyau dur des jeunes sénateurs républicains engagés idéologiquement », souligne Edsall, est passé de quatre élus en 1975 à onze en 1979, et un mouvement comparable a eu lieu à la Chambre des représentants[1]. La conquête des Étudiants républicains par les conservateurs de mouvement est intervenue encore plus tôt : Karl Rove, nous l'avons vu, en a été élu président en 1972. Et les institutions cruciales du conservatisme de mouvement ont été créées à peu près à la même

1. Th. Edsall, *New Politics of Inequality*, *op. cit.*, p. 74.

époque. C'est en 1971, par exemple, qu'est apparue l'Heritage Foundation. C'est en 1972 que s'est constituée la Business Roundtable, par fusion de plusieurs groupes assez mal organisés en un puissant lobby de défense des mesures favorables aux entreprises – qui allait plus tard servir de base aux réunions « K Street » de Santorum. Et la Chambre de commerce des États-Unis est redevenue peu après un acteur important du lobbyisme.

Ajoutons ce qui a déjà été démontré au chapitre 7 – la hausse de l'inégalité s'explique avant tout par des changements au niveau des institutions et des normes, induits par le basculement politique –, et la vision mécaniciste selon laquelle l'inégalité a poussé les républicains vers la droite perd quasiment toute vraisemblance. La concentration croissante des revenus a probablement accentué le virage à droite du parti républicain, en augmentant le nombre et la richesse des donateurs prêts à financer largement des politiciens dotés de l'extrémisme adéquat. Mais c'est autre chose qui a dû mettre en marche le processus.

Cet « autre chose », c'est, je crois, la constellation de forces décrite aux chapitres 6 et 7. Résumons : à la fin des années 1950 et au début des années 1960, le groupe des « nouveaux conservateurs », l'étroite coterie élitiste qui s'était constituée autour de la *National Review*, a grandi jusqu'à devenir un mouvement sérieux, en fusionnant avec d'autres factions insatisfaites de l'Amérique modérée d'après guerre. Les anticommunistes ardents ont découvert chez les conservateurs de mouvement des âmes sœurs qui partageaient leurs épouvantes. Ceux qui s'indignaient à l'idée que d'autres touchent des aides sociales ont trouvé là un mouvement capable de donner une expression politique respectable à leur rancœur. Les hommes d'affaires furieux de devoir négocier avec les syndicats ont vu dans le conservatisme de mouvement un moyen de passer de la colère à l'action politique efficace.

Cette convergence de forces a été assez puissante pour faire investir Barry Goldwater, mais seulement parce que l'*establishment* républicain a été pris par surprise. Et, dans les urnes, Goldwater a subi une défaite écrasante. Le mouvement s'est néanmoins poursuivi, et il s'est instruit. Reagan lui a appris à habiller d'une rhétorique populiste ses idées économiques élitistes. Nixon, sans être lui-même un conservateur de mouvement, lui a montré que l'on pouvait exploiter la face sombre de l'Amérique – les ressentiments culturels et sociaux, les angoisses sur la sécurité intérieure et extérieure, et pardessus tout le racisme – pour remporter des élections.

Ce dernier point a été crucial. C'est l'aptitude à sortir de la vaine protestation et à transformer les idées d'extrême droite en stratégie électoralement victorieuse qui a ouvert les vannes aux financements massifs avec lesquels on a créé les institutions du conservatisme de mouvement – la « grande conspiration de droite » que nous connaissons aujourd'hui.

Cela nous amène à la seconde énigme que j'ai formulée au début de ce chapitre : pourquoi les partisans de la réduction des programmes sociaux, les adeptes d'une politique fiscale régressive, qui favorise les grandes fortunes, ont-ils réussi à gagner des élections, alors que l'aggravation de l'inégalité aurait dû rendre l'État-providence plus populaire ? Ce sera le sujet du chapitre suivant.

9

LES ARMES DE DISTRACTION MASSIVE

Les électeurs ne sont pas uniquement motivés par leurs intérêts : celui qui ne penserait qu'à lui ne se donnerait pas la peine d'aller voter, puisque le coût pour se rendre aux urnes dépasse l'effet probable de n'importe quel vote individuel sur son bien-être. Il est possible que certains sanctionnent par principe le *big government* alors qu'ils sont bénéficiaires nets des transferts de l'État, tandis que d'autres soutiennent des programmes sociaux généreux dont eux-mêmes n'auront probablement jamais besoin. Néanmoins, nous nous attendons à une certaine correspondance entre les choix et les intérêts des électeurs. Et elle existe : ceux du tiers le moins riche de la répartition des revenus sont beaucoup plus enclins à soutenir l'augmentation des dépenses publiques, les programmes publics de création d'emplois, etc., que ceux du tiers le plus riche[1]. Car le *big government* – l'État-providence – fait deux choses. D'abord, c'est une forme d'assurance : il protège les gens de certains risques de la vie en leur garantissant que, quoi qu'il arrive, ils ne mourront pas de faim dans leurs vieux jours, ou que, s'ils ont plus de soixante-cinq ans, ils ne seront pas dans l'incapacité de régler la facture d'une opération chirurgicale. Deuxièmement, il redistribue largement le revenu vers le bas.

1. Voir Larry Bartels, « What's the Matter with *What's the Matter with Kansas* ? », *op. cit.*

Examinons, par exemple, les effets de Medicare. Ce programme est une forme très efficace d'assurance sociale. Il apporte la tranquillité d'esprit même à ceux qui, finalement, auront mis davantage d'argent dans le système, sous forme d'impôts et de primes, qu'ils n'en auront reçu de prestations. Un nombre assez important d'Américains d'une soixantaine d'années se disent qu'il faut essayer de « tenir jusqu'à Medicare » – continuer jusque-là à payer des primes d'assurance maladie trop chères pour eux, ou à vivre dans l'angoisse, sans assurance, en espérant ne pas tomber gravement malade avant d'atteindre, enfin, le seuil magique du soixante-cinquième anniversaire.

Il y a une autre raison à la popularité de Medicare. Bien qu'on le présente rarement sous ce jour, c'est un programme de redistribution : il prend à une minorité riche et donne à la majorité qui l'est moins. Les prestations garanties par Medicare sont les mêmes pour tous, mais le gros des prélèvements fiscaux qui le financent (plus ou moins proportionnels au revenu[1]) est payé par 25 % de la population, pas plus. N'oublions pas qu'en termes de revenus, l'Amérique, c'est Lake Wobegon* à l'envers : la grande majorité est au-dessous de la moyenne. Un programme public qui impose tout le monde et bénéficie à tout le monde est donc nécessairement une bonne affaire pour la plupart des Américains.

La nature redistributrice de Medicare est caractéristique de l'ensemble de l'État-providence. Il est clair que les programmes sous conditions de ressources comme Medicaid et

1. Comme pour presque tout ce qui touche aux finances publiques, c'est un petit peu plus compliqué que cela. Medicare-Partie A, qui assure les soins hospitaliers, est financée par une taxe proportionnelle sur tous les revenus du travail (mais pas sur les revenus du capital, comme les dividendes et les plus-values). Le reste de Medicare est payé sur les recettes générales, c'est-à-dire essentiellement l'impôt personnel sur le revenu, qui est très progressif et essentiellement acquitté par les 10 % des ménages les plus riches.

* Lake Wobegon est un lieu fictif des États-Unis dont parlent plusieurs romans de Garrison Keillor. Tout le monde s'y croit au-dessus de la moyenne (*cf. Cette petite ville oubliée par le temps*, trad. fr. de *Lake Wobegon Days*, Ramsay, 1987).

les bons d'alimentation redistribuent le revenu, mais ceux qui sont ouverts aux classes moyennes le font aussi. Les 60 % d'Américains qui gagnent le moins recevront nettement plus en prestations de la Social Security qu'ils n'auront payé en prélèvements FICA*, tandis que les 20 % les mieux rémunérés doivent s'attendre à recevoir moins qu'ils n'auront versé[1].

Dans ces conditions, la montée de l'inégalité des revenus devrait faire évoluer l'opinion vers la gauche : les électeurs devraient soutenir d'autant plus énergiquement les politiques qui imposent les riches pour fournir des transferts sociaux au reste de la population. Et c'est, dans une certaine mesure, ce qui ressort des enquêtes d'opinion. Alors que le parti républicain est parti très loin vers la droite, les sondages suggèrent que, si l'opinion a bougé, c'est en se déplaçant légèrement vers la gauche.

La principale source d'information sur les évolutions de longue durée de l'opinion publique américaine est l'American National Election Studies : cet organisme pose des questions fondamentalement identiques dans des sondages réguliers, parfois depuis les années 1950. Les plus révélatrices sont trois questions qui portent assez directement sur l'envergure de l'action de l'État et la générosité de sa politique sociale.

La première concerne les soins médicaux : on demande aux personnes interrogées de se situer sur une échelle de 1 à 7, où 1 représente un soutien vigoureux à un plan de couverture des dépenses de santé par l'État et 7 le choix du paiement privé et des compagnies d'assurances. En 1972, 37 % de ceux

* Les impôts FICA sont ceux qui sont collectés en vertu du Federal Insurance Contributions Act (FICA), c'est-à-dire les charges sociales prélevées sur les salaires.

1. Voir Karen Smith et Eric Toder, « Lifetime Distributional Effects of Social Security Retirement Benefits », document préparé pour la troisième conférence annuelle commune du Retirement Research Consortium, « Making Hard Choices About Retirement », 17-18 mai 2001, Washington, D.C.

à qui l'on a posé cette question ont répondu 1, 2, ou 3, et manifesté ainsi leur soutien à une assurance maladie gérée par l'État, et 35 % ont répondu 5, 6 ou 7. En 2004, le soutien au système public d'assurance maladie était monté à 42 % et les opposants n'étaient plus que 27 %.

La deuxième question est ainsi formulée : l'État doit-il « veiller à ce que tout le monde ait un emploi et un bon niveau de vie » ? En 1972, 28 % pensaient que oui, tandis que 40 % estimaient que l'État devait « laisser chacun progresser par soi-même ». En 2004, les pourcentages étaient respectivement de 31 % et 42 %. S'il y avait moins de neutres ou d'hésitants, la position moyenne était inchangée.

Enfin, dans la troisième question, l'American National Election Studies demande si l'État doit accroître ses dépenses et les services qu'il fournit ou les réduire. Cette question-là, malheureusement, n'a été posée qu'à partir de 1982, année où 32 % voulaient moins d'État et 25 % plus d'État. En 2004, 20 % seulement voulaient moins d'État et 43 % plus d'État.

Ces chiffres suggèrent que l'électorat, s'il a bougé, a évolué vers la gauche. Peut-être n'a-t-il pas viré à gauche aussi puissamment qu'on aurait pu s'y attendre au vu de la hausse de l'inégalité. Mais l'opinion publique, à la différence du parti républicain, n'a pas brutalement viré à droite. Pourtant, le fait est que les républicains continuent à remporter des élections – si ce constat est moins flagrant après les législatives de mi-mandat de 2006 (où le parti démocrate est devenu majoritaire au Congrès), il est loin d'avoir perdu toute pertinence. Qu'est-ce donc qui explique le succès électoral du GOP ?

Première idée qui vient à l'esprit : le Kansas

Pour un mouvement qui cherche à réduire les impôts en démantelant l'État-providence, obtenir un soutien populaire de masse est en soi problématique. Les réductions d'impôts, en particulier du type souhaité par les conservateurs de mouvement, réservent l'essentiel de leurs bienfaits à une infime minorité de la population, tandis que la fragilisation du système de sécurité sociale fait un nombre considérable de victimes. L'organisation et l'argent peuvent compenser jusqu'à un certain point l'impopularité inhérente à la politique conservatrice – mais pour gagner des élections, en général, les conservateurs de mouvement doivent trouver le moyen de changer de sujet.

Dans son célèbre livre de 2004, *What's the Matter with Kansas ?* [Quel est le problème au Kansas ?], Thomas Frank a brossé un tableau déprimant, celui d'un électorat ouvrier facile à duper, encore et toujours, en faisant du battage sur des enjeux secondaires :

> La ficelle ne s'use jamais, jamais l'illusion ne s'émousse. *Votez* pour interdire l'avortement, *vous aurez* une réduction de l'impôt sur les plus-values. *Votez* pour restaurer la puissance du pays, *vous aurez* la désindustrialisation. *Votez* pour serrer la vis à tous ces profs de fac politiquement corrects, *vous aurez* la déréglementation de l'électricité. *Votez* pour secouer le joug écrasant de l'État, *vous aurez* le conglomérat et le monopole partout, des médias aux abattoirs. *Votez* pour faire front contre les terroristes, *vous aurez* des manœuvres pour privatiser la Caisse de retraite publique. *Votez* pour sanctionner les élites, *vous aurez* un ordre social où la richesse est plus concentrée qu'elle ne l'a jamais été dans votre vie, où les travailleurs n'ont plus aucun pouvoir et où la rémunération des PDG atteint des niveaux inimaginables [1].

1. Thomas Frank, *What's the Matter with Kansas ? How Conservatives Won the Heart of America*, Henry Holt, 2004.

Qu'y a-t-il de vrai dans cette thèse ? J'ai été secoué par le livre de Frank quand il est sorti, et j'y vois toujours un essai magistral sur le génie du conservatisme de mouvement pour exploiter des questions à fort potentiel affectif, et sur son hypocrisie quant à ses priorités gouvernementales réelles. Mais des politologues, notamment mon collègue de Princeton Larry Bartels – auteur d'une réponse scientifique intitulée « What's the Matter with *What's the Matter with Kansas ?* » (Quel est le problème dans *Quel est le problème au Kansas ?*) –, ne sont pas du tout persuadés que les électeurs de la classe ouvrière soient vraiment si dupes que cela.

En réalité, les comportements électoraux, au fil du temps, ne se sont pas éloignés du « vote de classe », ils s'en sont rapprochés, et c'est bien ce à quoi l'on pouvait s'attendre avec le changement de nature du parti républicain. Dans les années 1950 et 1960, le GOP était dirigé par des adeptes du « républicanisme moderne » cher à Eisenhower, qui acceptaient l'héritage du New Deal. Tout au long de cette période, les Blancs à haut revenu étaient à peine plus enclins à se dire républicains ou à voter pour des candidats républicains que les Blancs à faible revenu. Mais, depuis que le conservatisme de mouvement a fait main basse sur le parti, une puissante fracture de classe est apparue. Les riches votent de plus en plus républicain, et les Blancs à faible revenu, notamment hors du Sud, sont plus portés, en fait, à voter démocrate qu'il y a un demi-siècle.

Néanmoins, il doit bien y avoir *quelque chose* qui a permis au conservatisme de mouvement de gagner des élections, malgré des objectifs politiques qui auraient dû lui aliéner la sympathie de la majorité des électeurs. Examinons donc les questions non économiques que les conservateurs ont exploitées, à commencer par celle que Frank, curieusement, n'a pas mentionnée dans sa célèbre diatribe : le racisme.

Philadelphie, Mississippi

Arrêtons quelqu'un dans la rue pour lui demander à quoi il pense quand on lui dit « Ronald Reagan », et il ou elle nous répondra probablement « réduction d'impôts », ou « victoire sur le communisme ». Mais ce n'est pas par des meetings sur l'économie ou la politique étrangère que Reagan a entamé sa marche à la présidence. Durant sa campagne de 1976 pour briguer l'investiture républicaine, il s'est fait remarquer en exagérant grossièrement un cas de fraude aux allocations à Chicago qui lui a inspiré l'expression *Welfare Queen*, la « Reine des prestations sociales » [1]. Il n'a pas précisé la couleur de sa peau : il n'en avait pas besoin. En 1980, il a entamé sa campagne par un discours sur les droits des États dans une foire cantonale proche de Philadelphie (Mississippi), la ville où trois militants des droits civiques avaient été assassinés en 1964. Tout le monde a compris le message.

Quand on pense à tout ce qui s'est écrit sur les bouleversements de la politique américaine depuis une génération, à toutes ces réflexions perplexes et douloureuses sur les causes profondes du déclin démocrate et de l'envolée républicaine, on est effaré de voir que l'essentiel tient en ces quelques mots : les Blancs du Sud se sont mis à voter républicain.

Avant d'analyser ce virage politique, prenons un peu de recul historique. Les États-Unis sont politiquement plus à droite que les autres pays avancés, depuis fort longtemps. Les dépenses d'aides et de transferts – celles, grosso modo, de l'État-providence – représentent un pourcentage du PIB plus réduit en Amérique qu'en Europe depuis le XIXe siècle. Les pays européens de 1937 dépensaient déjà autant en programmes sociaux, proportionnellement à leurs économies, que les États-Unis de 1970, après la création de Medicare et de Medicaid.

1. « "Welfare queen" Becomes Issue in Reagan Campaign », *New York Times*, 15 février 1976, p. 51.

Comment s'explique cette différence ? Vieille question, qui remonte au moins au livre publié par Werner Sombart en 1906, *Pourquoi le socialisme n'existe-t-il pas aux États-Unis ?* Toutes les explications ont été avancées, du haut niveau des salaires – « Et toutes les utopies socialistes d'échouer à cause du *roast beef* et de l'*apple-pie* [tarte aux pommes] », écrit Sombart[1] – à des facteurs culturels implicites à l'œuvre dans les mentalités. Mais l'analyse récente la plus méthodique, celle d'Alberto Alesina, Edward Glaeser et Bruce Sacerdote, trois économistes de Harvard, a conclu que la raison principale de la durable « exception américaine » est probablement le racisme* :

> La discorde raciale est un déterminant capital des idées sur les pauvres. Puisque les minorités sont très surreprésentées parmi les Américains défavorisés, toute politique de redistribution fondée sur le revenu redistribue particulièrement vers les minorités. Les adversaires de la redistribution utilisent régulièrement une rhétorique à base raciste pour combattre les politiques de gauche. Dans les comparaisons entre pays, l'hétérogénéité raciale est un facteur prédictif fort du niveau de redistribution. Aux États-Unis, la race est le facteur prédictif le plus important du soutien à l'État-providence. Il est clair que les mauvaises relations interraciales sont une raison majeure de l'absence d'État-providence dans ce pays[2].

Cette conclusion est corroborée à la fois par l'histoire des combats politiques sur des programmes cruciaux de l'État-providence et par la configuration de la politique régionale aujourd'hui.

1. Werner Sombart, *Warum gibt es in den Vereinigten Staaten keinen Sozialismus ?*, Mohr, 1906 ; trad. fr. de Pierre Weiss avec la collaboration de Gabrielle Krezdorn, *Pourquoi le socialisme n'existe-t-il pas aux États-Unis ?*, Paris, PUF, coll. « Sociologies », 1992, p. 145.

* Pour un exposé détaillé de cette thèse, voir Alberto Alesina et Edward Glaeser, *Combattre les inégalités et la pauvreté. Les États-Unis face à l'Europe*, Paris, Flammarion, 2006.

2. Alberto Alesina, Edward Glaeser et Bruce Sacerdote, « Why Doesn't the US Have a European-Style Welfare State ? », document de travail du National Bureau of Economic Research n° 8524, octobre 2001.

Commençons par la réforme du New Deal qui n'a pas eu lieu : l'assurance maladie universelle. Tous les pays avancés l'ont, sauf les États-Unis : comment avons-nous pu manquer cela ? Une des occasions de l'instaurer – probablement la meilleure – s'est présentée à la fin des années 1940, quand Harry Truman a essayé de créer une sorte de Medicare pour toute la population. À en croire les sondages, l'opinion publique y était massivement favorable (ce qui est toujours le cas aujourd'hui). Cependant, comme nous l'avons vu au chapitre 4, la tentative de Truman a échoué parce qu'elle s'est heurtée à l'hostilité de deux forces cruciales : les médecins de l'American Medical Association et les Blancs du Sud, qui, avec leurs faibles revenus, avaient beaucoup à gagner à cette réforme, mais qui s'y sont opposés de peur qu'elle ne conduise à l'intégration raciale dans les hôpitaux [1].

Les effets du racisme sur le soutien à l'État-providence ressortent tout aussi clairement d'une comparaison entre États américains. Alesina, Glaeser et Sacerdote repèrent une corrélation forte entre la composition raciale d'un État et sa politique sociale. En gros, plus le pourcentage de Noirs est important dans la population d'un État, moins il y a de dépenses sociales par habitant. Cela pourrait refléter le simple fait que, en dépit de la migration des Afro-Américains vers le Nord et de la convergence des revenus entre régions, les États du Sud sont à la fois plus noirs et plus pauvres que le reste des États-Unis. Mais c'est davantage que cela. Même après prise en compte des niveaux de revenus, la corrélation demeure.

Pour rendre l'idée plus concrète, comparons l'orientation politique et les mesures sociales du Massachusetts et de la Virginie. Ces deux États sont en gros comparables pour le revenu par habitant, tant moyen que médian – ce qui veut dire qu'ils ont des revenus assez proches et que le degré de concentration en haut de l'échelle n'y est pas très différent.

1. Voir Jill Quadagno, *One Nation Uninsured : Why the U.S. Has no Health Insurance*, Oxford University Press, 2005.

Pourtant, leur divergence politique est spectaculaire : le Massachusetts est célèbre pour son libéralisme, tandis que la Virginie a longtemps été profondément conservatrice (peut-être est-ce en train de changer, mais elle n'a viré au bleu que tout récemment). On peut faire des comparaisons du même type entre d'autres États de l'ancienne Confédération et leurs homologues économiques du Nord ; dans la plupart des cas (pas tous, certes), l'État le plus au sud et le plus noir est aussi, de loin, le plus conservateur. Il est difficile de ne pas conclure que la différence, c'est le racisme.

Pourtant, la coalition du New Deal comprenait le Sud, pour les raisons détaillées au chapitre 4. Il y avait l'intérêt pur et simple : le Sud a longtemps été une région pauvre qui a profité plus que d'autres de l'État-providence. Il y avait l'histoire : le parti républicain restait, dans l'esprit des habitants du Sud, celui de Lincoln. Et il y avait l'attitude initiale des libéraux du Nord, tout disposés à conclure un marché avec le diable, à accepter tacitement Jim Crow en échange du soutien du Sud au programme général de l'État-providence.

Mais le mariage entre les Blancs du Sud et le reste du parti démocrate a été rompu : il s'est brisé sur des divergences inconciliables. C'est Barry Goldwater qui a lancé le mouvement, en prenant vigoureusement position pour le droit des États et en se prononçant contre le Civil Rights Act de 1964. À part l'Arizona, tous les États où Goldwater a été majoritaire en 1964 ont été des États du Sud. En 1968, si une grande partie du Sud a voté George Wallace, Nixon a gagné plusieurs États frontaliers. En 1980, Reagan a remporté la victoire dans les États du Sud en multipliant les appels à peine voilés aux sentiments ségrégationnistes, tandis que les démocrates s'étaient engagés encore plus nettement en faveur des droits civiques et de l'*affirmative action*. Le vrai mystère, en fait, c'est pourquoi la représentation parlementaire du Sud a mis si longtemps à changer de couleur.

Quelle proportion de l'essor politique du conservatisme de mouvement peut-on attribuer au revirement du Sud ? À en croire les chiffres, *la totalité* – et même un peu plus.

Comparons la composition de la Chambre des représentants à un demi-siècle d'intervalle. Après l'élection de 1954, les démocrates avaient à peine entamé ce qui allait être une domination de quarante ans sur la Chambre, où ils détenaient 232 sièges sur 435. Après l'élection de 2004, les républicains avaient exactement le même nombre de sièges que les démocrates en 1954, et c'était la majorité la plus large de leurs douze années de prépondérance. Où les républicains ont-ils obtenu leur majorité ? La réponse est nette : puisque, hors du Sud, les démocrates ont en réalité *gagné* des sièges, le revirement du Sud a rapporté aux républicains plus que le nombre de sièges qui les séparait des démocrates à la Chambre.

La volte-face du Sud a été due à un changement de comportement de son électorat blanc. En 1954, les Blancs du Sud, à tous les niveaux de revenus, étaient de loin plus enclins à voter démocrate que leurs homologues du Nord. En 2004, les Blancs à faible revenu ne se sont pas montrés plus démocrates dans le Sud qu'ailleurs, et ceux qui avaient un revenu moyen ou élevé ont voté républicain beaucoup plus que dans les autres régions. Aux élections présidentielles de 2000 et 2004, les Blancs résidant hors du Sud ont plutôt voté Bush, mais à de faibles majorités. Ceux du Sud ont donné à Bush une avance de 35 % ou davantage, assez pour contrebalancer le vote très majoritairement démocrate des Noirs locaux[1]. Sans ces voix blanches du Sud, Bush ne serait jamais parvenu assez près de la Maison-Blanche pour que des bulletins mal perforés suffisent à l'y faire entrer[*].

1. Sondages de sortie des urnes à l'adresse www.nytimes.com/packages/pdf/politics/20041107_px_ELECTORATE.xls.

* Il ne serait jamais parvenu « à portée *chad-and-butterfly* de la Maison-Blanche », écrit exactement Paul Krugman. C'est une allusion aux conditions scandaleuses du vote de 2000 dans un comté de Floride, le Palm Beach County. Sur le *butterfly*, bulletin de vote à deux volets en forme de papillon, on avait de fortes chances de voter Buchanan lorsqu'on voulait voter pour le démocrate Al Gore, car la disposition des noms des candidats et des trous à perforer induisait en erreur. Quant au *chad* – le petit rond de papier qui doit se détacher quand on perfore, faute de quoi le vote n'est pas valable –, il lui arrivait souvent de ne pas se détacher.

Quand on a compris l'importance primordiale du revirement du Sud, l'explication du succès politique du conservatisme de mouvement devient d'une simplicité presque embarrassante. Grâce à leur organisation, aux institutions bien soudées qui matérialisent la Grande Conspiration de droite, les conservateurs de mouvement ont réussi à conquérir le parti républicain et à déplacer sa ligne politique à l'extrême droite. Dans la quasi-totalité du pays, ce virage à droite leur a fait perdre des électeurs, qui se sont progressivement tournés vers les démocrates. Néanmoins, les républicains ont réussi à gagner des élections présidentielles, et finalement à prendre le contrôle du Congrès, parce qu'ils ont su exploiter le racisme pour devenir le parti dominant dans le Sud. Point final.

Ou peut-être n'est-ce pas vraiment le point final. Avant même les élections de 2006, certains observateurs – notamment Tom Schaller, politologue à l'université du Maryland – ont suggéré que les républicains s'étaient trop étendus politiquement, qu'ils représentaient des communautés aux idées trop différentes, et qu'ils étaient eux-mêmes devenus vulnérables à une volte-face régionale comme celle qui avait chassé du pouvoir les démocrates[1]. De même que ceux-ci avaient conservé de nombreux sièges du Sud au Congrès longtemps après la rupture du « mariage de raison » historique entre partisans du New Deal et « dixiecrates* », des circonscriptions relativement modérées du reste du pays ont continué à élire des représentants et sénateurs républicains longtemps après que les groupes parlementaires du GOP se sont mis à voter en bloc à droite. Et plusieurs de ces républicains-là ont finalement été battus en 2006. Après ce scrutin,

1. Thomas Schaller, *Whistling Past Dixie . How Democrats Can Win Without the South*, Simon & Schuster, 2006.

* « Dixie » est le surnom traditionnel du Sud. Les « dixiecrates » sont ici les autorités ségrégationnistes et les élus du Sud, tenant jalousement à leur autonomie.

42 % des sièges encore tenus par des républicains se trouvent dans le Sud – ce qui n'est pas très loin des 47 % de sièges démocrates que représentait le Sud en 1954 [1].

Cela dit, un point reste un peu mystérieux : concrètement, qu'est-ce que les Blancs du Sud attendent aujourd'hui du GOP ? Le pouvoir républicain à Washington n'a pas recréé un monde sûr pour les ségrégationnistes – et, soyons justes, nul ne sait si beaucoup de Sudistes chercheraient à rétablir Jim Crow même au cas où les autorités fédérales l'autoriseraient. Ce que Reagan leur a donné à Philadelphie, Mississippi, était essentiellement de l'ordre du symbole : un coup de poing dans les gencives de ces moralisateurs de Yankees. Ce n'était pas un espoir réel de balayer les acquis du mouvement des droits civiques. Peut-être le livre de Frank aurait-il dû s'intituler *Quel est le problème dans le Sud ?*, avec une formule ironique du genre : « *Votez* pour le bon vieux temps de l'orgueil sudiste, *vous aurez* la privatisation de la Caisse de retraite publique. » Lorsque Bush, effectivement, a tenté d'utiliser son « mandat » de 2004 pour privatiser la Social Security, le Sud s'est montré presque aussi hostile à son projet que le reste du pays [2].

Le racisme a donc été un ingrédient essentiel des succès électoraux que les conservateurs ont remportés en dépit de leur politique économique qui favorisait une minorité au détriment de la majorité. Mais que dire des autres manœuvres de diversion ?

1. P. Klinkner et Th. Schaller, « A Regional Analysis », *op. cit.*
2. Voir, par exemple, un sondage de *Time* effectué en mars 2005, www.srbi.com/time_poll_arc13.html.

Empires du mal et autres bandits

« Les conservateurs ont vu la sauvagerie des attentats du 11 septembre et ils se sont préparés à la guerre. Les libéraux ont vu la sauvagerie des attentats du 11 septembre et ils ont voulu préparer des procès pour offrir thérapie et compréhension à nos agresseurs. » C'est ce qu'a déclaré Karl Rove, principal stratège politique de George Bush, dans un discours de 2005[1].

Rove, nous le savons maintenant, était en retard... d'une guerre. En 2005, la débâcle irakienne érodait rapidement les certitudes de l'opinion publique : on pensait de moins en moins les républicains meilleurs que les démocrates pour protéger le pays. Mais d'où venait cette idée, et dans quelle mesure a-t-elle aidé les républicains à gagner des élections ?

On affirme souvent que l'avantage des républicains en matière de sécurité nationale remonte à la guerre du Vietnam, et notamment à l'écrasante victoire de Richard Nixon sur George McGovern en 1972. Cependant, comme souvent, lorsqu'on regarde de près l'histoire politique réelle de ce pays, il est loin d'être évident que « ce que chacun sait » soit vrai. Même l'élection de 1972, à en croire Rick Perlstein, a été une défaite personnelle de McGovern plus qu'un rejet des démocrates, qui, de fait, ont gagné des sièges au Sénat et n'ont subi que des pertes modestes à la Chambre des représentants[2].

Sur le point précis qui nous intéresse, il ne ressort *absolument pas* des enquêtes dont nous disposons que, dans les années qui ont immédiatement suivi la chute de Saigon, l'opinion publique considérait globalement les démocrates comme des faibles en matière de sécurité nationale. En octobre 1979

---

1. « Rove Criticizes Liberals on 9/11 », *New York Times*, 23 juin 2005, p. A13.
2. Rick Perlstein, « Why Democrats Can Stop the War », *Salon*, 24 janvier 2007, www.salon.com/opinion/feature/2007/01/24/perlstein/index_np.html.

encore, lors d'un sondage commandé par le Comité national républicain, on a demandé aux personnes interrogées quel parti ferait un meilleur travail pour « maintenir la sécurité militaire » ; 29 % des électeurs ont désigné les républicains, 29 % les démocrates et 21 % ont répondu : « les deux »[1]. « Les démocrates sont des faibles qui compromettent la sécurité nationale » : cette idée, qui a rendu possible l'exploitation partisane du 11 septembre, ne s'est réellement imposée que dans les années 1980, et elle a fort peu de rapport avec les réalités de la défense ou de la politique étrangère. C'était une question, disons, de « ligne générale* », et surtout de ramboïsation de l'histoire.

Il n'est jamais facile de reconnaître sa défaite. Après la Première Guerre mondiale, beaucoup d'Allemands, on le sait, ont cru à la *Dolchstoßlegende*, au mythe du « coup de poignard dans le dos » que des dirigeants civils faibles auraient donné à l'armée allemande. Et, après la chute de Saigon, il y a eu des Américains qui, comme leurs homologues allemands de l'après-Première Guerre mondiale, sont devenus réceptifs aux théories du « coup de poignard dans le dos » : ils se sont persuadés que les militaires auraient pu gagner la guerre si les civils ne leur avaient pas lié les mains. Cela dit, lorsque les souvenirs de la guerre du Vietnam, dans toute son horreur et son inutilité, étaient encore frais, il s'agissait d'une minorité bruyante mais fort limitée.

S'il y a eu un moment où ces théories se sont répandues dans le grand public, c'est avec le succès du film *Rambo***, le premier, celui de 1982, où Rambo déclare : « J'ai fait ce que

1. Enquête nationale pour le RNC/NRCC, 21 octobre-15 novembre 1979, données issues du Roper Center for Public Opinion Research. Deux sondages Harris de 1978 montrent aussi que les partis étaient étroitement associés dans les esprits. Voir www.ropercenter.uconn.edu/data_access/ipoll/ipoll.html.

* Ou, si l'on préfère, de « grand récit ». La *story line*, dans les médias, est la vision générale admise dans laquelle on est tenu d'inscrire l'information particulière que l'on rapporte, au besoin en la déformant.

** *First Blood*, de Ted Kotcheff.

je devais faire pour gagner. Mais quelqu'un ne voulait pas nous laisser gagner. » Il s'emporte aussi contre « ces vermines à l'aéroport qui m'ont invectivé, craché dessus, traité de tueur de bébés » –, et l'image de manifestants crachant sur les militaires à leur retour s'est ancrée dans la culture populaire. Rien n'indique que cela soit jamais arrivé : on ne connaît aucun incident assorti de preuves crédibles où des GI se seraient fait cracher dessus ou traiter de « tueurs de bébés » à leur retour. Néanmoins, le mythe des libéraux manquant de respect aux soldats s'est enraciné dans l'esprit public.

Après le coup de poignard dans le dos sont venus les fantasmes de revanche. *Retour vers l'enfer* (1983), *Portés disparus* (1984) et *Rambo II : la Mission* (1985)* – qui réinventait en homme d'action héroïque l'ancien combattant perturbé, éprouvé, du premier film – exploitaient le marché des fantasmes où des militaires rebelles « refaisaient » la guerre et la gagnaient.

Il est clair que la nouvelle humeur belliqueuse du pays travaillait pour les conservateurs. L'action effective des libéraux contre la guerre du Vietnam n'était probablement pas le principal : dans les années 1980, la réalité des faits était largement sortie des mémoires. L'important, c'était que la peur et la haine du communisme typiques des conservateurs de mouvement entraient en résonance avec les désirs d'un pays qui voulait rebondir, se libérer du syndrome de l'après-Vietnam. Lorsque Reagan a baptisé l'Union soviétique « l'Empire du mal », libéraux et modérés ont eu tendance à persifler – parce qu'ils étaient des pragmatiques, conscients de tout ce qu'il avait fallu faire pour garantir la sécurité nationale, et non des faibles qui la négligeaient. Mais beaucoup d'Américains ont adoré.

Les efforts du conservatisme de mouvement pour se présenter en seul défenseur du pays ont été facilités par l'évolution

---

* Respectivement : *Uncommon Valor*, de Ted Kotcheff, *Missing in Action*, de Joseph Zito, et *Rambo : First Blood Part II*, de George P. Cosmatos.

de l'armée : cette institution, qui avait toujours été conservatrice, l'est devenue beaucoup plus après le milieu des années 1970. En 1976, il y avait chez les chefs militaires une majorité relative d'« indépendants » et un tiers de républicains. En 1996, les deux tiers se disaient républicains [1]. Ce basculement de l'identification politique a probablement eu plusieurs raisons. D'abord, les dirigeants militaires, qui pouvaient moins facilement que les civils tirer un trait sur la défaite du Vietnam, ont peut-être été particulièrement sensibles au mythe du coup de poignard dans le dos. Leur choix a pu aussi être lié aux problèmes budgétaires. Carter a présidé à la réduction des forces armées après le Vietnam, Reagan a considérablement accru les dépenses d'armement, et Clinton a inauguré une autre phase de reflux, cette fois après la chute de l'Union soviétique. La politique régionale a également joué un rôle :

> [Le virage de l'armée en faveur des républicains] a aussi été dû à la conjonction de deux phénomènes : les nouvelles politiques de recrutement et de fermeture de bases militaires et la « républicanisation » rapide du sud des États-Unis. Depuis la fin des années 1960, de nombreux programmes de formation d'officiers (ROTC [*]) du Nord-Est ont été supprimés, et ceux du Sud ont été élargis. À la fin des années 1990, plus de 40 % de l'ensemble des ROTC se trouvaient dans le Sud – essentiellement dans des universités d'État –, bien que le Sud n'ait que 30 % des étudiants du pays. La même logique ayant présidé à la fermeture des bases, un nombre disproportionné de militaires se trouvent à présent cantonnés dans des bases du Sud et du Sud-Ouest [2].

1. Ole R. Holsti, « A Widening Gap Between the U.S. Military and Civilian Society ? Some Evidence », 1976-1996, *International Security*, vol. 23, hiver 1999, p. 5-44.
* Reserve Officers' Training Corps (corps d'entraînement des officiers de réserve).
2. Rosa Brooks, « Weaning the Military from the GOP », *Los Angeles Times*, 5 janvier 2007, p. A23.

La dernière raison n'est sans doute pas la moindre : une question de « valeurs » a probablement joué aussi. Plus la société américaine se faisait permissive, plus l'armée (où, dans certaines circonstances, l'adultère est toujours un crime) se raidissait contre elle. La révolution sexuelle, que nous associons volontiers aux années 1960, n'est vraiment « entrée dans les mœurs » que dans les années 1970, comme le souligne le titre de l'un des nombreux romans de John Updike sur l'adultère et la condition humaine, *Memories of the Ford Administration* [Souvenirs de l'administration Ford].

Quand le conservatisme de mouvement est parvenu au pouvoir, il lui a été facile de se draper dans les couleurs nationales – de se proclamer plus ferme que l'autre camp sur la sécurité du pays, et de se prévaloir du soutien d'une large majorité des chefs militaires.

Il serait difficile de prouver que cet avantage des républicains sur la sécurité extérieure, en termes d'image, a joué un rôle crucial dans une élection nationale avant le 11 septembre. Les démocrates en ont tout de même pâti à plusieurs occasions : l'image de Michael Dukakis* dans un tank a contribué à son échec en 1988, et le tollé sur les homosexuels dans l'armée** a facilité la conquête du Congrès par les républicains en 1994. Si les voix des militaires ont fait la différence en

* Ce spot publicitaire montrait le candidat démocrate Michael Dukakis dans un tank, casqué et souriant, tout en énumérant les systèmes d'armes contre lesquels il avait voté et les opérations militaires qu'il avait critiquées, puis concluait : « L'Amérique ne peut pas prendre ce risque. »

** Traditionnellement, les homosexuels n'avaient pas le droit de servir dans l'armée américaine. Clinton, pendant sa campagne de 1992, a promis de faire cesser cette discrimination. Il a pris en fait en 1993 une mesure de « compromis » (que George W. Bush a maintenue) : le militaire *gay* est tenu de ne pas avoir de rapport homosexuel, de garder sa préférence sexuelle secrète et de ne pas contracter mariage avec une personne du même sexe ; s'il respecte ces conditions, les autorités militaires n'ont pas le droit d'enquêter sur sa sexualité et de le chasser de l'armée. Aux législatives de 1994, les républicains ont largement exploité ce thème contre les démocrates.

2000, celles de nombreux autres groupes sociaux aussi. Dans une élection aussi serrée, tout apport de quelques milliers de suffrages au parti républicain peut être considéré comme décisif.

C'est seulement avec les élections de 2002 et 2004 que la sécurité nationale est devenue un facteur déterminant de victoire électorale. Avec une vague de scandales dans les entreprises, une économie déprimée et la tendance bien connue qui veut que le parti du président perde des sièges aux élections de mi-mandat, les républicains auraient dû reculer en 2002, ce qui aurait donné aux démocrates le contrôle du Sénat et peut-être aussi de la Chambre des représentants. Or le pays a fait bloc autour de George Bush, qui promettait de punir les « bandits » coupables du 11 septembre et de ramener Oussama Ben Laden mort ou vif. Et le parti de Bush s'est livré à une exploitation politique grossière de l'horrible attentat : dans certains spots publicitaires, les visages des démocrates se transformaient en celui de Saddam Hussein. Tout cela s'est soldé par une victoire retentissante du parti républicain.

Quand l'élection de 2004 a eu lieu, les doutes grandissaient sur la guerre d'Irak, mais une grande partie de l'électorat était toujours dans le déni. À la veille de l'élection, la majorité des électeurs croyaient encore que les États-Unis avaient pris « la bonne décision » en envahissant l'Irak et/ou qu'ils étaient sur le chemin de la victoire[1]. Et il est presque certain que la sécurité nationale a donné à Bush la marge qui lui a permis de gagner.

Au lendemain immédiat de l'élection de 2004, on a vu beaucoup d'analyses conclure que l'avantage prêté aux républicains en matière de sécurité nationale allait contribuer à cimenter une majorité républicaine permanente. Ainsi, Thomas Edsall, auquel j'ai déjà reconnu le mérite d'avoir écrit

---

1. Voir Christopher Gelpi, Jason Reifler et Peter Feaver, « Iraq the Vote » (photocopie, Duke University, 2005).

en 1984 le livre prophétique *The New Politics of Inequality*, a soutenu dans son ouvrage de 2006, *Building Red America* [Construire l'Amérique républicaine], que la sécurité nationale serait un atout durable pour le parti républicain : « L'image de faiblesse en matière de défense qui colle à la peau du parti démocrate prend une importance considérable dans le contexte d'une "guerre longue"[1]. »

On pourrait pourtant soutenir, avec de bons arguments, que l'exploitation réussie de la sécurité en 2002 et en 2004 était une stratégie intrinsèquement limitée, et peut-être nécessairement autodestructrice. Lorsque les États-Unis ne sont pas engagés activement dans une grande guerre, la sécurité nationale est moins prégnante. George Bush père l'a appris à ses dépens en 1992 : la guerre du Golfe de 1991 lui avait valu une cote de popularité momentanée de 80 %, mais, un an plus tard, l'opinion pensait d'abord à l'économie et les démocrates ont repris la Maison-Blanche, même si on les croyait faibles sur les problèmes de défense.

Le même scénario a d'abord semblé se dessiner pour Bush fils. À l'été 2002, sa cote de popularité était retombée sur terre et l'opinion s'intéressait aux scandales d'entreprise et au marasme économique. C'est alors qu'est intervenue la marche à la guerre contre l'Irak. Nous ne saurons peut-être jamais pourquoi au juste l'administration Bush voulait cette guerre à ce point-là, mais il est sûr que l'aventurisme militaire donne une importance permanente à la sécurité nationale, domaine dont les républicains se croyaient les maîtres absolus.

Il y avait toutefois un problème, qui n'est que trop clair aujourd'hui : maintenir à l'avant-scène les problèmes de sécurité nationale signifie chercher querelle à des gens qui vont riposter, et dans la vraie vie les méchants tirent mieux que dans les films de Rambo. Le bourbier irakien n'a rien d'un accident : même si les Irakiens nous avaient accueillis avec

---

1. Thomas Edsall, *Building Red America*, Basic Books, 2006, p. 21.

des fleurs et des bonbons, il y aurait eu plus loin un autre bourbier encore pire : « Tout le monde veut aller à Bagdad. Quand on est un homme, on veut aller à Téhéran », confiait un responsable britannique à *Newsweek* en 2002 [1].

De plus, conservatisme de mouvement et effort de guerre ne font pas bon ménage. Dans toute grande mobilisation militaire, on en appelle à l'égale répartition des sacrifices, ce qui signifie augmentation d'impôts, répression contre les profiteurs de guerre trop peu discrets, etc. Les deux guerres mondiales ont renforcé les syndicats, accentué la progressivité de l'impôt et réduit l'inégalité des revenus – tout ce que les conservateurs exècrent. On a beaucoup écrit sur l'impréparation désastreuse de l'après-invasion en Irak. Ce qu'on n'a pas assez souligné, c'est que l'administration Bush *était obligée* de croire qu'on pouvait faire cette guerre à petit prix, parce qu'une évaluation réaliste des coûts du conflit aurait remis directement en cause les réductions d'impôts qu'elle prévoyait. Ajoutons l'esprit d'intransigeance butée que crée la bulle où vivent les conservateurs de mouvement, le copinage et la corruption inhérents à leur mode de gouvernement, et l'on voit bien que l'aventure irakienne était d'emblée vouée à l'échec.

La sécurité nationale semble avoir donné au conservatisme de mouvement, en 2002 et 2004, deux victoires électorales qu'il n'aurait pas pu remporter autrement : elles ont prolongé de quatre ans la durée de vie naturelle du contrôle républicain sur le Congrès et sur la Maison-Blanche. Je n'entends pas minimiser les effets de ces « prolongations » : ils se feront sentir dans les décennies qui viennent, notamment à la Cour suprême. Mais au stade où nous en sommes, la défense ne devrait plus rester un facteur de supériorité pour les conservateurs.

1. « Periscope », *Newsweek*, 19 août 2002, p. 4.

La minorité morale*

> Nous estimons que la pratique de la sodomie déchire le tissu social, contribue à briser sa cellule élémentaire, la famille, et stimule la diffusion de maladies dangereuses et transmissibles. Le comportement homosexuel est contraire aux vérités fondamentales, immuables, établies par Dieu, reconnues par les fondateurs de notre pays et partagées par la majorité des Texans.

C'est là ce que déclare le programme 2006 du parti républicain du Texas, qui s'engage aussi à « dissiper le mythe de la séparation de l'Église et de l'État ».

Sur le rôle de la religion et des valeurs morales dans la politique de l'inégalité, on peut se poser deux questions distinctes. La première : jusqu'à quel point les croyants qui n'acceptent pas la séparation de l'Église et de l'État – ceux que la journaliste Michelle Goldberg appelle, dans son livre terrifiant *Kingdom Coming*, les nationalistes chrétiens – ont-ils conquis le parti républicain [1] ? Et la question de Thomas Frank : jusqu'à quel point est-ce la mobilisation des « électeurs attachés aux valeurs » – le recours aux clivages sur les valeurs pour changer de sujet et esquiver le problème du beurre dans les épinards – qui a permis au parti républicain d'appliquer un programme économique antipopulaire ?

À la première question, l'impact de la droite chrétienne sur le parti républicain, la réponse est claire : son influence est effectivement très forte. Le programme des républicains du Texas ne reflète pas des idées marginales au sein du parti, c'est bien ce que pense la base militante, mais elle ne l'exprime en public, en général, que sous une forme édulcorée. On peut d'ailleurs s'étonner du temps qu'il a fallu aux observateurs

---

* On sait que la droite chrétienne prétend représenter la *Moral Majority*, la majorité des Américains, attachée selon elle à la religion et aux « valeurs morales ».

1. Michelle Goldberg, *Kingdom Coming : The Rise of Christian Nationalism*, W.W. Norton, 2006.

politiques pour mesurer toute l'ampleur de cette influence de la droite chrétienne. Il s'explique en partie par l'habileté de l'administration Bush à émettre des messages que seul peut entendre le public cible. Exemple classique : quand Bush s'est présenté comme un « conservateur compatissant », la plupart des gens ont compris qu'il s'engageait à ne pas démanteler le filet de sécurité sociale. En réalité, c'était une allusion à la pensée de Marvin Olasky, un auteur de la droite chrétienne : son livre *The Tragedy of American Compassion* [La Tragédie de la compassion américaine], paru en 1992, donnait en exemple le système d'aide sociale de l'Amérique du XIXe siècle, où des organisations privées à base confessionnelle dispensaient simultanément l'assistance et la religion ; et Olasky citait et approuvait la condamnation, par des auteurs de l'Âge doré, des « doux criminels bien intentionnés, au cœur tendre, qui veulent une charité sans discrimination [1] ».

Au printemps 2007, la gestion du département de la Justice par l'administration Bush a fini par être examinée de près, et on s'est alors rendu compte que ce ministère était tombé en grande partie sous la coupe de la droite chrétienne. Plusieurs postes clés avaient été confiés à des diplômés de la Regent University, l'école fondée et gérée par l'évangéliste Pat Robertson. Le service des droits civiques avait en grande partie réorienté son travail : au lieu de défendre les droits des minorités, il protégeait désormais les efforts d'évangélisation. Dans la Food and Drug Administration, Bush a nommé W. David Hager, le coauteur d'*As Jesus Cared for Women* – un livre qui recommande la lecture de certains passages des Écritures pour traiter le syndrome prémenstruel –, au comité consultatif sur la santé génésique (Reproductive Health Advisory Committee). Et Hager a joué un rôle crucial dans la décision de différer l'approbation de la « pilule du lendemain » [2]. La personne choisie par Bush en 2006 pour diriger

1. Marvin Olasky, *The Tragedy of American Compassion*, Regnery, 1992, p. 227.
2. M. Goldberg, *Kingdom Coming*, *op. cit.*, p. 150.

les services du planning familial du département de la Santé, le docteur Eric Keroack, travaillait dans un centre chrétien de conseils sur la grossesse qui juge la distribution de contraceptifs « humiliante pour les femmes »[1]. Et il y a bien d'autres exemples.

La droite chrétienne dont nous parlons ici n'est pas un simple regroupement de personnes qui associent foi religieuse et opinions conservatrices. Comme le dit Michelle Goldberg dans *Kingdom Coming*, le nationalisme chrétien vise la « domination ». C'est une « idéologie politique totalisante » qui « pose le droit des chrétiens à gouverner »[2]. L'influence de cette idéologie sur le parti républicain moderne est aujourd'hui si forte qu'on peut se demander qui utilise qui – si ce sont les conservateurs de mouvement qui se servent de la religion pour détourner l'attention des masses, comme l'a soutenu Thomas Frank, ou si ce sont les organisations religieuses qui ont embrigadé les grands intérêts d'affaires dans leur stratégie de conquête du pouvoir.

L'important pour notre analyse actuelle, c'est de relativiser le poids *électoral* de la droite religieuse. C'est une mouvance bien organisée qui peut jouer un rôle crucial dans des élections serrées, mais son importance numérique n'est pas suffisante pour permettre aux conservateurs de mouvement de poursuivre des politiques économiques terriblement impopulaires. Les Blancs pratiquants votent très majoritairement républicain depuis 1992, ce qui n'était pas le cas avant. Cette observation appelle toutefois deux réserves. D'abord, cette réorientation se confond en grande partie avec le ralliement du Sud au parti républicain, puisque cette région est beaucoup plus religieuse que le reste du pays. Deuxièmement, la divergence entre les éléments très religieux et ceux qui le sont moins s'est traduite politiquement par un mouvement dans

1. « Bush Choice for Family-Planning Post Criticized », *Washington Post*, 17 novembre 2006, p. A01.
2. M. Goldberg, *Kingdom Coming*, *op. cit.*, p. 7.

les deux sens. Laïcs et chrétiens modérés se sont tournés vers les démocrates. C'est pourquoi, quelle qu'ait pu être la mobilisation du vote religieux, elle n'a pas suffi à empêcher les électeurs blancs hors du Sud de soutenir massivement les démocrates.

Répétons-le : mobilisés, les électeurs évangéliques peuvent faire basculer des élections serrées. Sans les Églises, l'Ohio aurait pu donner la majorité à Kerry en 2004, ce qui assurait sa victoire nationale. Néanmoins, en tant qu'explication du succès politique des conservateurs, la religion est très loin derrière le racisme.

Travailleurs sans droits politiques...

Il faut ajouter un autre ingrédient au cocktail des explications du succès politique conservateur. L'« électeur votant » moyen est plus aisé, et de loin, que la famille moyenne, pour deux raisons : les citoyens pauvres sont moins assidus que les riches à venir voter, et beaucoup de résidants à faible revenu ne sont pas citoyens américains. Dans ces conditions, les politiques économiques qui bénéficient à une minorité prospère mais nuisent à la majorité ne sont pas nécessairement vouées à l'échec dans les urnes. Par exemple, le Tax Policy Center, organisme non partisan, a réalisé plusieurs estimations de l'effet ultime des réductions d'impôts de Bush sur les différentes catégories de revenus, en supposant que les rentrées fiscales perdues sont compensées de telle ou telle manière, disons par une baisse des prestations sociales. Une de ces estimations suppose un financement « forfaitaire » : on soustrait une même somme à l'aide de l'État que reçoit chaque Américain, quel que soit son revenu. Dans cette hypothèse, quiconque a un revenu inférieur à 75 000 dollars environ est un perdant net. Ce qui représente à peu près 75 % de la population. Certes, ceux qui gagnent entre 50 000 et 75 000 dollars ne perdent pas grand-chose. Les réductions d'impôts devraient être impopulaires malgré tout, puisque 60 % de la population a des revenus inférieurs à 50 000 dollars par an. Mais les statistiques du Bureau du recensement nous apprennent que moins de 40 % des *électeurs qui votent* ont des revenus inférieurs à 50 000 dollars par an. Donc, les réductions d'impôts ne sont peut-être pas vouées à provoquer l'échec électoral, en fin de compte.

McCarty, Poole et Rosenthal présentent des chiffres suggérant que le décalage vers le haut des revenus des électeurs votants par rapport à ceux de l'ensemble des résidants des États-Unis a nettement augmenté depuis le début des années 1970. L'une des raisons est peut-être le déclin des syndicats, qui jusque-là faisaient beaucoup pour mobiliser les électeurs de la classe ouvrière. Une autre est l'augmentation rapide de la population immigrée, notamment depuis 1980 [1].

À long terme, l'immigration contribuera à miner la stratégie politique des conservateurs de mouvement, pour des raisons que j'expliquerai en détail au chapitre 10. En gros, ils ne peuvent pas en même temps faire appel implicitement au racisme des électeurs blancs et courtiser les Hispaniques et les Asiatiques dont le poids électoral grandit. De fait, les problèmes que le chevauchement entre immigration et racisme crée au parti républicain se sont déjà clairement manifestés aux élections de 2006. Mais, au cours des vingt-cinq dernières années, l'immigration a renforcé la position des conservateurs de mouvement en réduisant le pourcentage des travailleurs à bas salaires dans l'électorat.

Comme je l'ai rappelé au chapitre 2, l'immigration massive a contribué au maintien de la domination conservatrice durant le Long Âge doré, puisqu'elle signifiait qu'un pourcentage important de la population active mal rémunérée n'avait pas le droit de vote. En mettant fin à cette immigration dans

1. N. McCarty, K. Poole et H. Rosenthal, *Polarized America*, *op. cit.*, p. 124.

les années 1920, on a involontairement augmenté la proportion d'électeurs dans la population, ce qui a contribué à déplacer le centre de gravité politique vers la gauche. Cependant, la résurgence de l'immigration depuis les années 1960 – essentiellement caractérisée par l'afflux de travailleurs à faible qualification et à bas salaire, venus en particulier du Mexique – a rétabli en grande partie le pourcentage de « résidants sans droits politiques » de l'Âge doré. Les graphiques de McCarty, Poole et Rosenthal suggèrent que l'immigration est un facteur important, mais pas écrasant, dans la piètre participation électorale des personnes à faible revenu : elle contribue au succès des conservateurs sans en être le motif principal. Quand ils abordent les problèmes de réforme de l'immigration, les libéraux devraient toutefois réfléchir sérieusement à cet effet de « restriction du droit de vote » des travailleurs.

... ou privés de vote

Dernière question, incontournable : la fraude. Dans quelle mesure la stratégie politique du conservatisme de mouvement compte-t-elle sur la triche pour gagner les élections ? Écartons d'emblée les objections du type : « Comment pouvez-vous imaginer une chose pareille ? » La fraude électorale est une vieille tradition américaine : je l'ai rappelé en évoquant la politique de l'Âge doré. Et le conservatisme de mouvement est, depuis toujours, profondément antidémocratique. En 1957, nous l'avons dit, la *National Review* qualifiait de « héros national » le général Franco qui avait renversé le gouvernement élu de l'Espagne et instauré un régime de terreur. En 2007, tous les grands candidats républicains à la présidence, sauf John McCain*, sont allés faire un discours devant le

* L'absence de John McCain est compréhensible, puisqu'il a été à l'origine d'une loi (certes inefficace) pour limiter le rôle de l'argent privé dans les campagnes électorales : le McCain-Feingold Act de 2002.

« comité d'action politique » conservateur. Après s'être exprimé, l'ex-gouverneur du Massachusetts Mitt Romney a chaleureusement passé la parole à l'oratrice suivante, l'éditorialiste Ann Coulter[1], qui a déclaré : il nous faut « intimider physiquement les libéraux ». Avec une telle histoire, il n'y a aucune raison de croire que les grandes figures du mouvement répugneraient, sur le principe, à frauder aux élections.

Il est d'ailleurs incontestable que la suppression de suffrages – en empêchant par tous les moyens des électeurs probablement démocrates, en général afro-américains, de glisser dans l'urne un bulletin valable – est une tactique républicaine constante depuis que les conservateurs de mouvement se sont emparés du parti. En 2000, la secrétaire d'État républicaine de Floride, Katherine Harris, a effectué, comme l'a écrit le *New York Times*, une « purge massive d'électeurs régulièrement inscrits », qui dans leur écrasante majorité étaient des Noirs, en les considérant à tort comme des repris de justice*. Sans cette purge, George W. Bush ne serait pas entré à la Maison-Blanche[2]. En Géorgie, l'Assemblée législative républicaine a adopté en 2005 une loi d'identification des électeurs ; un groupe de juristes et d'analystes du département de la Justice en a aussitôt recommandé le rejet, en faisant valoir qu'elle serait probablement discriminatoire à l'égard des électeurs noirs ; dès le lendemain, leurs supérieurs, nommés aux postes clés sur critères politiques, l'ont tout de même

1. www.pfaw.org/pfaw/general/default.aspx?oid=1625.

* Sans les conditions très spéciales du vote dans l'État de Floride, dont le gouverneur était son frère Jeb Bush, George W. Bush n'aurait pu devenir président en 2000. La Floride avait décidé de retirer le droit de vote aux repris de justice, puis radié des listes électorales quantité de Noirs homonymes de condamnés (probables électeurs démocrates), mais maintenu les Hispaniques (souvent cubains anticastristes), même condamnés – à cause d'une curieuse « erreur méthodologique » (voir Paul Krugman, *L'Amérique dérape*, *op. cit.*, p. 469-470).

2. « How America Doesn't Vote », *New York Times*, 15 février 2004, section 4, p. 10.

approuvée[1]. Et cet épisode s'inscrivait dans une stratégie générale qui, selon une démarche typique du conservatisme de mouvement, impliquait la collaboration d'amis politiques nommés à de hautes fonctions dans l'État et des opérations du secteur privé, financées par les sources habituelles, en l'occurrence l'American Center for Voting Rights fondé par l'avocat-conseil de la campagne Bush-Cheney de 2004 – cet organisme a soudainement disparu en 2007, quand le licenciement des procureurs américains qui refusaient de donner suite à des affaires trafiquées d'« électeurs fraudeurs » est devenu un scandale majeur*. Voici comment McClatchy Newspapers a décrit cette stratégie :

- McClatchy Newspapers a découvert que cette stratégie électorale était à l'œuvre au moins sur trois fronts :
- Des organismes exemptés d'impôts comme l'American Center et la Lawyers Association allaient dans les États disputés faire pression pour des lois d'identification restrictives et superviser les opérations électorales.
- Le service des droits civiques du département de la Justice avait inversé sa mission traditionnelle – faire respecter le droit de vote – en prenant des décisions juridiques qui réduisaient les droits des minorités au lieu de les protéger.
- La Maison-Blanche et le département de la Justice encourageaient certains procureurs choisis à poursuivre des électeurs pour fraude, malgré les études qui prouvent que ce type de fraude n'est guère répandu[2].

Donc, la suppression de suffrages est une composante de la stratégie politique du conservatisme de mouvement. Elle

1. « Criticism of Voting Law Was Overruled », *Washington Post*, 17 novembre 2005, p. A01.

* En 2006, en raison de leur attitude dans des affaires de fraude électorale, huit procureurs fédéraux ont été licenciés d'autorité par l'administration Bush (comme le lui permettent les dispositions du Patriot Act, la loi d'exception votée après le 11 septembre et prorogée en 2005).

2. « Was Campaigning Against Voter Fraud a Republican Ploy ? », bureau de Washington de McClatchy, 1er juillet 2007, www.mcclatchydc.com/homepage/story/17532.html.

peut être décisive dans des élections serrées : du point de vue quantitatif, elle se situe donc dans la même catégorie que la mobilisation de la droite religieuse, mais elle n'est pas comparable à l'exploitation de la « riposte blanche » raciste, qui est toujours au cœur du succès électoral du conservatisme de mouvement.

Reste la question vraiment terrifiante : la triche électorale est-elle allée, ou ira-t-elle, au-delà de la suppression de suffrages, pour trafiquer le décompte des voix lui-même ? Le plus inquiétant à cet égard, ce sont les machines à voter électroniques à écran tactile*. En août 2007, l'État de Californie a imposé de sévères restrictions à leur usage après un audit mené par des experts de l'université de Californie, qui avait confirmé les pires craintes des militants antifraude. Les machines de Diebold, Sequoia et des autres grands fournisseurs sont, de fait, extrêmement vulnérables au piratage qui modifie les résultats des élections. Ce qui soulève une question à laquelle je ne veux même pas essayer de répondre : y a-t-il eu fraude électronique en 2002 et 2004, et peut-être en 2006 ? Plus grave : les tendances politiques positives que j'ai évoquées au chapitre précédent peuvent-elles être annulées par une intensification de la fraude ? Quand on connaît l'histoire du conservatisme de mouvement, on ne peut pas écarter d'emblée ce type d'inquiétudes, n'y voir qu'absurde théorie du complot. S'il y a fraude électorale à grande échelle, rien n'est écrit, toutes les prévisions tombent – et l'Amérique est dans une situation bien pire que même les pessimistes ne le pensent.

* Sur les possibilités de fraude qu'offrent les machines à voter à écran tactile sans traces papier, voir Paul Krugman, *L'Amérique dérape*, *op. cit.*, notamment p. 468.

Les limites de la diversion

Donc, quel est le problème aux États-Unis ? Pourquoi des candidats qui préconisent des mesures nuisibles à la plupart des gens réussissent-ils à gagner les élections ? Parce que les conservateurs de mouvement ont trouvé des moyens sûrs de détourner l'attention des électeurs et de les amener à voter contre leur propre intérêt ? L'explication n'est pas entièrement fausse, mais elle a été beaucoup surestimée. En fait, si les conservateurs ont pu gagner en dépit de leurs politiques antipopulaires, c'est essentiellement par exploitation du racisme. L'effet, certes réel, de la religion, de l'appel aux valeurs morales, a été beaucoup moins important ; la sécurité nationale a été décisive en 2002 et 2004, pas avant. Et il semble bien que la plupart des moyens qu'a trouvés le conservatisme de mouvement pour détourner l'attention de l'électorat soient en train de perdre leur efficacité. Les intolérances raciale et sociale régressent, et la débâcle irakienne a beaucoup discrédité le parti républicain sur les questions de sécurité nationale. Simultanément, on se préoccupe de plus en plus de l'inégalité et de l'insécurité économiques. Bref, c'est une occasion politique à saisir pour ceux qui pensent que nous allons dans la mauvaise direction. Dans la suite de ce livre, nous allons esquisser les contours de cette possibilité qui se dessine, et réfléchir à ce qu'il faut en faire.

10

LA NOUVELLE POLITIQUE DE L'ÉGALITÉ

La victoire démocrate aux élections de mi-mandat 2006 a été un choc pour beaucoup, même si les sondages l'avaient annoncée longtemps à l'avance. De nombreux analystes s'étaient investis, émotionnellement et professionnellement, dans l'idée de la supériorité politique écrasante des républicains. J'ai toute une étagère de livres parus en 2005 et 2006 pour expliquer avec douleur, triomphalisme ou simple stupeur admirative que, grâce à son organisation supérieure, à l'ardeur de ses partisans, à son avantage financier, à sa domination sans partage sur les enjeux de sécurité nationale et – selon certaines analyses – à son aptitude à truquer les élections, le parti républicain était devenu invincible. Persuadés que les républicains avaient une emprise solide sur le pouvoir, certains ne pouvaient croire ce que répétaient les sondages : que le peuple en avait assez.

Même après les résultats, il y a eu une réticence visible à admettre pleinement ce qui s'était passé. Pendant des mois, de nombreuses analyses ont soutenu l'une des deux thèses suivantes : les démocrates n'avaient gagné que de justesse, et/ou les démocrates n'avaient gagné qu'en se montrant conservateurs. La première est absolument fausse et la seconde presque entièrement.

À la Chambre des représentants, la nouvelle majorité démocrate n'est pas étroite : elle est plus large que toutes les majorités républicaines durant leurs douze années de règne. Au Sénat, elle est des plus minces, mais parvenir à un tel résultat alors qu'au départ il manquait cinq sièges aux démocrates était déjà proche du miracle, puisque le Sénat se renouvelle par tiers. En fait, les démocrates et leurs alliés indépendants ont remporté vingt-quatre des trente-trois sièges de sénateur remis en jeu. Les démocrates ont également six gouverneurs de plus et ils ont pris le contrôle de huit assemblées législatives d'État.

Ont-ils gagné en devenant conservateurs ? Cette thèse n'est que légèrement moins erronée. Certains des nouveaux visages, au Congrès, sont des démocrates élus dans des circonscriptions assez conservatrices, et ils sont eux-mêmes un peu plus conservateurs que le démocrate moyen. Cependant, tous les démocrates restent à la gauche de tous les républicains, si bien que le changement de majorité a radicalement déplacé l'équilibre politique vers la gauche [1]. La comparaison vraiment pertinente, d'ailleurs, doit s'établir entre la majorité démocrate d'aujourd'hui et celle de 1993-1994, dernière période où le parti a contrôlé le Congrès. La nouvelle majorité, qui ne dépend pas d'une aile de démocrates conservateurs du Sud, est à tous égards beaucoup plus libérale. Si Nancy Pelosi, la nouvelle présidente de la Chambre des représentants (*Speaker of the House*), a fait les gros titres des journaux parce qu'elle est la première femme à exercer ces fonctions, elle est aussi le *Speaker* le plus progressiste de tous les temps.

Comment interpréter la victoire démocrate, le virage à gauche du Congrès ? Est-ce un événement aberrant, un effet de l'incompétence spéciale de l'administration Bush ? ou le signe d'un réalignement politique fondamental ?

Nul ne peut être entièrement sûr de la réponse. Dans ce chapitre, je vais donner les arguments qui portent à croire que l'élection 2006 n'est pas une aberration, qu'aujourd'hui

---

1. Mise à jour de McCarty, Poole et Rosenthal à l'adresse : http://voteview.com/hou110.htm.

l'opinion publique américaine est prête pour le changement. Pour une nouvelle politique de l'égalité. Toutefois, la concrétisation de cette nouvelle politique n'est nullement acquise. Elle n'aura lieu que si les responsables démocrates saisissent la balle au bond.

L'inégalité fait mal

« Globalement, êtes-vous satisfait ou insatisfait de la façon dont vont les choses aux États-Unis en ce moment ? » a demandé l'institut de sondage Gallup en juin 2007. 24 % se sont dits satisfaits, 74 % insatisfaits. À l'heure où j'écris ces lignes, pendant l'été 2007, les Américains sont très mécontents de la direction que prend le pays.

Le bourbier irakien y est pour beaucoup. Mais il est remarquable de constater à quel point l'humeur nationale semble avoir été peu rassérénée par une économie qui paraît, à première vue, tout à fait bonne. Le produit intérieur brut est en croissance depuis près de six ans ; le taux de chômage n'est que de 4,5 %, comparable à son niveau de la fin des années 1990 ; le marché boursier bat de nouveaux records. Pourtant, quand l'institut Gallup a posé la question : « Comment qualifieriez-vous la situation économique dans ce pays ? » un tiers seulement des personnes interrogées a répondu « excellente » ou « bonne ». À la fin de la décennie 1990, le pourcentage était deux fois supérieur.

Les conservateurs ont pris pour bouc émissaire les médias : les journalistes ne rapportent pas les bonnes nouvelles sur l'économie – comme ils les taisent sur l'Irak. Plus sérieusement, il est probable que la rancœur suscitée par la guerre colore les idées sur les autres sujets. Il est toutefois intéressant de relever qu'en 1968 – l'année de l'offensive du Têt, des gigantesques manifestations antiguerre, sur fond de terrible impression d'effondrement général, comme je l'ai rappelé au chapitre 5 – l'indice de confiance des consommateurs était beaucoup plus élevé qu'en cet été 2007 [1]. J'en déduis que le désarroi créé par d'autres aspects de la situation nationale n'a que des retombées limitées sur ce plan. L'insatisfaction que la situation économique inspire actuellement à l'opinion ne saurait donc être une simple projection du rejet de la guerre. Et il y a un argument encore plus fort : la plupart des Américains ont d'excellentes raisons d'être mécontents de l'état de l'économie. Avec l'ascension de l'inégalité, la bonne tenue de chiffres globaux comme le PIB ne s'est pas traduite par des gains pour les travailleurs ordinaires.

L'actuelle déconnexion entre la croissance économique globale et le sort de la grande majorité des Américains est, à ma connaissance, sans précédent dans l'histoire moderne des États-Unis. L'inégalité était forte durant le Long Âge doré, mais, comme elle était stable, le niveau de vie de la plupart des travailleurs s'améliorait à bon rythme pendant les périodes de croissance. Dans la grande expansion d'après guerre, qui a pris fin en 1973, la croissance était largement partagée. Même quand les écarts de revenus ont commencé à s'élargir à la fin des années 1970, l'expression « économie en croissance » est restée synonyme de « gains pour pratiquement tout le monde ». Si l'inégalité s'est accrue dans les années 1980, l'expansion de l'économie à partir de 1982 a tout de même été assez forte pour permettre à Reagan de proclamer « le Matin de l'Amérique » en 1984 et pour faire élire le premier George Bush en 1988. Les revenus ont eu beau continuer à diverger dans les années 1990, la reprise qui a suivi la crise de 1990-1992 a malgré tout provoqué une amélioration spectaculaire du moral des Américains.

À l'inverse, la stagnation des salaires et du revenu médian dans un contexte d'expansion économique globale est aujourd'hui si évidente que la façon dont la population perçoit le

1. Voir Sydney Ludvigson, « Consumer Confidence and Consumer Spending », *Journal of Economic Perspectives*, vol. 18, n° 2, printemps 2004, p. 29-50. Source des chiffres actuels : www.pollingreport.com.

comportement de l'économie semble désormais sans lien avec les indices traditionnels qui le mesurent. Les années qui se sont écoulées depuis 2001, nous l'avons vu, sont du type « Bill Gates entre dans un bar » : la moyenne augmente mais cela ne change rien pour la plupart des gens. Pour le dire sans métaphore, les profits des entreprises sont montés en flèche – ils sont aujourd'hui, en pourcentage du PIB, les plus élevés depuis 1929 – et les plus hauts revenus aussi. En revanche, les salaires de la plupart des actifs ont à peine suivi le rythme de l'inflation. Ajoutons le sentiment croissant d'insécurité, dû en particulier à l'effondrement du système d'assurance maladie (sur lequel nous reviendrons longuement au chapitre 11), et il est parfaitement raisonnable d'être pessimiste face à la conjoncture économique.

Les sondages suggèrent aussi que la population comprend l'importance de l'aggravation de l'inégalité, et qu'elle est favorable à une action de l'État pour la réduire. La vaste enquête du centre Pew sur les évolutions de fond de l'opinion le montre bien. Les pourcentages d'approbation des énoncés : « Les riches s'enrichissent et les pauvres s'appauvrissent », « L'État est tenu d'aider les nécessiteux », « On doit garantir à tout le monde le gîte et le couvert », sont montés à des niveaux qu'on n'avait pas vus depuis le début des années 1990 [1]. Bref, une occasion se dessine de lancer une grande offensive politique contre l'inégalité et/ou l'insécurité économique.

La ressemblance entre les sondages actuels et ceux du début des années 1990 paraîtra peut-être inquiétante : c'est l'insatisfaction économique qui a fait élire Bill Clinton en 1992, et, lorsqu'il a tenté de faire voter la réforme de l'assurance maladie – qui doit être, je le soutiendrai longuement au chapitre 11, le pilier de tout programme de réforme progressiste –, il a totalement échoué. Ce revers parlementaire a été

1. *Trends in Political Values and Core Attitudes, 1987-2007* (Pew Research Center for People and the Press, mars 2007) : http://people-press.org/reports/pdf/312.pdf.

suivi par une défaite électorale : la déroute de 1994, qui a donné aux républicains le contrôle du Congrès. Il est donc normal de se demander si l'histoire va se répéter.

Mais il y a plusieurs raisons de croire que non, ou du moins que ce n'est pas fatal.

La première est simple : même avec le recul, l'échec de Clinton sur l'assurance maladie n'apparaît pas inévitable, loin de là. En dirigeant mieux les choses, en communiquant mieux avec le Capitole et l'opinion, il aurait pu aborder 1994 avec, à son actif, un succès majeur en politique intérieure. Même quand son offensive initiale a mordu la poussière, un groupe de démocrates et de républicains modérés a proposé un compromis qui aurait couvert 85 % des non-assurés. Hillary Clinton a rejeté leur offre.

Un autre argument est plus fondamental : le mécontentement économique actuel risque beaucoup moins de céder la place à d'autres préoccupations que celui du début des années 1990. En 1992, les Américains étaient déprimés par la situation économique parce que l'économie, en bloc, était elle-même déprimée : le taux de chômage dépassait très largement les 7 %. Avec la reprise, l'enjeu économique a perdu beaucoup d'importance. En particulier, quand davantage d'Américains ont retrouvé un emploi assorti d'une assurance maladie garantie, la pression pour la réforme du système de santé s'est évanouie. (Cela tient aussi, en partie, au succès des HMO*, qui, durant l'essentiel des années 1990, ont paru contenir les coûts. Nous en dirons davantage, là encore, au chapitre 11.) Mais aujourd'hui, les Américains sont inquiets pour leur situation financière, et pour l'état de l'économie, même après des années de croissance tout à fait satisfaisante, avec un taux de chômage qui n'est pas loin de ses niveaux historiques

---

* Les *Health Management Organizations* sont des entreprises privées regroupant des professionnels de la santé autour d'une compagnie d'assurances, dans une optique de gestion intégrée des soins et de limitation des coûts (voir *infra*, p. 279-281).

les plus bas. L'exigence d'une intervention de l'État en faveur de l'Amérique du travail devrait donc s'intensifier et non décroître.

Simultanément, il y a eu un autre changement : tant les évolutions profondes de la société américaine que les événements récents ont compromis l'aptitude des conservateurs de mouvement à changer de sujet, à masquer la réalité de leur soutien aux privilégiés en détournant l'attention du pays sur d'autres problèmes. Une des grandes raisons de ce bouleversement est le coup que Bush a porté à la crédibilité de la droite en matière de sécurité nationale.

L'Irak et la nouvelle politique de sécurité nationale

Comme l'a rappelé Chris Hedges dans son livre de 2002, *War Is a Force that Gives Us Meaning* [La guerre est une force qui nous donne « du sens »], même la junte argentine du début des années 1980, qui avait à son passif l'hyperinflation et l'effondrement économique, est devenue brièvement populaire quand elle a déclenché une guerre absurde avec la Grande-Bretagne en envahissant les Malouines [1]. La cote de popularité de George W. Bush après le 11 septembre, extrêmement élevée, était due à la même réaction : faire bloc autour du drapeau. Un gouvernement obtient toujours une vague initiale de soutien populaire quand il entre en guerre, si incompétent et corrompu soit-il et si insensée que soit la guerre.

Néanmoins, un président démocrate n'aurait sans doute pas reçu un soutien politique aussi puissant que Bush. Au cours des années Reagan et Bush père, les républicains

1. Chris Hedges, *War Is a Force That Gives Us Meaning*, PublicAffairs, 2002.

s'étaient fait une solide réputation de fermeté, et on les croyait plus énergiques que les démocrates sur les questions de sécurité nationale. La question n'est pas de savoir si cette réputation a jamais eu le moindre fondement réel ; l'important, c'est que le 11 septembre s'est inscrit dans un scénario préexistant. On aurait pu se demander si Bush fils avait ignoré certains avertissements sur la menace, mais ces interrogations ont été laissées de côté. Le succès initial en Afghanistan a été présenté comme un immense exploit de l'administration, comme si renverser le rapport de forces dans une guerre civile du Tiers Monde équivalait au débarquement de Normandie. Quant à des détails aussi insignifiants que la façon dont Oussama Ben Laden a pu s'échapper des montagnes de Tora Bora, on n'y a prêté aucune attention.

Si les choses avaient suivi leur cours normal, l'enjeu de la sécurité nationale aurait dû perdre peu à peu son importance politique, exactement comme après la guerre du Golfe. Mais Bush et son entourage ont trouvé moyen de perpétuer la psychologie de guerre. Nous avons maintenant une idée assez claire de la façon dont ils ont vendu à l'Amérique la guerre contre l'Irak : informations « spécialement choisies » des services secrets, lourde insistance rhétorique sur un lien entre l'Irak et le 11 septembre, etc. Ce qui est moins clair, c'est pourquoi l'administration voulait attaquer un régime qui n'avait rien à voir avec le 11 septembre. Toutefois, il paraît à peu près certain que l'intérêt politique intérieur d'une splendide petite guerre était bien compris, et qu'il a joué un rôle important dans la décision d'envahir. Aujourd'hui tristement célèbre, la séance photo « Mission accomplie », avec atterrissage spectaculaire de Bush sur le pont d'un porte-avions*, était, dans une large mesure, la raison d'être de la guerre. Et

* Le 1er mai 2003, non loin des côtes californiennes, le président Bush en tenue de pilote de chasse atterrit sur le pont du porte-avions *USS Abraham Lincoln*, où a été dressée une banderole « Mission accomplie », pour proclamer devant les caméras la fin victorieuse de la guerre d'Irak.

l'effet a été étonnamment long. Même si l'on n'avait pas trouvé d'armes de destruction massive, même si le nombre de morts américains augmentait, il a fallu plus de deux ans de guerre avant qu'une majorité d'Américains se mette à dire régulièrement aux instituts de sondage que l'invasion de l'Irak avait été une erreur.

Mais à partir de là, l'aversion pour la guerre d'Irak a dominé la politique américaine. Il pourrait s'agir d'un simple phénomène de court terme ; pour ce qui nous occupe dans ce livre, toute la question est de savoir si la débâcle irakienne va avoir une influence durable en changeant le paysage politique. Je pense que oui.

Dans l'idéal, la population va conclure : si nous voulons gagner une guerre, n'embauchons pas un conservateur de mouvement. Prenons un libéral, ou au moins un républicain de type Eisenhower. L'échec en Irak était peut-être inévitable. Il reste que, si les États-Unis avaient la moindre chance de succès, elle a été gâchée par des erreurs inhérentes au conservatisme de mouvement. L'optimisme débordant de Bush, en particulier, et sa tentative pour faire la guerre à bon marché, avec un nombre minimal de soldats au sol, coulaient de source puisqu'il voulait réduire les impôts. Admettre franchement qu'une guerre est une entreprise coûteuse et risquée aurait suscité des appels au partage des sacrifices ; lors des deux guerres mondiales, ne l'oublions pas, les impôts des riches ont augmenté et l'inégalité diminué. Mais l'administration Bush avait l'intention d'utiliser la guerre pour promouvoir son programme intérieur, qui aggravait l'inégalité. Guerre éclair, revue de la victoire et nouveau train de réductions d'impôts : tel était le scénario prévu. Il était donc nécessaire de supposer que tout serait facile, et de récuser les avertissements des experts, qui jugeaient fort peu probable que les choses se passent ainsi.

En outre, le copinage, qui est un trait essentiel du conservatisme de mouvement, a éminemment contribué à l'échec de la reconstruction de l'Irak. Les postes cruciaux ont été confiés à des loyalistes inexpérimentés. Les travaux bâclés de contractants introduits en haut lieu sont restés impunis : par exemple, la construction d'un nouveau centre de formation de la police où des excréments dégoulinaient du plafond [1]. Et la corruption pure et simple s'est déchaînée. Ces échecs n'étaient pas des accidents : l'usage systématique du pouvoir politique pour distribuer des faveurs aux amis et alliés fait partie de la colle forte qui soude le conservatisme de mouvement. Pour gérer la guerre d'Irak avec efficacité et honnêteté, comme Franklin Roosevelt la Seconde Guerre mondiale, il aurait fallu, au moins un petit peu, s'inspirer du New Deal – et l'idée même était insupportable pour les détenteurs du pouvoir.

Dans le meilleur des cas, je l'ai dit, l'opinion publique déduira de cette expérience que les conservateurs de mouvement sont incapables de défendre vraiment le pays. Au strict minimum, la catastrophe irakienne devrait interdire pour longtemps aux conservateurs de gagner des élections par la pose martiale et le discours guerrier. Les électeurs n'oublieront pas où cela les a menés avec Bush – ils se souviendront qu'un président au verbe agressif et aux airs belliqueux a précipité le pays sans nécessité, en le trompant, dans une guerre désastreuse. Et s'ils ne s'en souviennent pas, les libéraux pourront le leur rappeler. Un sacré bout de temps devrait donc s'écouler avant qu'un autre conservateur de mouvement puisse refaire ce que Bush a fait en 2002 et 2004 : utiliser la sécurité nationale pour dissimuler à l'opinion la nature fondamentalement élitiste et antipopulaire de sa politique.

Cela dit, les conservateurs de mouvement ont remporté des élections même quand l'opinion n'était pas obsédée par la

---

1. La meilleure vue d'ensemble des extravagances de la reconstruction est le livre de Rajiv Chandrasekaran, *Imperial Life in the Emerald City : Inside Iraq's Green Zone*, Knopf, 2006 ; trad. fr. de Gilles Berton et Raymond Clarinard, *Dans la zone verte. Les Américains à Bagdad*, Paris, L'Olivier, 2008. Sur l'école de police, « Heralded Police Academy a "disaster" », *Washington Post*, 28 septembre 2006, p. A01.

sécurité nationale. Le ressort le plus important et durable de cette puissance électorale a été le racisme – l'aptitude à gagner les voix d'une partie des électeurs blancs en alimentant, au moins implicitement, leur peur des Noirs. Cette source de succès ne s'est pas tarie. Cependant, on a de bonnes raisons de penser que la question raciale perd de sa force.

Le racisme s'émousse-t-il ?

En 2002, Ruy Texeira et John Judis ont publié *The Emerging Democratic Majority* [La Majorité démocrate qui se dessine] où ils tentaient d'égaler le livre prémonitoire de Kevin Phillips, *The Emerging Republican Majority* [La Majorité républicaine qui se dessine] (1969). Comme Phillips, ils tiraient argument des grandes évolutions démographiques, qui, disaient-ils, travaillaient pour les démocrates. Si les victoires républicaines de 2002 et 2004 ont paru apporter à leur thèse un démenti cinglant, le scrutin de 2006 l'a ressuscitée. « Cette élection », ont écrit Texeira et Judis dans un article de 2007, « marque la fin de la fugace renaissance républicaine suscitée par la réaction de l'administration Bush aux attentats terroristes du 11 septembre ; on en revient aux tendances politiques et démographiques de fond qui mènent à une majorité démocrate et de centre gauche aux États-Unis [1] ». Ce n'est pas très loin de ce que je pense, mais ma version est plus tranchée. Je dirai que la politique de la « riposte blanche », qui a été essentielle au succès du conservatisme de mouvement, perd de son efficacité pour deux raisons : l'Amérique devient moins blanche et beaucoup de Blancs (pas tous) deviennent moins racistes.

1. Ruy Texeira et John Judis, « Back to the Future : The Re-emergence of the Emerging Democratic Majority », *American Prospect*, juin 2007.

Par « Blancs », je veux dire en fait « Blancs non hispaniques » : la croissance rapide de la population hispanique, passée de 6,4 % de la population totale en 1980 à 12,5 % en 2000, est la principale raison du changement de composition ethnique des États-Unis. Si la population asiatique aussi augmente vite, c'est à partir d'une base plus faible. Les Asiatiques étaient 1,5 % de la population en 1980 et 3,8 % en 2000. La montée de ces deux groupes ethniques est essentiellement due à l'immigration, bien que les Hispaniques aient également un taux de natalité élevé.

L'effet politique immédiat de l'immigration est celui que j'ai souligné dans mon analyse du Long Âge doré : de très nombreux travailleurs à bas salaire n'ont plus le droit de vote, ce qui déplace efficacement le centre de gravité politique vers la droite. Lorsque les immigrés à bas salaires représentent un fort pourcentage de la population active, ceux qui ont le plus à gagner aux politiques favorables à l'égalité sont écartés des urnes, tandis que ceux qui ont le plus à y perdre votent. Si l'histoire s'arrêtait là, le changement de composition ethnique de la population américaine ne serait que le sous-produit d'un processus qui aide les conservateurs et désavantage les libéraux. Elle ne s'arrête pas là. Les nouveaux immigrants sont des « non-Blancs » – du moins aux yeux de beaucoup de Blancs indigènes des États-Unis, et c'est ce qui compte. L'interaction de cette situation avec l'exploitation politique du racisme en Amérique crée une dynamique qui, à mon avis, finira par priver les conservateurs de mouvement de leur arme la plus puissante.

Pour comprendre cette dynamique, il faut bien voir, pour commencer, que l'immigration est un problème qui divise profondément la coalition favorable au conservatisme de mouvement. Les intérêts d'affaires sont pour, parce qu'ils aiment que la main-d'œuvre soit abondante et bon marché. Mais les électeurs mobilisables sur la question raciale, et dont le vote a été essentiel au succès du mouvement, sont aussi de chauds partisans de « l'Amérique aux Américains ». John Judis a esquissé le profil de ces électeurs républicains anti-immigrés :

> Ils ressemblent beaucoup aux électeurs blancs de la classe ouvrière qui sont devenus républicains dans les années 1970 et 1980 par hostilité à la déségrégation et à la contre-culture. Il s'agit, en général, de protestants évangéliques blancs du Sud, du Midwest et de l'Ouest intérieur, à faibles revenus et sans diplômes du supérieur. Ils vivent dans de petites villes et en zones rurales – le plus souvent éloignées des concentrations d'immigrés – et se considèrent comme des « conservateurs »[1].

Cette situation crée donc, au sein du mouvement, un clivage tranché sur la politique d'immigration. Et elle a une conséquence supplémentaire : elle pousse les immigrés « non blancs » dans les bras du parti démocrate, puisqu'il est flagrant qu'une importante composante du parti républicain moderne leur est violemment hostile. C'est déjà ce qui s'est passé en Californie. Pete Wilson, l'ancien gouverneur républicain, a remporté en 1994 une élection particulièrement difficile en concentrant sa campagne sur la lutte contre l'immigration clandestine. Mais, dans les années suivantes, la population hispanique, en croissance en Californie, a réagi en devenant très majoritairement démocrate, ce qui a réorienté la politique de l'État dans un sens fortement progressiste. Même l'élection d'Arnold Schwarzenegger au poste de gouverneur n'a pas changé grand-chose : il a vite compris que, pour être efficace, il devait gouverner comme une sorte d'Eisenhower moderne, à tel point que, comme le maire de New York Michael Bloomberg (qui, dernièrement, s'est déclaré indépendant), on le qualifie souvent de démocrate *de facto*.

Bref, le succès politique du conservatisme de mouvement dépend de l'attrait qu'il exerce sur les Blancs qui n'aiment pas les Noirs. Or il est difficile d'être anti-Noirs sans être en

1. John Judis, « Continental Divide : Why the Immigration Bill Will Never Become Law », *New Republic*, 23 mai 2007.

même temps anti-immigrés. Et puisque le nombre d'immigrés devenus citoyens américains augmente vite, ce qui fait d'eux une force politique de plus en plus puissante, la question raciale, naguère atout maître des conservateurs de mouvement, pourrait bien se muer lentement pour eux en lourd handicap.

Les républicains ont cherché à contenir ce problème en s'efforçant de priver du droit de vote aussi longtemps que possible les immigrés et leurs enfants. Certaines des affaires truquées d'« électeurs fraudeurs » évoquées au chapitre 9 visaient des Hispaniques et non des Noirs. En 2003, quand les juristes du département de la Justice ont unanimement conclu que le plan de redécoupage des circonscriptions du Texas, aujourd'hui tristement célèbre, violait le Voting Rights Act, ils ont souligné qu'il diluait l'influence électorale des Hispaniques. (Les politiques nommés à la tête du département n'ont évidemment pas suivi les juristes : le plan a été appliqué, et les républicains ont gagné cinq sièges au Congrès.) Cela dit, le redécoupage n'a pas empêché les démocrates, portés par une déferlante, de prendre le contrôle de la Chambre des représentants en 2006, et il est difficile de voir dans ces mesures, certes répréhensibles, autre chose qu'une manœuvre dilatoire.

Au-delà du fait que l'Amérique devient moins blanche, il y a une raison plus encourageante de croire que l'exploitation politique du racisme est peut-être sur le déclin. En tant que nation, nous sommes devenus beaucoup moins racistes. La preuve la plus spectaculaire en est la façon dont les Américains répondent aux questions sur un sujet qui autrefois épouvantait les Blancs : le métissage. En 1978, alors que l'ascension du conservatisme de mouvement vers le pouvoir ne faisait que commencer, 36 % seulement des Américains interrogés par l'institut Gallup approuvaient les mariages entre Blancs et Noirs, et 54 % les désapprouvaient. En 1991 encore, seule une majorité relative de 48 % les approuvait. En revanche, en 2002, les mariages interraciaux étaient approuvés par 65 % des Américains. Et en juin 2007, par 77 %.

Tout cela paraît peut-être sans rapport direct avec la politique. Nul ne propose de rétablir les lois qui prohibaient autrefois les mariages interraciaux. Mais l'aptitude de la droite à exploiter les tensions raciales n'a pas grand-chose à voir avec des politiques réelles, et beaucoup avec des émotions primaires. Si ces émotions perdent de leur intensité – et c'est le cas –, la stratégie perd de sa force.

Le reflux du racisme ne se convertit pas en révolution politique immédiate. Il est probable, notamment, que le Sud profond restera un bastion républicain pendant un certain temps. Néanmoins, la stratégie « sudiste » s'effiloche sur les bords, au sens littéral : les États frontaliers, dont fait aujourd'hui partie la Virginie, deviennent de plus en plus des terres de conquête pour les démocrates. La victoire inattendue de James Webb sur George Allen à l'élection sénatoriale de 2006 en Virginie a parfaitement illustré la façon dont l'interaction entre racisme à l'ancienne et immigration peut se retourner contre les conservateurs de mouvement. Beaucoup admiraient le talent politique dont faisait preuve Allen, yuppie californien qui s'était réinventé en sudiste de souche, et lui prêtaient même de bonnes chances de devenir le prochain candidat républicain à la présidence. Mais il y a eu l'incident du macaque. Allen s'est moqué de S.R. Sidharth, un collaborateur de Webb à la peau brune, Américain de naissance dont les ancêtres étaient venus des Indes, en lui appliquant une obscure épithète raciste. Cet incident, filmé en vidéo (qu'est-ce qui ne l'est pas de nos jours ?), a suffi pour donner la victoire à Webb.

L'importance de la politique mouvante du racisme est presque impossible à surestimer. En tant que force politique puissante, le conservatisme de mouvement n'existe qu'aux États-Unis. La raison principale qui a permis à ses adeptes de prospérer en Amérique, tandis qu'ils sont marginalisés au Canada et en Europe, c'est la tension interraciale que nous a léguée l'esclavage. Relâchons un peu cette tension, ou, plus exactement, augmentons le prix politique que paient les républicains pour tenter de l'exploiter, et l'Amérique devient moins exceptionnelle, elle ressemble davantage aux autres démocraties occidentales, où le soutien à l'État-providence et aux politiques limitant l'inégalité est beaucoup plus fort.

Pas de problème au Kansas

La partie la plus stupéfiante de l'enquête Pew sur l'évolution à long terme des mentalités est peut-être celle qui aborde les questions de société et de « valeurs ». On est abasourdi de constater à quel point, il n'y a pas si longtemps, l'Amérique était intolérante, et combien les esprits ont changé. En 1987, par exemple, plus de la moitié des personnes interrogées estimaient que les écoles devaient avoir le droit de licencier les enseignants homosexuels, et 43 % que le sida était peut-être un châtiment de Dieu pour un comportement sexuel immoral. En 2007, ces chiffres étaient tombés à 28 et 23 % respectivement. Ou prenons la question du rôle des femmes dans la société : en 1987, face à la proposition « Les femmes devraient revenir à leur rôle traditionnel », 29 % seulement étaient en désaccord complet ; en 2007, ce pourcentage était monté à 51 %.

L'ampleur du changement d'état d'esprit est impressionnante. Les implications politiques sont moins claires. Comme je l'ai dit au chapitre 9, la thèse « Quel est le problème au Kansas ? » laisse sceptiques les politologues : quand ils examinent les chiffres, ils ne trouvent guère de données prouvant que les questions religieuses et sociétales (plutôt que le racisme) ont vraiment conduit un grand nombre de Blancs de la classe ouvrière à voter contre leurs intérêts économiques. Le « vote pour les valeurs » n'est décisif, semble-t-il, que si l'élection est serrée. Cependant, quel que soit le degré auquel les conservateurs de mouvement ont pu exploiter l'intolérance sociale et religieuse, il est clair que leur champ d'action sur ce plan-là se réduit.

En outre, certains indices suggèrent qu'une dynamique assez voisine de l'évolution en cours sur le racisme est à l'œuvre sur les questions religieuses et sociétales : dans un pays où la tolérance progresse, la dépendance du parti républicain à l'égard d'une base intolérante le met de plus en plus en porte-à-faux avec la majorité. Le meilleur exemple est le Kansas lui-même, où plusieurs hauts responsables républicains sont devenus démocrates après l'élection de 2004, pour protester contre l'emprise de la droite religieuse sur le parti républicain local. « J'en avais assez des débats théologiques sur Charles Darwin », a déclaré l'ex-président du parti républicain de l'État quand il a changé de bord. Le parti républicain du Kansas a réagi en exigeant que ses membres signent un « pacte d'unité » assez effrayant, aux accents vaguement maoïstes, où ils déclarent : « À aucun moment de mon avenir politique ou personnel, je ne verrai de raison de ne pas rester fidèle au parti[1]. » À l'heure où j'écris, le Kansas a un gouverneur démocrate, et deux de ses quatre représentants à la Chambre sont démocrates.

Trouver des réponses

Les Américains s'inquiètent d'une économie où la situation matérielle de la plupart d'entre eux régresse, même dans les périodes dites fastes. Ils sont devenus moins sensibles à la politique de la diversion – celle qui stimule l'intolérance raciale et sociale ou attise la peur des menaces contre la sécurité du pays. Pour toutes ces raisons, le conservatisme de mouvement a probablement fait son temps.

1. http://bluetiderising.blogspot.com/2007/07/kansas-republicans-unveil-unity-pledge.html.

Les libéraux, à présent, ne doivent pas se contenter d'être moins mauvais que ceux qui ont gouverné l'Amérique ces dernières années. Pensons au New Deal, là encore. La faillite de l'action gouvernementale conservatrice avait rendu pratiquement inévitable une victoire démocrate à l'élection de 1932, mais il était loin d'être sûr que le vainqueur laisserait un héritage durable. Si l'influence du New Deal s'est perpétuée si longtemps, c'est parce que Franklin Roosevelt a apporté des réponses à l'inégalité et à l'insécurité économique. Ces réponses ont été, d'abord et avant tout, les institutions de l'État-providence américain – la Social Security en tête. Le New Deal, nous l'avons vu, a aussi remarquablement réussi à aplatir la répartition des revenus aux États-Unis, sans effets négatifs sur la croissance économique.

Aujourd'hui, nous sommes redevenus une nation écœurée de l'action gouvernementale conservatrice. Ce n'est pas 1932 qui recommence, mais les démocrates – et des démocrates relativement libéraux, qui plus est – ont de bonnes chances de contrôler bientôt à la fois le Congrès et la Maison-Blanche. Reste à savoir si la nouvelle majorité fera œuvre durable.

Elle devrait en être capable. Les libéraux actuels ont un grand avantage sur ceux d'il y a soixante-dix ans. Ils savent ce qu'il faut faire, au moins sur un point important. Au chapitre suivant, je vais exposer les arguments, irrésistibles, qui incitent à parachever le New Deal en donnant aux Américains ce que les citoyens de tous les autres pays avancés possèdent déjà : l'assurance maladie universelle.

11

UN IMPÉRATIF : L'ASSURANCE MALADIE

Seuls parmi les pays riches, les États-Unis ne garantissent pas les soins médicaux essentiels à leurs citoyens. La plupart des analyses de la politique de santé – et la mienne ne fera pas exception – partent de faits et de chiffres sur les coûts et les bénéfices d'un effort destiné à combler ce retard. J'y viendrai dans un instant. Je voudrais néanmoins commencer par un autre type de question. Moralement, qu'est-il juste de faire, à notre avis ?

Il existe un raisonnement cohérent sur le plan moral contre l'assurance maladie garantie. Fondamentalement, il se résume ainsi : la vie est peut-être injuste, mais ce n'est pas à l'État de débarrasser le monde de l'injustice. S'il est bien dommage que certains ne puissent pas se payer une assurance maladie, l'État n'a pas à obliger les autres à les aider en augmentant les impôts. D'aucuns héritent de gènes qui les exposent à la maladie ? ou tombent malades à un moment donné et personne ne veut plus les assurer ensuite ? Les coups du sort sont nombreux dans la vie, l'État ne peut les contrer tous, et il n'y a aucune raison de privilégier ce type de malchance en particulier.

Je ne suis évidemment pas d'accord avec cette argumentation. Toutefois, je ne l'ai pas exposée à seule fin de la démolir. Je veux souligner que, s'il existe un raisonnement cohérent sur le plan moral contre l'assurance maladie universelle, c'est un raisonnement que l'on n'entend pratiquement jamais dans le débat politique. Bon nombre de conservateurs estiment sûrement que l'État n'a pas le droit de dépenser l'argent du contribuable pour aider les malheureux. La regrettée Molly Ivins* adorait citer cette question d'un parlementaire du Texas : « D'où est venue cette idée que tout le monde a droit à l'éducation gratuite ? à la santé gratuite ? à tout gratuit ? Elle vient de Moscou ! de Russie ! Elle vient du fond de l'abîme de l'enfer[1] ! » Jamais des personnalités politiques nationales ne tiendraient pareil propos en public.

Si elles ne le font pas, c'est, bien sûr, parce qu'elles savent que l'électorat n'est pas d'accord. Les Américains qui croient juste de refuser à des gens les soins médicaux sous le prétexte qu'ils ont déjà été malades ne sont pas légion. Et, selon les sondages, une large majorité estime qu'il faut garantir les soins à tous les citoyens américains, indépendamment de leurs revenus. La supériorité morale de l'assurance maladie universelle n'est pas contestée.

On s'y oppose donc sur une autre base : faire ce qui est moral n'est pas possible, ou du moins reviendrait trop cher – prendrait trop de dollars au contribuable, ou réduirait trop la qualité des soins pour ceux qui se trouvent bien dans le système actuel. C'est là qu'interviennent les faits et les chiffres. Tous les autres pays avancés parviennent à accomplir ce qu'on nous présente comme impossible : assurer les soins médicaux à tous leurs citoyens. La qualité de ces soins, de quelque façon qu'on veuille la mesurer, est aussi satisfaisante que la nôtre, voire meilleure. Et ils font tout cela en dépensant beaucoup moins que nous, par personne, pour la santé. Autrement dit, il s'avère que la santé est un domaine où faire ce qui est moralement juste est économiquement gratuit.

* Molly Ivins (1944-2007) était une célèbre journaliste progressiste du Texas, qui a écrit de nombreux ouvrages, notamment contre l'administration Bush.

1. Molly Ivins, « Bucking the Texas Lockstep », *Washington Post*, 15 mai 2003, p. A29.

Toutes les données suggèrent qu'un système plus juste serait aussi moins coûteux à gérer que celui d'aujourd'hui et nous donnerait de meilleurs soins.

Enfin, il faut comprendre que la santé préoccupe les Américains, essentiellement parce qu'il est clair que le système actuel s'effondre. Les sondages suggèrent régulièrement que c'est le problème intérieur le plus important pour les électeurs potentiels.

Des valeurs largement partagées ; de bons résultats économiques ; l'importance de l'enjeu aux yeux des électeurs – tous ces facteurs devraient faire de la réforme du système de santé une priorité. Et tout ce que nous savons dans ce domaine indique que le seul type de réforme qui fonctionnera est celui qui adoptera la logique progressiste des libéraux : l'intervention de l'État pour réduire l'inégalité et l'insécurité. Cette réforme est la pièce maîtresse naturelle d'un nouveau New Deal. Si les libéraux veulent montrer que des mesures progressistes peuvent créer une société meilleure, plus juste, c'est par là qu'il faut commencer.

Avant de passer aux propositions de réforme, il me faut parler un peu de l'économie de la santé.

Nous sommes trente-septièmes !

L'an prochain, à en juger par l'expérience passée, la moitié des Américains auront des dépenses de santé négligeables. Peut-être achèteront-ils quelques tubes d'aspirine, feront-ils un ou deux examens de contrôle, mais ils ne tomberont pas malades, du moins pas assez pour avoir besoin d'un traitement coûteux. En revanche, une minorité va recevoir d'énormes factures médicales : ces Américains-là auront besoin d'un pontage coronarien, d'une dialyse, d'une chimiothérapie. Globalement, 20 % de la population devra acquitter 80 % des frais médicaux. Et le 1 % le plus malade aura besoin, en moyenne, de plus de 150 000 dollars de soins pour l'année prochaine seulement[1].

Très peu d'Américains peuvent se permettre de payer de tels montants de leur poche – notamment si ces soins onéreux durent des années, comme c'est souvent le cas. La médecine moderne est accessible aux Américains de la classe moyenne et à leurs homologues des autres pays avancés pour une seule raison : quand ils ont besoin de soins coûteux, quelqu'un d'autre règle le gros des factures.

Aux États-Unis, cas unique parmi les pays riches, ce « quelqu'un d'autre » est en général une compagnie d'assurances privée. Partout ailleurs, l'assurance maladie est, pour l'essentiel, organisée par l'État, et financée par l'impôt ou des cotisations sociales (les détails peuvent être complexes). Même aux États-Unis, une caisse d'assurance maladie alimentée par les contribuables, Medicare, couvre tout le monde après soixante-cinq ans, et un autre programme de l'État, Medicaid, protège ceux qui n'ont pas les moyens de s'assurer (pas tous). Mais la grande majorité des Américains qui ont une assurance maladie l'obtiennent du secteur privé. Ce recours aux compagnies d'assurances fait aussi des États-Unis le seul pays avancé où un gros pourcentage de la population – environ 15 % – n'est pas du tout assuré.

Petite remarque de terminologie : les adversaires de l'assurance maladie publique l'appellent parfois « la médecine socialisée » ; l'expression est fallacieuse : il s'agit d'une *assurance* socialisée, ce qui n'est pas du tout pareil. Au Canada et dans la plupart des pays européens, les médecins exercent à titre libéral, ou travaillent dans bien des cas pour des hôpitaux et des cliniques privées. Seule la Grande-Bretagne, parmi les grands pays, a vraiment une « médecine socialisée » : les hôpitaux sont gérés par l'État et les médecins sont des fonctionnaires.

---

1. Source de ces chiffres : Kaiser Family Foundation, *Trends and Indicators in the Changing Health Care Marketplace*, annexe 1.11, www.kff.org/insurance/7031/index.cfm.

Quelle est l'efficacité du système de santé américain, avec son recours exceptionnel aux compagnies d'assurances privées, par rapport aux systèmes des autres pays avancés ? Le tableau 7 dit tout. Il indique combien les différents pays dépensent par habitant pour la santé, et il met ces coûts en regard de l'espérance de vie moyenne, mesure élémentaire du bon fonctionnement d'un système de santé. Les dépenses de santé par habitant des États-Unis représentent près du double de celles du Canada, de la France et de l'Allemagne, presque deux fois et demie celles de la Grande-Bretagne – et pourtant notre espérance de vie est la moins élevée.

Tableau 7

Comparaison des systèmes de santé du monde occidental

	Dépenses par habitant (en dollars, 2004)	Espérance de vie (en années, 2004)
États-Unis	6 102	77,5
Canada	3 165	80,2
France	3 150	79,6
Allemagne	3 043	78,9
Grande-Bretagne	2 508	78,5

Source : Organisation mondiale de la santé, http://who.int/research/fr.

Ces chiffres sont si nets, ils constituent une réfutation si cinglante de l'idée reçue qui prétend que le secteur privé est plus efficace que le secteur public, que des élus, des experts, des économistes préfèrent les nier, purement et simplement. Notre système de santé est « le meilleur du monde », assène Rudy Giuliani, ex-candidat à l'investiture républicaine pour la présidentielle – sauf que, dans le classement réel de l'Organisation mondiale de la santé, il est trente-septième[1]. Les Européens subissent d'énormes coûts dissimulés parce qu'ils doivent attendre pour se faire soigner, et que le service est incommode, inconfortable, assure l'économiste conservateur Tyler Cowen – sauf que, à en croire les comparaisons internationales, même les Britanniques ont, globalement, un meilleur accès aux soins que les Américains : s'ils ont des délais plus longs pour les actes chirurgicaux sans caractère d'urgence, il leur est plus facile de voir rapidement un médecin, notamment après les heures de travail ou pendant le week-end. Quant aux Allemands et aux Français, ils n'ont aucun problème de délai[2].

On nous répète inlassablement que les Canadiens doivent attendre plus longtemps que les Américains pour les prothèses de la hanche, et c'est vrai. Mais il est curieux de choisir cet exemple-là, parce que la plupart des prothèses de la hanche aux États-Unis sont payées par Medicare. Or Medicare est un service de l'État, même si tout le monde n'en est peut-être pas conscient (les experts en politique de santé racontent souvent l'histoire de l'électeur qui accoste l'ancien sénateur John Breaux pour lui demander anxieusement de ne pas laisser l'État s'emparer de Medicare). L'écart des délais d'attente pour les prothèses de la hanche relève donc d'une comparaison entre deux systèmes d'assurance maladie publics, dont l'un – l'américain – est mieux financé. Cela n'a rien à voir avec les prétendues vertus de l'entreprise privée.

Plus sérieusement, on peut se demander dans quelle mesure le mode de vie américain accroît les dépenses de santé. C'est

1. Organisation mondiale de la santé, *Rapport sur la santé dans le monde, 2000*, en ligne à l'adresse www.who.int/whr/2000/fr/index.html.
2. Commonwealth Fund, *Mirror, Mirror on the Wall : An Update on the Quality of American Health Care Through the Patient's Lens*, www.commonwealthfund.org/publications/publications_show.htm?doc_id= 364436.

la doctrine « Oui, mais nous mangeons plus de cheeseburgers », pour reprendre le nom que lui a trouvé Ezra Klein, de la revue *The American Prospect*. Et c'est vrai que les Américains sont plus exposés à l'obésité que les Européens, ce qui stimule la hausse des frais médicaux, en particulier pour des affections chroniques comme le diabète. Toutefois, lorsqu'on examine l'ensemble des chiffres, on constate que les différences de modes de vie et les maladies qui en découlent ne peuvent expliquer qu'un petit pourcentage de l'écart des coûts entre les États-Unis et tous les autres. Selon l'estimation qu'avance une étude du McKinsey Global Institute, la différence des pathologies entre les États-Unis et les autres pays développés renchérit les coûts de traitement de moins de 25 milliards de dollars par an, donc explique moins de 100 dollars sur les quelque 3 000 dollars supplémentaires par habitant que les États-Unis consacrent chaque année aux soins médicaux[1].

Il faut encore savoir ceci : si l'Amérique *dépense* beaucoup plus pour la santé que tous les autres pays, cela ne veut pas dire qu'elle *achète* beaucoup plus de soins. Quand on regarde le nombre de médecins pour 100 000 habitants, le nombre moyen de visites médicales, le nombre de jours d'hospitalisation, le volume consommé de médicaments prescrits, etc., le système de santé américain ne se différencie pas de ceux des autres pays riches[2]. Nous sommes très loin devant les autres en termes de coûts, mais au milieu du peloton pour ce que nous recevons en échange de notre argent.

Cela montre que le système de santé américain est terriblement inefficace. Comment est-il possible qu'un pays entreprenant, à la pointe de la technologie dans de multiples

---

1. McKinsey Global Institute, *Accounting for the Cost of U.S. Health Care*, janvier 2007, www.mckinsey.com/mgi/rp/healthcare/accounting_cost_healthcare.asp.
2. Gerard F. Anderson *et al.*, « It's the Prices, Stupid : Why the U.S. Is So Different from Other Countries », *Health Affairs*, vol. 22, n° 3, 2003, p. 89-105.

domaines, gère la santé avec une telle inefficacité ? La grande raison, c'est que nous nous sommes embourbés dans un système où l'on dépense des sommes considérables non pour fournir des soins, mais pour les refuser.

Le b.-a.-ba de l'économie de la santé

La meilleure façon de comprendre le gâchis de la santé aux États-Unis consiste peut-être à mesurer la différence entre ce que nous, la grande majorité des Américains, voulons que notre système réalise et ce que son fonctionnement actuel incite ses principaux acteurs à faire.

Tous les Américains devraient bénéficier des soins essentiels : il y a sur ce point, je l'ai dit, consensus quasi unanime. Si certains ne sont pas d'accord, ils ne le diront qu'en privé, car soutenir publiquement qu'il est bon de refuser les soins médicaux à celles et ceux qui sont nés pauvres ou avec de mauvais gènes serait politiquement inacceptable. Mais ce n'est pas en payant des soins que les compagnies d'assurances privées gagnent de l'argent. C'est en encaissant les primes et *en ne payant pas* les soins, dans la mesure où elles trouvent moyen de le faire impunément. D'ailleurs, dans le jargon professionnel de l'assurance, une sortie d'argent réelle pour payer des soins – par exemple, la facture d'une opération chirurgicale majeure – s'appelle, littéralement, une « perte médicale ».

Les compagnies d'assurances s'efforcent de réduire ces fâcheuses « pertes médicales » par deux moyens principaux. Le premier est la « sélection des risques », qui porte aussi le nom assez obscur de « souscription ». Ces deux termes sont des euphémismes pour dire « refus de vente (ou vente à prix prohibitif) des polices d'assurance à ceux qui risquent d'en avoir besoin ». Quand ils le peuvent, les assureurs trient soigneusement les clients potentiels en recherchant tous les indices laissant présager que des soins coûteux pourraient leur être nécessaires – antécédents familiaux, nature de l'emploi et surtout maladies préexistantes. Dès qu'il y a la moindre raison de penser qu'un postulant présente plus de risques que la moyenne d'avoir des frais médicaux élevés, il perd toute chance de se faire assurer à un prix abordable.

Lorsque quelqu'un a franchi le barrage de la « sélection des risques » mais a besoin de soins par la suite, il y a une seconde ligne de défense : les assureurs cherchent des prétextes pour ne pas payer. Ils scrutent le passé médical du patient pour tenter d'y repérer une maladie préexistante qu'il ou elle n'aurait pas signalée, ce qui annule le contrat d'assurance. Et surtout – c'est le plus important dans la plupart des cas –, ils contestent les demandes de règlement que leur envoient les médecins et les hôpitaux en cherchant à prouver que le traitement administré sortait du champ de leur responsabilité.

Si les assureurs agissent ainsi, ce n'est pas parce qu'ils sont de sinistres personnages, mais parce que la structure du système ne leur laisse guère le choix. Une gentille compagnie d'assurances, qui n'essaierait pas de passer au crible ses clients potentiels pour exclure les cas coûteux et ne chercherait pas à refuser les remboursements, attirerait essentiellement des clients à haut risque, et aurait donc sur les bras tous les frais que les autres assureurs esquivent : elle se retrouverait promptement en faillite. Cela dit, si les personnages ne sont pas sinistres, les conséquences de leurs actes le sont. N'oublions pas qu'il y a consensus quasi unanime pour que tout le monde bénéficie de soins appropriés, c'est-à-dire ait une assurance adéquate. Or, de par son mode de fonctionnement, notre système refuse l'assurance à des millions de personnes, ou ne la leur propose qu'à un prix inabordable. Simultanément, les compagnies d'assurances dépensent des sommes considérables pour « tamiser » les clients potentiels et contester les demandes de paiement. Et les fournisseurs de soins, médecins et hôpitaux compris, doivent eux aussi consacrer des sommes énormes aux relations et aux litiges avec les compagnies d'assurances pour se faire payer. Il existe toute une industrie dite du *denial management*, de la « gestion du déni » : ce sont des sociétés qui aident les médecins à argumenter face aux compagnies d'assurances quand elles refusent de les payer.

Aucun de ces coûts n'existe dans un système d'assurance maladie universel où l'assureur, c'est l'État. Si l'assurance maladie est un droit pour tous, nul besoin de faire un tri pour éliminer les clients à haut risque. Si elle est fournie par une administration publique, nul besoin de batailler pour savoir qui va régler les factures : du moment qu'un acte médical est couvert par l'assurance, l'État le paie. Voilà pourquoi les systèmes d'assurance maladie publics sont beaucoup moins bureaucratiques que les compagnies d'assurances, et ont des frais de gestion très inférieurs. Medicare, par exemple, ne dépense en coûts administratifs que 2 % de ses fonds ; les assureurs privés, environ 15 %. Le McKinsey Global Institute estime qu'en 2003 le secteur de l'assurance maladie privée aux États-Unis a eu des frais administratifs supérieurs de 84 milliards de dollars à ceux des systèmes publics étrangers.

Et avec ce chiffre, on est... loin du compte. « Ce total », reconnaît le rapport McKinsey, « ne comprend pas les frais administratifs supplémentaires que la structure "payeur multiple" et les produits d'assurance imposent aux hôpitaux et aux centres de consultation externe. [...] Il ne comprend pas non plus le surcoût que crée pour les employeurs la nécessité d'avoir un vigoureux service des ressources humaines pour gérer les prestations de l'assurance maladie[1]. » Une analyse comparative souvent citée entre les systèmes américain et canadien, qui a tenté d'évaluer ces autres coûts, a conclu qu'aux États-Unis le total des frais de gestion – ceux des assureurs plus ceux des fournisseurs de soins – représente 31 % des dépenses de santé, contre moins de 17 % au Canada. Ce qui donnerait un surcoût d'environ 300 milliards de dollars,

1. McKinsey Global Institute, *Accounting for the Cost*, *op. cit.*, p. 18.

le tiers de l'écart entre les dépenses de santé des États-Unis et celles du Canada[1].

Où passe le reste de l'argent ? À la différence des autres pays avancés, les États-Unis n'ont pas d'administration centralisée qui négocie avec les compagnies pharmaceutiques le prix des médicaments. Donc, alors qu'ils consomment en fait moins de médicaments par personne que le pays étranger moyen, ils les paient beaucoup plus cher, ce qui ajoute 100 milliards de dollars, voire davantage, au total des dépenses de santé. Il y a aussi toute une gamme d'inefficacités plus subtiles dans le système américain : par exemple, de mauvaises incitations financières ont provoqué une prolifération de centres de CT-scan* en consultation externe, où cet équipement coûteux est relativement sous-utilisé.

Enfin, les médecins américains sont payés davantage que leurs homologues des autres pays. Cependant, cela ne pèse pas très lourd dans la différence des coûts, par rapport aux frais administratifs, aux prix des médicaments et à d'autres problèmes. Selon les auteurs de l'étude qui compare les frais de gestion américains et canadiens, la surrémunération des médecins américains ne représente que 2 % de l'écart des coûts globaux.

Le système américain a encore un terrible défaut que je dois mentionner : les assureurs ne sont guère incités à financer la médecine préventive, quand bien même cela permettrait de faire de grosses économies en frais médicaux futurs. Prenons l'exemple tristement célèbre du diabète : les assureurs refusent fréquemment de financer le traitement qui pourrait enrayer la maladie à ses débuts, mais ils paieront l'amputation du pied que nécessite trop souvent un diabète devenu incontrôlable.

1. Steffie Woolhandler, Terry Campbell et David U. Himmelstein, « Costs of Health Care Administration in the United States and Canada », *New England Journal of Medicine*, août 2003, p. 768-775.

* Le CT-scan (pour *Computerized Tomography*) est une technique d'imagerie médicale qui utilise les rayons X pour obtenir des images en trois dimensions.

Cela semble illogique ? Examinons les incitations de l'assureur : s'il finance le traitement préventif, il en supporte le coût sans en recevoir le bénéfice, probablement, puisque les assurés changent souvent de compagnie, ou passent du secteur privé à Medicare quand ils atteignent soixante-cinq ans. Par conséquent, un traitement qui a un coût immédiat et fait économiser bien davantage plus tard n'est pas très intéressant du point de vue d'une compagnie d'assurances individuelle. En revanche, les systèmes d'assurance maladie universelle qui couvrent tout le monde à vie ont un intérêt évident à financer les soins préventifs.

Jusque-là, j'ai présenté le système américain comme un cauchemar, ce qu'il est pour beaucoup de gens. Néanmoins, environ 85 % des Américains ont une assurance maladie, et la plupart d'entre eux sont soignés convenablement. Comment le système parvient-il malgré tout à ce résultat ?

Une première explication est évidente : même en Amérique, l'État joue un rôle crucial dans l'assurance maladie. En 2005, 80 millions d'Américains étaient couverts par des services publics – essentiellement Medicare et Medicaid, plus d'autres dispositifs comme les soins aux anciens combattants. C'est moins que les 198 millions que couvrent les compagnies d'assurances privées, mais, comme les deux services publics s'occupent essentiellement des personnes âgées, qui ont des frais médicaux beaucoup plus élevés que les jeunes, l'État paie en réalité davantage de soins que les assureurs privés. En 2004, les caisses publiques ont payé 44 % des dépenses de santé aux États-Unis et le secteur privé 36 % seulement. Quant au reste, il s'agit pour l'essentiel des dépenses à la charge des patients eux-mêmes, qui existent partout.

L'autre facteur qui explique pourquoi le système réussit tout de même à fonctionner, c'est que la grande majorité des Américains qui ont une assurance maladie privée l'obtiennent par le biais de leur employeur. Pour des raisons en partie historiques : durant la Seconde Guerre mondiale, les entreprises n'avaient pas le droit d'augmenter les salaires pour attirer la main-d'œuvre, et beaucoup ont donc offert, comme substitut, des avantages sociaux en matière de santé. Et surtout à cause d'un dispositif fiscal particulier : les primes d'assurance maladie, à la différence des salaires, ne sont soumises ni à l'impôt sur le revenu, ni à l'impôt des sociétés sur les salaires. Mais pour bénéficier de cet avantage fiscal, un employeur doit offrir la même assurance maladie à tous ses salariés, indépendamment de leurs antécédents médicaux. La couverture fondée sur l'emploi atténue donc, jusqu'à un certain point, le problème du tri qu'effectuent les assureurs pour exclure ceux qui ont vraiment besoin d'être assurés. De plus, les gros employeurs défendent dans une certaine mesure le droit de leurs salariés à se faire soigner.

Grâce à ces avantages, l'assurance fondée sur l'emploi a longtemps apporté à de nombreux Américains une solution acceptable aux problèmes de l'assurance maladie – assez convenable pour permettre de repousser la revendication d'une restructuration radicale du système. Aujourd'hui, cette solution, si c'en était une, s'effondre.

Une crise rampante

Les traits fondamentaux du système de santé américain n'ont pas beaucoup changé depuis 1965, l'année où Lyndon B. Johnson a créé Medicare et Medicaid : une assurance maladie publique pour les personnes âgées et les pauvres ; une assurance fondée sur l'emploi pour les salariés qui ont de bons postes dans de bonnes entreprises ; une assurance personnelle, s'ils peuvent en obtenir une, pour ceux qui n'ont pas la chance d'être couverts au titre de leur emploi ; et une vie angoissante de non-assuré pour un nombre important d'Américains. Mais, si les catégories sont restées les mêmes, les effectifs ont changé. L'assurance fondée sur l'emploi s'effiloche progressivement. Medicaid n'a pris qu'en partie le relais. Et la peur de perdre l'assurance maladie est devenue omniprésente dans la classe moyenne.

La crise rampante de la santé a commencé dans les années 1980, elle a connu une brève rémission durant une partie de la décennie 1990, et aujourd'hui elle revient au galop. Au cœur de cette crise, il y a le déclin de l'assurance maladie fondée sur l'emploi. En 2001 encore, 65 % des salariés américains étaient couverts par le biais de leur entreprise. En 2006, ils n'étaient plus que 59 %, et rien n'indique que le reflux va s'arrêter[1]. Sa force motrice est la hausse du coût de l'assurance. La prime annuelle moyenne de couverture familiale était de plus de 11 000 dollars en 2006, soit plus du quart du revenu annuel du salarié médian[2]. Pour les actifs peu rémunérés, c'est vraiment trop : en fait, c'est presque le revenu annuel total d'un travailleur à temps plein payé au salaire minimum. Une étude a révélé que, même chez les Américains « à revenu modéré », qu'elle définissait comme les membres des familles gagnant entre 20 000 et 35 000 dollars par an, plus de 40 % s'étaient trouvés un moment sans assurance dans les deux dernières années[3].

Pourquoi l'assurance maladie devient-elle de plus en plus chère ? Paradoxalement, à cause du progrès médical. Grâce aux avancées des technologies médicales, les médecins peuvent traiter de nombreuses affections jusque-là incurables – à grands frais. Les compagnies d'assurances paient ces traitements, et se rattrapent en augmentant les primes.

Les frais médicaux sont orientés à la hausse depuis des décennies. Le tableau 8 présente les dépenses totales de santé aux États-Unis, en pourcentage du PIB, depuis 1960 : sauf pendant un bref épisode, sur lequel nous reviendrons, elles ont toujours augmenté à bon rythme. Cela dit, tant que le

1. Kaiser Family Foundation, *Employer Health Benefits Annual Survey 2006*, annexe 3.1, http://kff.org/insurance/7527/index.cfm.
2. Kaiser Family Foundation, *op. cit.*, annexe 1.11.
3. *Commonwealth Fund Biennial Health Insurance Survey*, 2005, www.commonwealthfund.org/surveys/surveys_show.htm?doc_id=367929.

coût des soins restait relativement faible, la hausse des dépenses ne posait pas trop de problèmes. Les Américains assumaient ce poids financier et bénéficiaient du progrès médical.

Puis, dans les années 1980, le coût des soins médicaux en est arrivé au point où l'assurance devenait inabordable pour beaucoup d'employeurs. Et quand il a continué à augmenter, les employeurs ont commencé à renoncer à couvrir leurs salariés, ce qui a accru le nombre de personnes sans assurance, qui souvent ne reçoivent même pas les soins de base. Comme nous l'écrivions, Robin Wells et moi, en 2006 :

> Notre système de santé fait souvent des choix irrationnels, et la hausse des coûts exacerbe ces irrationalités. En particulier, le système de santé américain a tendance à diviser la population en inclus et en exclus. Les inclus, ceux qui ont une bonne assurance, reçoivent tout ce que la médecine moderne peut donner, quel qu'en soit le coût. Les exclus, dont l'assurance est mauvaise ou qui n'en ont pas, reçoivent très peu...
>
> Réagissant aux nouvelles technologies médicales, le système dépense encore plus pour les inclus. Mais il compense en partie ces dépenses supplémentaires pour les inclus en réduisant davantage de gens au statut d'exclu – il déshabille Pierre des soins fondamentaux pour habiller Paul des traitements dernier cri. D'où un paradoxe cruel : les progrès de la médecine nuisent à la santé de nombreux Américains [1].

1. Paul Krugman et Robin Wells, « The Health Care Crisis and What to Do About It », *New York Review of Books*, vol. 53, n° 5, 23 mars 2006, www.nybooks.com/articles/18802.

Tableau 8

Les dépenses de santé

Année	Pourcentage du PIB
1960	5,2
1970	7,2
1980	9,1
1990	12,3
1993	13,7
2000	13,8
2005	16,0

Source : Centers for Medicare and Medicaid Services, www.cms.hhs.gov/NationalHealthExpendData.

Ce « paradoxe cruel » avait déjà fait des ravages dans les années 1980, et il avait suscité, pour un temps, un puissant mouvement en faveur d'une réforme du système de santé. En 1991, lors d'une élection sénatoriale partielle en Pennsylvanie, Harris Wofford a remporté une victoire surprise qui devait beaucoup à son intérêt marqué pour le problème de la santé. Bill Clinton a repris le thème, et cela a contribué à son élection en 1992.

Mais il a échoué à tenir sa promesse. Et Wofford lui-même a été battu par Rick Santorum, un conservateur de mouvement pur et dur, en 1994. (À son tour, Santorum a été rudement battu en 2006. Comme je l'ai dit au chapitre 8, il s'est réfugié pour l'instant dans un institut de réflexion, où il est en train de créer un programme intitulé « Les ennemis de l'Amérique ».) Pourquoi la réforme du système de santé n'a-t-elle pas eu lieu sous Clinton, et pourquoi son heure est-elle revenue ?

Les obstacles permanents à la réforme du système de santé

Durant quelques mois en 1993, la réforme radicale du système de santé a paru portée par une dynamique irrésistible. Puis elle a échoué – et l'échec du plan Clinton a été suivi par le triomphe républicain aux élections de 1994, enchaînement qui hante et intimide les démocrates jusqu'à ce jour. Si les principaux ténors démocrates hésitent aujourd'hui à défendre l'assurance maladie universelle, la peur d'une nouvelle débâcle y est pour beaucoup. Mais quelle est la vraie leçon à tirer de 1993 ? C'est toute la question.

Il me paraît utile de répartir les raisons de l'échec de Clinton en trois catégories : premièrement, les obstacles permanents à la réforme, qui sont toujours d'actualité ; deuxièmement, certains aspects de la situation de 1993, qui ne sont plus pertinents ; troisièmement, les faux pas évitables – les erreurs que Clinton a commises et qu'il ne faut pas répéter.

Commençons par les obstacles permanents, dont le plus fondamental est l'opposition implacable des conservateurs de mouvement. Dans le premier d'une célèbre série de mémorandums stratégiques qu'il a fait circuler dans les rangs républicains au Congrès, William Kristol déclarait que les républicains devaient chercher à « tuer » le plan Clinton. Il a expliqué pourquoi dans le *Wall Street Journal* : « Le vote du plan Clinton sur la santé, *sous quelque forme que ce soit*, serait désastreux. Il garantirait une intrusion sans précédent de l'État fédéral dans l'économie américaine. Son succès marquerait la renaissance de la politique de l'État-providence centralisé[1]. » S'il soutenait ensuite que le plan Clinton aurait de mauvais résultats, sa grande crainte, manifestement, était que l'assurance maladie universelle s'avère efficace, populaire et

1. William Kristol, « How to Oppose the Health Care Plan – and Why », *Wall Street Journal*, 11 janvier 1994, p. A14.

plaide en faveur de l'intervention de l'État. C'est en vertu de la même logique que George W. Bush a tenté de privatiser la Social Security. Du point de vue d'un conservateur de mouvement, les programmes publics les plus dangereux sont ceux qui fonctionnent bien, donc qui confèrent une légitimité à l'État-providence.

Inutile de nous demander si les conservateurs de mouvement seront des adversaires aussi irréductibles de futures réformes du système de santé : ils le sont déjà à l'heure où j'écris, et ils avancent des arguments encore plus outranciers qu'en 1993. Par exemple, quand les autorités britanniques ont découvert qu'un groupe de médecins musulmans employés par le National Health Service préparait des attentats terroristes, il y a eu un effort coordonné de certains médias comme Fox News et de grandes figures du conservatisme de mouvement pour répandre l'idée que tout système national de santé fomente le terrorisme. Parole d'honneur [1] !

Il est tout aussi certain que les compagnies d'assurances combattront la réforme avec acharnement, comme elles l'ont fait en 1993. De la débâcle de Clinton, la plupart des gens ont surtout gardé en mémoire les très efficaces spots publicitaires « Harry et Louise », réalisés par le lobby des assurances, qui ont effrayé les téléspectateurs en leur faisant croire que le plan de réforme allait leur ôter leur liberté de choix en matière médicale. Ce qu'ils n'ont probablement pas compris, c'est que l'opposition des assureurs a été une surprise totale pour les Clinton, car leur plan essayait de s'attirer le soutien des compagnies en leur donnant un rôle majeur dans la gestion du système. Les principaux plans d'assurance maladie aujourd'hui sur la table, qui seront analysés plus loin, font tous de même : ils réservent un rôle important aux assureurs privés

1. Pour Fox News, voir http://thinkprogress.org/2007/07/05/fox-news-universal-health-care-breeds-terrorists. Pour les experts qui ont tenté de défendre la même idée, voir http://rawstory.com/news/2007/Conser vative_ bloggers_try_to_link_Michael_0702.html.

– mais, aujourd'hui comme alors, cela n'atténuera en rien l'hostilité de ces derniers. Le fait est qu'aucune réforme du système de santé ne peut réussir sans réduction des coûts de gestion excessifs qu'imposent aujourd'hui les compagnies d'assurances – ce qui veut dire qu'il faudra leur imposer une cure d'amaigrissement, même si les assureurs gardent un rôle dans le système. Il n'y a vraiment aucun moyen d'acheter leur coopération.

Là encore, nul besoin de s'interroger. La dynamique politique est déjà visible en Californie, où Arnold Schwarzenegger, version moderne du républicain de type Eisenhower, a proposé une assurance maladie universelle au niveau de son État. Son plan préserverait le rôle des compagnies d'assurances privées en les réglementant, afin d'éliminer la sélection des risques. Et, comme on pouvait s'y attendre, Blue Cross of California, le plus grand assureur de l'État, diffuse des publicités du type « Harry et Louise » pour expliquer que « des réformes mal pensées » risquent de nuire au système de santé californien.

L'industrie pharmaceutique sera aussi une source d'opposition féroce – et probablement plus encore qu'en 1993, car les dépenses de médicaments constituent aujourd'hui une part bien plus importante du total des frais médicaux qu'il y a quinze ans. Comme l'opposition des assureurs, celle des compagnies pharmaceutiques est inévitable puisqu'elles font partie du problème : si le système de santé américain est onéreux, c'est en partie parce que nous payons beaucoup plus cher que les autres pays les médicaments prescrits, et, tôt ou tard, un système d'assurance maladie universelle s'efforcera de négocier une baisse des prix.

Donc, pour l'instant, tous les facteurs passés en revue sont négatifs. Les principaux adversaires de la réforme du début des années 1990 opposeront une résistance tout aussi acharnée aujourd'hui. Il reste qu'intrinsèquement l'offensive actuelle pour transformer le système de santé est moins fragile, moins exposée aux aléas des événements que celle d'il y a quinze ans.

2008 n'est pas 1993

Comme je l'ai souligné au chapitre 10, c'est surtout parce que l'économie américaine était anémique que Bill Clinton a été élu. La récession de 1990-1991 a été suivie par une longue période de croissance lente de l'emploi, qualifiée à l'époque de « reprise sans emplois », que la plupart des Américains ont ressentie comme un prolongement de la récession. La crise du système de santé paraissait alors particulièrement grave, car les salariés perdaient leur emploi et, du même coup, l'assurance maladie qui l'accompagnait. Toutefois, les réformateurs se sont heurtés à un problème : quand l'économie a commencé à se redresser, la situation en matière d'assurance maladie s'est améliorée aussi. Au début de l'année 1994, William Kristol a persuadé les républicains de mener leur combat contre le plan Clinton en critiquant ses dispositions, mais aussi en faisant valoir que le système de santé américain n'était absolument pas en crise. De fait, comme le montre le tableau 9, la situation de l'assurance maladie s'améliorait rapidement. Le pourcentage d'Américains jouissant d'une assurance fondée sur l'emploi a très fortement augmenté en 1994 : en même temps que leur emploi, les Américains réembauchés récupéraient l'assurance maladie. Si la tactique d'obstruction des républicains a été efficace, c'est en grande partie parce que, vers la fin de la première année de présidence Clinton, les Américains voyaient d'un œil plus favorable le statu quo en matière de santé.

Cela ne se reproduira pas cette fois-ci, tout simplement. Les premières années de l'actuelle décennie ont été marquées par une récession et une reprise sans emplois semblable à celle du début des années 1990. Puis la situation de l'emploi a commencé à s'améliorer en 2003, et en 2006 le taux de chômage était descendu à un niveau qui n'était pas très supérieur à son chiffre le plus bas des années 1990. Pourtant, la situation de l'assurance maladie a continué à s'aggraver. Cette fois-ci, il n'y aura pas de rémission temporaire permettant aux obstructionnistes de nier qu'il y a une crise.

Tableau 9

L'assurance maladie fondée sur l'emploi

Année	Pourcentage couvert
1987	62,1
1993	57,1
1994	60,9
2000	63,6
2005	59,5

Source : U.S. Bureau of the Census, tableaux sur l'assurance maladie, www.census.gov/hhes/www/hlthins/historic/hihistt1.html.

Un autre facteur est venu atténuer temporairement le problème dans la période où Clinton s'efforçait de « vendre » son plan d'assurance maladie. Le milieu des années 1990 a été l'âge d'or des HMO. On sait sur quel raisonnement reposaient initialement les Health Maintenance Organizations. Le système traditionnel fondé sur le « paiement à l'acte », où les compagnies d'assurances payaient à n'importe quel médecin tout acte médical autorisé, aboutissait à des dépenses excessives : les médecins proposaient tout ce qui avait la moindre chance d'avoir un effet bénéfique, et les patients acceptaient, puisqu'ils n'étaient pas les payeurs. Les HMO allaient remplacer cette logique par celle des « soins intégrés » : chaque HMO travaillait avec un réseau de médecins qu'elle incitait à tenir compte des coûts, donc à renoncer aux actes onéreux dont l'intérêt médical était réduit. Quant aux patients, ils étaient censés accepter bien volontiers ces restrictions puisqu'elles diminueraient considérablement leurs primes d'assurance.

L'idée de base – prendre en considération le coût dans les décisions médicales – était fort judicieuse. Le National Health Service (NHS) britannique, unique exemple de médecine vraiment socialisée dans un grand pays avancé, dispose d'un budget limité. Les médecins professionnels qui le gèrent s'efforcent d'en faire le meilleur usage : ils classent les actes médicaux en fonction du « gain médical par livre dépensée », et restreignent les dépenses pour lesquelles ce gain est faible. Aux États-Unis, la Veterans Health Administration*, qui est une sorte de version américaine en miniature du NHS, en fait à peu près autant. Et tant le NHS que le système de santé du département des Anciens Combattants réussissent remarquablement à fournir des soins efficaces malgré la faiblesse de leurs ressources.

Mais les HMO sont des entreprises privées gérées par des hommes d'affaires, et non des administrations publiques gérées par des médecins. Au départ, elles ont paru tenir leurs promesses de réduction des coûts : quand elles se sont multipliées dans les années 1990, la longue progression des dépenses de santé a fait une pause, que l'on voit clairement dans le tableau 8. Et, durant la décennie 1990, la conjonction des réductions de coûts des HMO et d'une économie en expansion a entraîné une forte amélioration momentanée de la situation globale de l'assurance maladie, visible sur le tableau 9.

Finalement, les HMO n'ont pas réussi à contenir durablement les dépenses, pour une raison simple : les assurés ne leur font pas confiance. Les patients du NHS britannique sont prêts, dans l'ensemble, à accepter un certain rationnement des soins, parce qu'ils voient bien que le système de santé national a un budget limité et qu'il est géré par des médecins qui

* La Veterans Health Administration est le « service médical » du département des Anciens Combattants.

s'efforcent de s'en servir le mieux possible. Les adhérents des HMO américains sont beaucoup moins disposés à accepter un rationnement, parce qu'ils savent qu'il est décidé par des comptables qui cherchent à maximiser les profits d'une entreprise. En raison de cette méfiance et de cette insatisfaction, le nombre d'adhérents des HMO, en pourcentage du total des assurés, a atteint son maximum au milieu des années 1990, même si d'autres formes plus douces de soins intégrés continuent à se développer. De plus, l'indignation générale et des auditions du Congrès ont contraint les assureurs à renoncer à certaines tentatives musclées de réduction des coûts. Par conséquent, les dépenses de santé américaines sont reparties de plus belle à la hausse, et l'assurance maladie fournie par les employeurs est à nouveau en déclin.

Il ressort de tout cela que les arguments en faveur d'une réforme du système de santé sont aujourd'hui moins fragiles qu'en 1993. Clinton n'a eu qu'une courte période propice à la réforme, puis l'opinion s'est focalisée sur d'autres sujets. Cette fois, on a du mal à imaginer ce qui pourrait atténuer le sentiment populaire qu'il faut absolument agir ; on ne voit pas comment les adversaires de la réforme pourraient affirmer qu'il n'y a pas de crise.

Même en 1993, d'ailleurs, Clinton aurait pu réussir s'il n'avait pas commis plusieurs lourdes erreurs.

Des fautes à ne pas répéter

On a beaucoup écrit sur les personnalités et les insuffisances des protagonistes du plan Clinton. Je n'ai pas l'intention d'en rajouter. Je préfère me concentrer sur deux points où il est clair que Clinton s'est trompé.

D'abord, il n'a pas lancé le mouvement assez tôt. Matthew Holt, analyste des problèmes de santé dont le blog est devenu une lecture incontournable dans ce domaine, a publié une comparaison sans concession entre la tentative manquée de Clinton et l'offensive réussie de Lyndon Johnson pour créer Medicare. Johnson a signé la loi sur Medicare le 30 juillet 1965, moins de neuf mois après sa victoire à l'élection de 1964. Clinton n'a prononcé son premier discours national sur la santé que le 23 septembre 1993, huit mois après son entrée en fonctions[1].

Ce long retard a été désastreux pour plusieurs raisons. À l'automne 1993, la dynamique politique créée par l'élection de 1992 s'était entièrement dissipée, et l'administration Clinton était déjà embourbée dans des problèmes mineurs (comme la place des homosexuels dans l'armée) et dans divers faux scandales fabriqués par la chambre d'écho des conservateurs de mouvement. Simultanément, la reprise économique affaiblissait la demande de réforme du système de santé.

Pourquoi Clinton n'a-t-il pas agi plus vite ? C'était en partie une question de priorités : il s'était d'abord préoccupé des problèmes budgétaires. Il y avait aussi la lourdeur de la procédure choisie pour élaborer son projet de réforme du système de santé : un groupe de travail énorme et secret, dont les dirigeants ont fait en sorte d'indisposer plusieurs alliés naturels. Mais la grande raison, c'est que Clinton n'était pas prêt, tout simplement. Medicare est né de plusieurs années de débats. Clinton est arrivé avec une page pratiquement blanche. Sa campagne présidentielle n'avait donné aucun détail sur cette réforme, et aucun débat national n'avait préparé le terrain.

Quand le plan a enfin été rendu public, il est apparu qu'il posait un autre problème : il n'était que trop facile de le présenter comme un projet qui allait priver les Américains de leur liberté de choix en matière médicale.

Ce plan embrassait la logique des soins intégrés : en restreignant les dépenses en actes coûteux de faible intérêt médical,

1. Matthew Holt, www.thehealthcareblog.com/the_health_care_blog/2005/07/policypoltics_w.html.

prévoyait-il, on ferait d'énormes économies. C'était un plan de couverture universelle, mais il visait aussi, de fait, à canaliser tout le monde dans les HMO, qui se livreraient entre elles à une « concurrence gérée ». Les adversaires du projet ont vite fait comprendre sa dimension « soins intégrés ». Les premiers spots publicitaires « Harry et Louise », les plus dévastateurs, lançaient cette mise en garde : « L'État pourrait nous forcer à choisir entre un petit nombre de plans santé conçus par des fonctionnaires [1]. »

Pour que cet épisode malheureux ne se répète pas, les réformateurs actuels du système de santé devront se garder de commettre ces erreurs. Il leur faudra démarrer en trombe : si un président progressiste est élu, s'il y a une majorité progressiste au Congrès, dès l'instant où ils entreront en fonction, les éléments clés d'un plan d'assurance maladie universelle devront être là, déjà décidés et largement débattus. C'est donc une très bonne chose que la réforme du système de santé soit devenue un enjeu central dans la campagne présidentielle en cours. Les autorités progressistes devront aussi proposer un plan rassurant pour les Américains, en leur disant bien qu'ils conserveront une certaine liberté de choix, que ceux qui ont aujourd'hui une bonne assurance ne seront pas obligés de passer à un système qui leur serait moins favorable.

Les chemins de la réforme

Quand Franklin Roosevelt a créé la Social Security et l'assurance chômage, il entrait en territoire inexploré. Jamais il n'y avait eu de systèmes de ce genre en Amérique. Quant aux États-providences allemand et britannique, ils étaient limités et peu connus aux États-Unis. Nul ne pouvait être certain que

1. Ces publicités sont aujourd'hui en ligne sur YouTube, http://youtube.com/watch?v=Dt31nhleeCg.

les plans du New Deal pour protéger du risque les Américains allaient vraiment fonctionner. L'assurance maladie, en revanche, existe depuis des décennies dans la quasi-totalité du monde occidental, et nous avons déjà une idée très précise de ce qui fonctionne.

Ezra Klein a publié une excellente étude des systèmes de santé des autres pays avancés, et ses premiers paragraphes méritent d'être cités *in extenso* :

> Si la médecine est un art difficile, l'assurance maladie est simple. Les pays industrialisés du reste du monde l'ont déjà conçue et réalisée, sans laisser 45 millions de leurs concitoyens sans assurance et environ 16 millions sous-assurés ; sans laisser non plus les coûts s'envoler dans la stratosphère et faire peser une grave menace sur l'économie nationale.
>
> Mieux : leurs succès ne sont pas secrets, les mécanismes ne sont pas inconnus. Demandez aux spécialistes de la santé ce qu'il faut faire : ils vont soupirer, puis vous conseiller ce que font la France ou l'Allemagne. Demandez-leur ce qu'on peut faire, à leur avis. Comme ils n'ont aucun espoir d'esquiver l'hostilité des compagnies d'assurances, des firmes pharmaceutiques, des conservateurs, des industriels, etc., ils bredouilleront des mots à la mode et des formules alambiquées, parleront d'« alliances régionales d'achats » et de « comptes d'épargne santé ». La célèbre complexité du sujet est fonction des forces qui protègent le statu quo, elle ne dérive pas du problème lui-même [1].

Prenons le système français, que l'Organisation mondiale de la santé (OMS) a classé premier de la planète. La France a un système d'assurance de base qui couvre tout le monde : il est comparable à Medicare. Les assurés sont également encouragés à souscrire des complémentaires santé, pour se faire rembourser une proportion plus élevée de leurs frais

1. Ezra Klein, « The Health of Nations », *American Prospect*, 7 mai 2007, www.prospect.org/cs/articles?article=the_health_of_nations.

médicaux : elles sont comparables aux assurances complémentaires que beaucoup de personnes âgées aux États-Unis ajoutent à Medicare. Enfin, les démunis reçoivent des versements qui les aident à payer la complémentaire, de la même façon que Medicaid vient en aide à des millions d'Américains âgés.

Notons au passage que le système canadien, souvent invoqué lorsqu'on se demande à quoi ressemblerait un système d'assurance maladie universelle aux États-Unis, a une spécificité qui n'existe ni dans le système français ni dans Medicare. Les Canadiens n'ont pas le droit d'acheter eux-mêmes des soins dans les domaines que couvre l'assurance de l'État. Cette restriction a sa logique : c'est un moyen de maintenir les coûts à bas niveau, en évitant que les Canadiens riches n'accaparent des ressources médicales rares en les payant plus cher. Mais il est clair que ce n'est pas une caractéristique fondamentale de l'assurance maladie universelle. Répétons-le : les Américains âgés couverts par Medicare, comme les Français, sont libres d'acheter autant de soins qu'ils veulent en plus de ceux que leur fournit l'État.

Le parallèle entre le système français et Medicare est imparfait. Certains traits du premier n'ont pas d'équivalent en Amérique, du moins pas encore. Beaucoup d'hôpitaux français sont publics, bien qu'ils soient en concurrence avec des cliniques privées que les patients sont libres de choisir. La France accorde aussi une grande importance à la médecine préventive. L'État couvre intégralement – sans cofinancement – les maladies chroniques comme le diabète et l'hypertension, si bien que les patients ne lésinent pas sur des traitements qui peuvent empêcher des complications futures.

Le système de santé français, qui couvre toute la population et passe pour le meilleur du monde, ressemble beaucoup à une version élargie et améliorée de Medicare : c'est comme si, aux États-Unis, on étendait à tous les Américains ce dispositif familier et populaire. Une version américaine du système français coûterait plus cher qu'en France pour toute une série de raisons, notamment parce que nos médecins sont mieux payés et que nous sommes plus corpulents, donc plus exposés à certaines maladies coûteuses. Néanmoins, globalement, Medicare pour tous mettrait fin au problème des non-assurés, et reviendrait presque certainement moins cher que notre système actuel, qui laisse 45 millions d'Américains sans couverture.

Dans un monde géré par des technocrates, l'histoire s'arrêterait là. Puisque les Américains adorent Medicare, qu'on le leur donne à tous ! Pour financer son extension, il faudra augmenter les impôts – et ce n'est pas grave : même ceux qui sont actuellement assurés y gagneront, puisqu'ils n'auront plus à payer leurs primes si onéreuses. Problème réglé ! Mais, heureusement ou malheureusement, ce ne sont pas les technocrates qui gèrent le monde. Et les projets de création d'un système à payeur unique – d'un Medicare pour tous – se heurtent à plusieurs obstacles politiques majeurs.

Celui dont on entend le plus souvent parler est l'intransigeance des compagnies d'assurances et de l'industrie pharmaceutique, implacablement opposées au système à payeur unique. Ici, les réformateurs doivent comprendre que ces groupes de pression combattront sans merci toute réforme sérieuse du système de santé, quelle qu'elle soit. Il n'y a aucun moyen d'acheter leur neutralité.

Peut-être est-il possible, en revanche, d'esquiver adroitement deux autres obstacles : la nécessité d'augmenter les impôts, et la peur qu'ont les Américains de perdre leur liberté de choix. Commençons par les impôts. Étendre Medicare ou un équivalent à tous les Américains exigerait *beaucoup* de recettes publiques nouvelles, probablement de l'ordre de 4 % du PIB. Certes, ces nouveaux prélèvements fiscaux ne seraient pas vraiment un fardeau financier supplémentaire pour le pays, puisqu'ils remplaceraient les primes d'assurances que les Américains paient aujourd'hui. Néanmoins, il risque d'être bien difficile de convaincre ceux-ci qu'une forte augmentation d'impôt n'aura aucun impact sur leur situation financière nette, notamment face à la campagne de désinformation à laquelle une proposition de ce genre se heurtera inévitablement. Faire voter des augmentations d'impôts de l'envergure nécessaire risque aussi d'être malaisé, même avec une majorité progressiste solide.

Le maintien du libre choix des patients est, en un sens, un problème du même ordre. Le système de type Medicare remplacerait en grande partie l'assurance que les Américains ont déjà, et ils resteraient libres d'acheter une couverture supplémentaire. Néanmoins, un plan qui intègre d'office les citoyens à un système d'assurance d'État est facile à présenter comme un projet liberticide. Les adversaires de la réforme feront de leur mieux pour répandre ce malentendu.

Il importe de garder à l'esprit que ces deux problèmes constituent des objections *politiques* au système à payeur unique, et non des objections économiques. En termes purement économiques, il est clair que le payeur unique est la bonne solution. Avec ses faibles frais administratifs et sa forte capacité à négocier les prix, ce système donne plus de soins à meilleur coût que les autres. Mais parfois le mieux est l'ennemi du bien. Il est de loin préférable d'avancer avec un plan de réforme politiquement réalisable qui apporte certains des avantages du système à payeur unique que de ne pas bouger en s'en tenant strictement à la solution idéale.

Passons maintenant aux bonnes nouvelles. Depuis quelques années, experts des politiques de santé et responsables politiques ont élaboré une grille de réforme du système de santé qui paraît constituer un compromis possible entre l'efficacité économique et le réalisme politique. Elle repose sur quatre éléments de base :

- le tarif unique (*community rating**) ;
- des aides aux familles à faible revenu ;

* Initialement, le *community rating* était un tarif uniforme pour une même zone géographique. Aujourd'hui, il désigne soit le tarif unique (*community rating* pur), soit un tarif qui ne varie qu'en fonction de l'âge et du sexe.

- la couverture obligatoire ;
- la concurrence public-privé.

Je commencerai par examiner les trois premiers points, je m'arrêterai pour montrer leur effet conjoint, puis j'expliquerai le rôle du quatrième.

Avec le tarif unique, les assureurs ont interdiction de demander des primes différentes, ou de refuser totalement la couverture, en fonction de leur estimation du risque maladie de leurs clients. Le tarif unique « pur », qui a déjà force de loi dans l'État de New York et dans le Vermont, impose aux compagnies d'assurances de proposer leurs polices à tout le monde avec la même prime, point final. Le système du tarif unique « ajusté », en vigueur dans le Massachusetts, le New Jersey et ailleurs, fait varier les primes en fonction de critères comme l'âge et la localisation géographique – mais pas l'histoire médicale de l'assuré. L'objectif du tarif unique est d'empêcher les assureurs de refuser l'accès aux soins à ceux qui sont déjà malades ou qui présentent d'autres facteurs de risques ; il devrait aussi réduire les frais de gestion, puisque les compagnies d'assurances n'auront plus aucune raison de consacrer de fortes sommes au repérage et au rejet des personnes à risque qui veulent s'assurer.

Les aides, nous en donnons déjà, dans le cadre de Medicaid. Les projets de réforme préconisent de les étendre, pour couvrir de nombreuses personnes qui n'ont pas droit à Medicaid sans avoir les moyens de se payer une assurance – essentiellement des adultes qui travaillent pour une faible rémunération.

Le principe de couverture obligatoire pose que chacun est tenu d'avoir une assurance maladie, exactement comme tout possesseur d'une voiture est tenu d'avoir une assurance auto. Cette disposition vise à régler le problème des individus qui auraient les moyens de souscrire une assurance mais choisissent de ne pas le faire, de prendre le risque (après quoi, si les choses tournent mal, on les retrouve aux urgences, où ce sont souvent les contribuables qui finissent par payer la facture). Certains plans font aussi obligation à l'employeur d'acheter une police d'assurance maladie à ses salariés.

Conjointement, ces trois mesures créent un système d'assurance maladie universelle géré par l'intermédiaire des compagnies d'assurances privées. Ceux qui auraient pu se voir refuser toute assurance en raison de leur passé médical ont un accès garanti grâce au tarif unique. Ceux qui n'auraient peut-être pas eu les moyens de payer les primes sont aidés financièrement. Et ceux qui auraient peut-être choisi de ne pas les payer, de prendre le risque, n'en ont plus le droit.

Le Massachusetts a introduit un système de ce type en 2006, et le plan d'Arnold Schwarzenegger pour la Californie repose sur les mêmes bases. Deux importants candidats à l'investiture démocrate, John Edwards et Barack Obama, ont annoncé des projets de ce genre à l'heure où j'écris, mais les deux comportent aussi le quatrième principe, que j'examinerai dans un instant.

Un tel système, où l'assurance maladie universelle serait instaurée *via* les assureurs privés, présente-t-il des avantages fondamentaux sur le système à payeur unique ? Économiquement, non. En fait, la meilleure façon d'interpréter ce dispositif est d'y voir une tentative pour *simuler* un système à payeur unique, au moyen de réglementations et d'aides, et ce sera une simulation imparfaite. J'ai comparé un jour ce type de plans aux machines de Rube Goldberg*, qui atteignent des objectifs simples par des moyens compliqués. Il faut bien voir, notamment, que faire respecter le tarif unique et l'obligation de couverture exigera la mise en place d'une importante bureaucratie publique. Paradoxalement, gérer le système de santé par l'intermédiaire des assureurs privés nécessite beaucoup plus d'intrusions de l'État que si celui-ci l'administrait lui-même.

---

* Rube Goldberg (1883-1970) était un caricaturiste et auteur de bandes dessinées qui avait une formation d'ingénieur. Ses inventions compliquaient beaucoup les tâches les plus simples.

Toutefois, un dispositif fondé sur le tarif unique, des aides et la couverture obligatoire offre des avantages politiques. D'abord et surtout, il exige beaucoup moins d'argent public supplémentaire que le système à payeur unique, puisque le gros du coût de l'assurance reste payé sous forme de primes par les employeurs et les particuliers. Au niveau budgétaire, il suffit d'avoir de quoi payer les aides aux familles à faible revenu. Selon des estimations raisonnables, les recettes fiscales nécessaires à l'instauration d'un système hybride d'assurance maladie universelle sont considérablement inférieures à celles qu'ont fait perdre les réductions d'impôts de Bush, qui devraient expirer à la fin de l'année 2010. Ce type de plan d'assurance maladie universelle pourrait donc être mis en œuvre sans qu'il soit besoin de voter une augmentation d'impôts. Un président et un Congrès démocrates n'auraient qu'à laisser expirer certaines réductions d'impôts de Bush en consacrant les recettes correspondantes à la santé.

En même temps, un tel mécanisme permettrait aux personnes satisfaites de leur assurance privée de la conserver. Les compagnies d'assurances essaieraient d'empêcher la réforme en attaquant le tarif unique – qui était d'ailleurs la cible d'un des spots publicitaires « Harry et Louise » en 1993 –, mais elles ne pourraient pas dire que l'État oblige les Américains à entrer dans un système de soins intégrés.

Si l'assurance maladie universelle passant par les compagnies privées semble plus réalisable que le système à payeur unique, elle ferait perdre certains avantages de ce dernier. Les frais de gestion, notamment, seraient plus élevés, il y aurait encore une multiplicité d'assureurs et une lutte pour déterminer qui paie quoi. Y a-t-il moyen de régler ces problèmes ?

C'est là que le quatrième élément entre en jeu. Les plans d'Edwards et d'Obama permettent aux Américains de rester dans une compagnie d'assurances privée, mais ils leur permettent aussi d'opter pour une adhésion payante à un système public d'assurance de type Medicare, à un prix égal à son coût réel pour l'État. Permettre une adhésion payante à Medicare met en concurrence plans publics et plans privés. Les chiffres suggèrent que les plans publics, dont les frais généraux seront inférieurs puisqu'ils ne feront pas de grosses dépenses de marketing, l'emporteront. Lorsque Medicare s'est mis à exiger que les plans Medicare Advantage – des plans privés pour les seniors, financés par le contribuable – concurrencent les activités traditionnelles de Medicare sur une base actuariellement exacte, les plans privés se sont évaporés. (Ils ont recommencé à se développer après le Medicare Modernization Act de 2003, qui leur a accordé de grosses subventions – en moyenne, 1 000 dollars environ par récipiendaire et par an. Mais c'est une autre histoire.) Si les plans publics se montrent constamment plus compétitifs que ceux des compagnies d'assurances, le dispositif finira par se muer en système à payeur unique, car les assureurs privés perdront leur part de marché. Toutefois, ce sera le résultat d'un choix des assurés, et non d'un diktat de l'État leur imposant une assurance maladie publique.

Si un plan de ce type est mis en œuvre, il en résultera un système américain d'assurance maladie qui ne ressemblera vraiment à aucun autre ; il aura toutefois quelques affinités avec le système allemand, où l'assurance maladie est fournie par des caisses mises en concurrence mais très réglementées. Le système allemand, comme le système français, coûte infiniment moins cher que le nôtre, tout en assurant une couverture universelle et des soins de haute qualité. Et il se comporte mieux que le système américain sous tous les angles de l'accès aux soins : il est plus facile de voir un médecin au pied levé ; l'attente aux urgences est plus réduite ; et, même pour les opérations chirurgicales sans caractère d'urgence, cela va plus vite qu'aux États-Unis[1].

1. Commonwealth Fund, *Mirror, Mirror on the Wall : An International Update on the Comparative Performance of American Health Care*, mai 2007, www.commonwealthfund.org/publications/publications_show.htm?doc_id=482678.

L'important – au-delà des nombreux détails à préciser –, c'est que, sur les plans économique, budgétaire et même politique, l'assurance maladie universelle paraît tout à fait réalisable.

Ce que rapporterait la réforme du système de santé

La principale raison de réformer le système de santé des États-Unis est simple : ce changement améliorera la qualité de vie de la plupart des Américains. Dans le système actuel, des dizaines de millions de personnes ne reçoivent pas les soins nécessaires ; des millions d'autres ploient sous le fardeau financier des frais médicaux, et leur vie est brisée ; et d'autres, encore plus nombreux, qui jusqu'à présent ont échappé à ces deux situations, vivent dans la peur de les subir – de se retrouver sans assurance ou acculés à la faillite par leurs dépenses de santé. Cette situation éprouvante n'est pas nécessaire : tous les autres pays riches ont l'assurance maladie universelle. Réduire les risques auxquels les Américains sont confrontés est une réforme qu'il vaudrait la peine d'entreprendre même si son coût était important. En l'occurrence, elle ne coûte absolument rien. L'assurance maladie universelle serait moins chère et plus efficace que le système fragmenté qui est aujourd'hui le nôtre.

Une autre raison importante justifie cette réforme du système de santé : la même qui incitait tant les conservateurs de mouvement à tuer le plan Clinton. Le succès de ce projet « marquerait la renaissance de la politique de l'État-providence centralisé », avait déclaré Kristol à l'époque. Il voulait dire que l'assurance maladie universelle ressusciterait l'idée-force du New Deal : la société doit aider ses membres défavorisés. C'est bien l'effet qu'aurait cette réforme – et c'est un grand argument en sa faveur.

En résumé, l'assurance maladie universelle pourrait être à un nouveau New Deal ce que la Caisse de retraite publique a été à l'ancien – à la fois un programme d'une importance cruciale en soi et une réaffirmation forte du principe de solidarité. Avoir l'assurance maladie universelle doit être la priorité intérieure absolue des libéraux d'aujourd'hui. C'est lorsqu'ils auront réussi sur ce point qu'ils pourront s'atteler à une tâche plus vaste et plus difficile : serrer les freins à l'inégalité aux États-Unis.

12

AFFRONTER L'INÉGALITÉ

L'Amérique où j'ai grandi était une société de classe moyenne relativement égalitaire, mais, au cours de la dernière génération, le pays est revenu à des niveaux d'inégalité proches de ceux de l'Âge doré. Dans ce chapitre, je vais esquisser des mesures qui peuvent aider à retourner la situation. Comme pour mon analyse de l'assurance maladie, je commencerai par la question des valeurs. Pourquoi s'inquiéter d'une inégalité forte et croissante ?

En premier lieu parce qu'elle a un impact direct sur le niveau de vie, donc les conditions de vie. Comme je l'ai longuement prouvé au chapitre 7, la part du lion de la croissance économique américaine des vingt dernières années est allée à une petite minorité de riches, et dans de telles proportions qu'on ne sait pas si la famille ordinaire, « médiane », a profité le moins du monde du progrès technologique et de la hausse de la productivité qu'il a induite. L'absence d'amélioration claire et nette de la situation économique des familles à petits et moyens revenus est en soi une raison suffisamment importante de rechercher une répartition plus égalitaire.

Ce n'est pas tout : il y a aussi le mal que fait une inégalité extrême à notre société et à notre démocratie. Depuis la fondation des États-Unis d'Amérique, l'idée que nous nous faisons de nous-mêmes a toujours été celle d'une nation sans distinctions de classe tranchées – non une société nivelée où règne l'égalité parfaite, mais une société où l'écart entre l'élite économique et le citoyen moyen n'est pas un abîme infranchissable. C'est pourquoi Thomas Jefferson a écrit : « Les petits propriétaires sont la plus précieuse composante d'un État[1]. » Transposée en termes modernes – une classe moyenne nombreuse est la plus précieuse composante d'un État –, la formule de Jefferson reste plus vraie que jamais. L'inégalité de grande ampleur, qui a considérablement affaibli notre classe moyenne, a un effet corrosif sur les relations sociales et sur la politique, et plus l'Amérique s'enfonce dans un nouvel Âge doré, plus cet effet devient évident.

Les coûts de l'inégalité

L'une des meilleures preuves du coût social de l'inégalité, je l'ai trouvée chez un conservateur de mouvement qui s'efforçait de défendre la thèse opposée. En 1997, Irving Kristol, l'un des intellectuels néoconservateurs de la première heure, a publié dans le *Wall Street Journal* un article intitulé « Inégalité des revenus sans lutte de classes ». Il ne faut pas s'inquiéter de l'inégalité des revenus, soutenait-il, car, quoi que disent les statistiques, les distinctions de classes ont en réalité pratiquement disparu. Aujourd'hui, expliquait-il,

> l'inégalité des revenus est submergée par une égalité sociale encore plus forte. [...] Dans toutes nos grandes villes, il n'y a pas un seul restaurant où un PDG peut aller déjeuner ou dîner en étant absolument sûr de ne pas tomber sur sa secrétaire. Quand on prend l'avion en première classe, sait-on qui on aura comme compagnons de voyage ? Non, c'est impossible. Si vous allez à Paris, vous serez perdu dans une foule de jeunes qui font exploser leur carte de crédit[2].

1. Thomas Jefferson, Lettre à James Madison, 28 octobre 1785 : http://press-pubs.uchicago.edu/founders/documents/v1ch15s32.html.
2. Irving Kristol, « Income Inequality Without Class Conflict », *Wall Street Journal*, 18 décembre 1997, p. A22.

En affirmant que l'inégalité des revenus ne compte pas puisque nous avons l'égalité sociale, Kristol admettait, en fait, qu'elle *poserait* problème si elle conduisait à l'inégalité sociale. Or, tout le problème est là : elle y conduit. Le monde fantasmé par Kristol, où les riches vivent exactement comme vous et moi et où personne ne se sent en situation d'infériorité, ne ressemble pas du tout à l'Amérique réelle qui nous entoure.

Le style de vie des riches et des vedettes est probablement le moins important dans l'affaire, mais il est tout de même utile de souligner que la vision de Kristol, où les PDG coudoient la classe moyenne, est totalement contredite par les reportages de Robert Frank, chargé par le *Wall Street Journal* d'enquêter sur la vie des plus fortunés. Dans son livre *Richistan*, il résume en ces termes ce qu'il a découvert :

> Les riches d'aujourd'hui ont créé leur propre pays virtuel. [...] Ils se sont construit un monde autosuffisant bien à eux, où ils ont tout : leur propre système de santé (les médecins concierges*), leur réseau de voyage (NetJets, les *destination clubs***), leur économie séparée. [...] Les riches ne se contentent pas de s'enrichir ; ils deviennent financièrement des étrangers, parce qu'ils créent leur pays dans le pays, leur société dans la société, leur économie dans l'économie[1].

* Les *concierge doctors* travaillent pour un nombre limité de patients qui leur paient une sorte d'« abonnement » annuel élevé et peuvent, en échange, les appeler à toute heure du jour et de la nuit, bénéficier de consultations sans délai d'attente, compter en cas de besoin sur leur intervention immédiate auprès des services hospitaliers, etc.

** NetJets est une société d'« avions privés » qui ne sert que ses « propriétaires » (ceux qui ont acheté des parts de NetJets et paient une redevance de gestion mensuelle, plus bien sûr les prestations qu'ils demandent) et leurs invités. Être membre d'un *destination club* (parfois lié à une société d'avions privés) donne accès à des maisons extrêmement luxueuses (avec services) et merveilleusement situées, à peu près partout dans le monde.

1. Robert Frank, *Richistan : A Journey Through the American Wealth Boom and the Lives of the New Rich*, Crown Publishers, 2007, p. 3-4.

Le fait est là : une grande inégalité économique amène inévitablement dans son sillage une grande inégalité sociale. Et cette inégalité sociale n'est pas une simple question de jalousie et d'injures. Elle a des conséquences négatives concrètes sur la façon dont on vit dans ce pays. Peut-être n'est-il pas bien grave que la grande majorité des Américains ne puissent se payer les suites à 11 000 dollars la nuit que l'on voit éclore dans les hôtels de luxe du monde entier[1]. Mais il est très grave que des millions de familles de la classe moyenne construisent des maisons au-dessus de leurs moyens, en s'endettant sur hypothèque plus qu'elles ne le peuvent en toute sécurité, parce qu'elles veulent désespérément inscrire leurs enfants dans une bonne école (avec la montée de l'inégalité, les circonscriptions scolaires enviées se font plus rares et il devient plus coûteux d'y habiter).

Elizabeth Warren, professeur à l'École de droit de Harvard, et Amelia Warren Tyagi, consultante, ont étudié la vague montante des faillites aux États-Unis. Dans les années qui ont précédé l'entrée en vigueur, en 2005, d'une nouvelle loi qui a rendu bien plus difficile aux particuliers de se déclarer en faillite personnelle*, les ménages qui le faisaient étaient cinq fois plus nombreux qu'au début des années 1980. La raison immédiate de cette montée considérable était claire : les familles s'endettaient davantage – d'où la multiplication des commentaires moralisateurs contre les gens qui dépensent trop en produits de luxe qu'ils ne peuvent s'offrir. Or Elizabeth Warren et Amelia Warren Tyagi ont découvert qu'en réalité les familles de classe moyenne dépensaient *moins* en biens de luxe que dans les années 1970. Si elles étaient plus

1. « Suites for the Sweet », *Newsweek International*, 2-9 juillet, www.msnbc.msn.com/id/19388720/site/newsweek, extrait d'un rapport spécial sur « les habitudes secrètes des super-riches »

* Cette nouvelle loi oblige tous ceux qui gagnent plus que le revenu médian à se soumettre à une procédure complexe au terme de laquelle on leur imposera, en général, un remboursement partiel de la dette.

endettées, c'était surtout parce que leurs dépenses de logement s'étaient accrues, et cela, essentiellement, en raison de la concurrence acharnée qu'elles se faisaient entre elles pour l'immobilier des quartiers où il y avait de bonnes écoles. Les Américains de la classe moyenne avaient été piégés dans une absurde course au trésor, non parce qu'ils étaient cupides ou stupides, mais parce qu'ils essayaient de donner une chance à leurs enfants dans une société toujours plus inégalitaire [1]. Et ils avaient raison de s'inquiéter : un mauvais départ peut anéantir les chances d'un enfant pour la vie.

Quand on leur pose la question, les Américains ont malgré tout tendance à dire que chacun peut gagner sa place au soleil dans la société. Selon une enquête, ils sont 61 % à approuver l'énoncé : « Les gens sont récompensés de leurs efforts », contre 49 % au Canada et 23 % seulement en France [2]. En réalité, l'inégalité des chances est très forte aux États-Unis, autant que celle des résultats. Peut-être sommes-nous persuadés que tout le monde peut réussir par le travail acharné et la détermination, mais ce n'est pas ce qui ressort des faits.

Tout indique que les histoires d'ascension sociale à la Horatio Alger* sont très rares dans la vraie vie. Une étude publiée par le National Center for Education Statistics, qui a suivi le parcours pédagogique d'Américains inscrits en classe de quatrième en 1988, en apporte une preuve impressionnante. Ces élèves de quatrième ont fait l'objet d'un double classement : selon les dons qu'ils manifestaient pour les études, mesurés par un test de mathématique, et selon le statut socio-économique de leur famille, déduit de la profession, du revenu et du niveau d'instruction de leurs parents.

---

1. Elizabeth Warren et Amelia Warren Tyagi, « What's Hurting the Middle Class », *Boston Review*, septembre-octobre 2005 : http://bostonreview.net/BR30.5/warrentyagi.html.
2. Tom Hertz, *Understanding Mobility in America*, Center for American Progress, 2006 : www.americanprogress.org/issues/2006/04/b1579981.html.

* Horatio Alger, romancier américain du XIXe siècle, avait pour thème favori l'enrichissement du pauvre par un travail acharné.

Le tableau 10 présente le résultat crucial. Sans surprise, cumuler une bonne note au test et des parents de haut niveau social augmente les chances de faire des études supérieures. Cependant, c'est le statut familial qui pèse le plus lourd. Les élèves qui ont eu moins de 5 sur 20 au test et qui venaient d'une famille classée par son statut dans le quart supérieur – ceux que nous appelions dans mon adolescence les RDK (*Rich Dumb Kids*), les gosses riches et bêtes – ont été proportionnellement plus nombreux à entrer à l'université que les élèves qui ont eu plus de 15 sur 20 et dont les parents étaient socialement dans le quart inférieur. Qu'est-ce que cela nous apprend ? Que l'existence ne serait-ce que d'une esquisse d'égalité des chances aux États-Unis est un pur fantasme. On serait plus proche de la vérité, sans dire toute la vérité, en professant que, dans l'Amérique moderne, l'appartenance à une classe – par sa naissance – pèse en général plus lourd que le talent.

Tableau 10

Élèves de quatrième en 1988 qui sont entrés à l'université (en pourcentage)

	Moins de 5 sur 20 au test	Plus de 15 sur 20 au test
Parents dans le quartile inférieur	3	29
Parents dans le quartile supérieur	30	74

Source : National Center for Education Statistics, *The Condition of Education 2003*, p. 47.

N'est-ce pas vrai partout ? Pas au même degré. En matière de « mobilité intergénérationnelle » (la possibilité d'avoir un statut plus élevé que celui de ses parents), les comparaisons internationales sont difficiles, parce que les pays ne tiennent pas des statistiques parfaitement identiques. Il n'en est pas moins clair que Horatio Alger s'est installé quelque part en Europe : c'est dans les pays scandinaves que la mobilité sociale est la plus forte, et la plupart des résultats suggèrent qu'elle est plus faible aux États-Unis qu'en France, au Canada et peut-être même en Grande-Bretagne. Non seulement les Américains n'ont pas l'égalité des chances, mais leur inégalité des chances est plus prononcée que dans tout autre pays occidental.

Il n'est pas difficile de comprendre pourquoi. Puisque les États-Unis sont les seuls à ne pas avoir l'assurance maladie universelle, les Américains qui n'ont pas eu la chance d'avoir « les bons parents » sont désavantagés : comme il est fréquent que les enfants des familles à faible revenu ne soient pas assurés, ils risquent davantage d'avoir des problèmes de santé qui compromettront leurs chances dans la vie. La malnutrition, due à la faiblesse des revenus et du soutien social, peut avoir le même effet. Les vicissitudes de la vie des parents peuvent également entraver l'ascension sociale des enfants – et, avec la déficience du système de sécurité sociale américain, les « coups durs » sont plus fréquents, et plus douloureux quand ils se produisent. Il y a aussi la qualité très inégale de l'enseignement primaire aux États-Unis, etc. En conséquence, si le principe « Oui à l'égalité des chances, non à l'égalité des résultats » sonne bien, cette distinction est largement fictive. Il est à peu près inévitable qu'une société où les « résultats » sont très inégaux donne des chances de réussir très inégales aussi. Si l'on est réellement convaincu que tous les Américains doivent bénéficier des mêmes chances au départ, il faut agir pour réduire l'inégalité.

Le haut niveau d'inégalité aux États-Unis impose donc à notre société des coûts sérieux, qui ne se réduisent pas à son impact déprimant sur le pouvoir d'achat de la plupart des familles. Et l'inégalité nous porte encore un autre coup : elle corrompt notre vie politique. « S'il y a dans ce pays des hommes assez forts pour posséder le gouvernement des États-Unis », disait Woodrow Wilson en 1913, en des termes presque inconcevables dans la bouche d'un président moderne, « ils le posséderont[1] ». Eh bien, aujourd'hui il y en a, et ils le font. Pas complètement, bien sûr, mais il ne se passe pratiquement pas une semaine sans qu'on apprenne un nouveau scandale où l'influence de l'argent a outrageusement distordu la politique des pouvoirs publics américains.

À l'heure où ce livre va sous presse, nous en avons un exemple spectaculaire : même certains démocrates ont fait bloc pour soutenir les managers des fonds spéculatifs, qui bénéficient d'une scandaleuse exemption fiscale. En vertu d'une interprétation aberrante des lois fiscales, ces managers – dont certains gagnent plus d'un milliard de dollars par an – seront imposés au taux des plus-values, qui est de 15 % seulement, sur l'essentiel de leurs revenus, alors que les autres gros contribuables le sont à 35 %. La dérogation fiscale des fonds spéculatifs coûte à l'État plus de 6 milliards de dollars par an de recettes perdues – la somme nécessaire, en gros, pour financer les soins médicaux de trois millions d'enfants[2]. Sur ce montant, près de 2 milliards de dollars vont à 25 individus seulement. Même des économistes conservateurs estiment que cette niche fiscale est injustifiée et devrait être supprimée[3].

1. Woodrow Wilson, *The New Freedom*, Doubleday, 1913, téléchargé du Project Gutenberg : www.gutenberg.org/files/14811/14811-h/14811-h.htm ; trad. fr. d'Émile Maucomble, *La Nouvelle Liberté. Appel à l'émancipation des qualités généreuses et des énergies d'un peuple. L'Appel au peuple du président Wilson*, Paris, Éd. du Temps présent, 1913, p. 243 [traduction modifiée].
2. « Tax Breaks for Billionaires », Economic Policy Institute Policy Memorandum n° 120 : www.epi.org/content.cfm/pm120.
3. Voir, par exemple, Jessica Holzer, « Conservatives Break with GOP Leaders on a Tax Bill », *The Hill*, 18 juillet 2007 : http://thehill.com/leading-the-news/conservatives-break-with-gop-leaders-on-a-tax-bill-2007-07-18.html.

Mais elle jouit d'un puissant soutien politique – et pas seulement chez les républicains. En juillet 2007, le sénateur de New York Charles Schumer, président du Comité des campagnes sénatoriales démocrates, a fait savoir qu'il ne voterait l'abrogation de la niche fiscale des fonds spéculatifs que si d'autres dérogations, solidement défendues, étaient supprimées en même temps. Tout le monde a compris que c'était une « pilule empoisonnée », un moyen d'empêcher la réforme sans s'y opposer explicitement. Et, malgré les dénégations de Schumer, tout le monde a subodoré que sa position s'expliquait par l'ampleur des contributions des fonds spéculatifs aux campagnes électorales des démocrates [1].

La dérogation fiscale des fonds spéculatifs montre bien comment la concentration du revenu aux mains de quelques-uns corrompt la politique. À plus vaste échelle, l'inégalité des revenus a soutenu l'ascension de cette force fondamentalement antidémocratique qu'est le conservatisme de mouvement. J'ai démontré au chapitre 7 que la montée de l'inégalité a été largement provoquée par le virage à droite de notre vie politique, mais la relation de cause à effet va aussi dans l'autre sens. La « nouvelle richesse » des riches a élargi leur influence, en finançant les institutions du conservatisme de mouvement et en amenant plus encore le parti républicain dans l'orbite de ce dernier. La laideur de notre politique est en grande partie un reflet de l'inégalité de notre répartition des revenus.

Plus généralement encore, une forte inégalité soumet à de vives tensions les liens qui font la cohésion d'une société. La confiance que l'État inspire aux Américains et celle qu'ils ressentent les uns pour les autres ne cessent de baisser depuis fort longtemps. Dans les années 1960, l'énoncé : « On peut faire confiance à la plupart des gens » était très majoritairement approuvé ; aujourd'hui, il est très majoritairement

1 « In Opposing Tax Plan, Schumer Supports Wall Street Over Party », *New York Times*, 30 juillet 2007, p. A1.

rejeté[1]. Dans les années 1960, la plupart des Américains pensaient l'État géré « au bénéfice de tous » ; aujourd'hui, « au bénéfice de quelques gros intérêts »[2]. Et des preuves convaincantes démontrent que c'est la hausse de l'inégalité qui fait monter le scepticisme et la méfiance, et confère ainsi aux États-Unis un profil de plus en plus latino-américain. Les politologues Eric Uslaner et Mitchell Brown le soulignent (avec de multiples données à l'appui) : « Dans un monde de nantis et d'indigents, et quel que soit le pôle où l'on se trouve, on n'a guère de raison de croire qu'"on peut faire confiance à la plupart des gens". [...] La confiance sociale a pour socle l'égalité économique[3]. »

Réduire l'inégalité des revenus : les politiques hors marché ou de transfert

Quand on analyse les moyens de réduire l'inégalité, il est utile de distinguer conceptuellement deux inégalités, et deux types de politiques pour les limiter.

La première inégalité est celle des revenus primaires. Les États-Unis sont, bien sûr, une économie de marché. La plupart des Américains obtiennent l'essentiel de leur revenu en vendant leur force de travail à des employeurs ; ils en reçoivent aussi une partie sous forme de retours qu'accorde le marché sur des avoirs comme les actions, les obligations et les biens immobiliers. Donc, l'une des mesures de l'inégalité porte sur les revenus que l'on perçoit en vendant des choses

1. Eric M. Uslaner et Mitchell Brown. « Inequality, Trust, and Civic Engagement », *American Politics Research*, vol. 33, n° 6, 2005, p. 868-894.
2. *The ANES Guide to Public Opinion and Electoral Behavior*, tableau 5A.2, http://electionstudies.org/nesguide/toptable/tab5a_2.htm.
3. E. M. Uslaner et M. Brown, « Inequality, Trust, and Civic Engagement », *op. cit.*

– les revenus primaires. Leur répartition est très inégale et le devient de plus en plus. En fait, elle est aujourd'hui aussi inégalitaire que dans les années 1920.

Mais l'histoire ne s'arrête pas là. L'État prélève une partie des revenus primaires sous forme d'impôts, et transfère une partie de ces recettes fiscales à la population, soit par des versements directs, comme les chèques de la Caisse de retraite publique qui sont la principale source de revenu pour la plupart des Américains âgés, soit en payant des biens et des services, comme l'assurance maladie. Il existe donc une autre mesure de l'inégalité : elle porte sur les revenus disponibles – les revenus après impôts et transferts de l'État. Dans l'Amérique moderne comme dans tous les pays avancés, l'inégalité des revenus disponibles est moins prononcée que celle des revenus primaires, parce que nous avons un État-providence, même s'il est de petite taille à l'aune des critères internationaux. C'est en raison des impôts et transferts, qui compriment un tout petit peu le niveau de vie des riches tout en aidant les moins fortunés à s'en sortir, que l'Amérique de 2007 ne se *sent* pas aussi inégalitaire que celle des années 1920.

Un des moyens de réduire l'inégalité aux États-Unis consiste à en faire davantage sur ce plan, à développer et améliorer nos politiques de transfert, qui ne modifient pas l'inégalité des revenus primaires mais agissent pour réduire son impact. Afin de voir ce que cela pourrait donner, je vais prendre l'exemple d'un pays qui agit beaucoup plus que nous pour réduire l'inégalité : la France.

Si vous vivez une période difficile – ou que votre vie ait toujours été difficile –, il vaut nettement mieux pour vous être français qu'américain. En France, si vous perdez votre emploi et que vous deviez en accepter un autre moins rémunéré, vous n'avez pas peur de perdre votre assurance maladie, car elle est alors prise en charge par l'État. Si vous êtes chômeur de longue durée, l'État et les institutions de la protection sociale vous aident à rester nourri et logé. S'il vous est financièrement difficile d'élever vos enfants, l'État vous verse des allocations supplémentaires, et vous aide à les faire garder pendant la journée. On ne vous garantit pas une vie confortable, mais les membres de votre famille, en particulier vos enfants, sont protégés des expériences de privation matérielle vraiment éprouvantes.

En revanche, si vous avez une situation en or, être français a ses inconvénients. Les taux d'imposition sur le revenu sont un peu plus hauts qu'aux États-Unis, et les cotisations sociales, en particulier les charges payées formellement par les employeurs mais en réalité financées par le travail et déduites des salaires, beaucoup plus élevées. Le coût de la vie en France est supérieur au nôtre. De sorte qu'un Français que nous situerions dans la classe moyenne-supérieure a nettement moins de pouvoir d'achat qu'un Américain qui reçoit la même rémunération brute.

Autrement dit, la France a mis en place de nombreuses politiques de redistribution qui réduisent l'inégalité en réconfortant l'affligé mais en affligeant un peu ceux qui vivent confortablement. Elle est en cela représentative des pays occidentaux non anglophones. Et d'autres pays anglophones font plus que nous pour réduire l'inégalité hors marché.

Par exemple, les États-Unis consacrent moins de 3 % de leur PIB à des politiques qui réduisent l'inégalité chez les moins de soixante-cinq ans. Il nous faudrait ajouter à ce pourcentage 2,5 % de notre PIB pour en faire autant que le Canada, 4 % pour égaler l'effort de la plupart des pays européens, 9 % pour atteindre le niveau des pays scandinaves [1]. Si l'on fait abstraction des personnes âgées, les politiques sociales réduisent la pauvreté de 28 % aux États-Unis, mais de 54 % au Canada, de 61 % en Grande-Bretagne et de 78 % en Suède [2]. Et ces chiffres

1. Irwin Garfinkel, Lee Rainwater et Timothy Smeeding, « Equal Opportunities for Children : Social Welfare Expenditures in the English-speaking Countries and in Western Europe », *Focus*, vol. 23, n° 3, printemps 2005, p. 16-23.

2. Timothy M. Smeeding, « Public Policy, Economic Inequality, and Poverty : The United States in Comparative Perspective », *Social Science Quarterly*, vol. 86, suppl. 1, décembre 2005, p. 955-983.

sous-estiment l'écart entre les États-Unis et tous les autres pays, parce qu'ils ne tiennent pas compte de cette spécificité américaine : l'incapacité à garantir les soins médicaux à tous.

Un moyen « facile » pour les États-Unis de réduire l'inégalité, au-delà de l'impact qu'aura l'assurance maladie universelle, serait de faire beaucoup plus pour les désavantagés à travers différentes aides publiques, financées en augmentant les impôts des riches. Ces dépenses supplémentaires serviraient probablement en grande partie à développer les programmes que nous avons déjà – extension du crédit d'impôts sur le revenu du travail, bons alimentaires plus généreux, relèvement de l'allocation logement, etc. Elles pourraient aussi porter sur d'autres points, comme les allocations familiales, les crèches et les garderies. Nous verrons plus loin où trouver les recettes supplémentaires.

Mais des impôts élevés et un vaste État-providence ne détruisent-ils pas les incitations à travailler et à innover ? Le PIB par habitant de la France ne pèse que 74 % de celui des États-Unis : n'est-ce pas un argument fort qui devrait nous dissuader de suivre son exemple ? Certes, la France et les autres pays socialement généreux ont des problèmes économiques sérieux. Ces problèmes ne sont toutefois ni aussi simples qu'on le pense, ni aussi étroitement liés à la générosité de leur politique sociale.

Oui, la France a un PIB par habitant bien inférieur à celui des États-Unis. Essentiellement parce que les actifs employés représentent un plus petit pourcentage de la population : le PIB français par *actif* n'est inférieur que de 10 % à celui des États-Unis[1]. Et cette différence est entièrement due au fait que les travailleurs français ont bien plus de temps libre. En moyenne, ils ne font que 86 % du nombre d'heures annuel

1. Bureau of Labor Statistics, « Comparative Real Gross Domestic Product per Capita and per Employed Person », ftp://ftp.bls.gov/pub/special.requests/ForeignLabor/flsgdp.txt.

des travailleurs américains[1]. La productivité horaire par actif semble donc légèrement plus élevée en France qu'aux États-Unis.

La vraie question est de savoir, parmi les divers aspects du modèle français, lesquels sont des problèmes subis et lesquels reflètent simplement des choix différents et peut-être meilleurs. Le nombre moins élevé d'heures de travail par actif en France semble à classer dans la seconde catégorie. Aux États-Unis, les vacances sont très courtes, et beaucoup de salariés n'en ont pas du tout. La France a pris une décision fondamentale, qu'elle fait respecter par des exigences légales sur la durée des congés et par des accords négociés avec les syndicats : moins de revenu contre plus de temps libre. Et certaines données indiquent que la plupart des gens s'en trouvent réellement mieux. Comme le souligne une étude récente sur la différence entre l'Europe et les États-Unis quant au nombre d'heures travaillées, les sondages suggèrent que les actifs aimeraient travailler moins, et il semble ressortir des comparaisons internationales – sur le thème : « Êtes-vous satisfait de votre vie ? » – que travailler moins améliore la qualité de la vie, même si cela réduit le revenu. Or il est très difficile à un individu, par ses seuls moyens, de réaliser ce rééquilibrage : moins de revenu contre plus de loisirs. Les lois et réglementations françaises qui résolvent le problème en imposant aux employeurs de fournir des congés payés peuvent vraiment être une bonne chose, même si elles réduisent le PIB[2].

Outre qu'ils font moins d'heures que les Américains, les Français sont moins susceptibles d'être des actifs employés. Plus précisément, les jeunes et les plus de 55 ans, souvent, ne le sont pas. Environ 80 % des adultes français de la tranche d'âge principale, les 25-54 ans, ont un emploi, pourcentage

---

1. Voir Organisation de coopération et de développement économiques (OCDE), *Statistical Index*, http://dx.doi.org/10.1787/075816831582.
2. Alberto Alesina, Ed Glaeser et Bruce Sacerdote, « Work and Leisure in the U.S. and Europe : Why So Different ? », document de travail du National Bureau of Economic Research n° 11278, avril 2005.

presque identique à celui des États-Unis. Mais 25 % seulement des 15-24 ans résidant en France sont dans le même cas, contre 54 % aux États-Unis ; et 41 % des 55-64 ans, contre 62 % aux États-Unis[1]. Cela doit-il être considéré comme un problème ?

Le faible taux d'emploi des jeunes en France est moins problématique qu'il n'y paraît. Dans une certaine mesure, il s'explique, effectivement, par les réglementations qui ne permettent pas de licencier facilement les salariés : elles rendent les employeurs réticents à embaucher. Cependant, l'examen minutieux des données révèle que d'autres raisons pèsent probablement plus lourd dans la faiblesse du taux d'activité des jeunes. Les Français sont plus susceptibles que les Américains de continuer leurs études : 92 % des 15-19 ans résidant en France sont scolarisés, ainsi que 45 % des 20-24 ans, contre 84 % et 35 % respectivement aux États-Unis. Et 10 % seulement des étudiants français, ou à peu près, occupent un emploi durant leurs études, contre environ 20 % des étudiants américains. Très probablement, en France, la conjonction de la gratuité de l'enseignement et d'un soutien financier public permet aux jeunes des familles à faibles revenus de se concentrer sur leurs études, tandis qu'en Amérique ils doivent se déscolariser ou travailler pour payer leurs études. Ce qui paraît être une vertu, non un vice, du système français[2].

Quand ils atteignent l'âge de pleine activité, nous l'avons vu, les Français ont exactement autant de chances que nous d'avoir un emploi – réalité qui contredit radicalement l'image, fréquente dans les dépêches d'agence américaines, d'une population active largement oisive. Il n'y a qu'un domaine où les Français ont un problème sérieux – et, soyons clair, c'est un problème très important : les faibles taux d'activité et d'emploi des travailleurs vieillissants. Cette situation

1. OCDE, *Statistical Index*, *op. cit.*
2. Chiffres de l'OCDE, *Regards sur l'éducation*, www.oecd.org/dataoecd/46/22/37368734.xls.

est due à certaines erreurs politiques majeures, notamment la décision, prise il y a un quart de siècle, d'abaisser à soixante ans l'âge auquel les salariés ont droit à une retraite complète. Cette mesure a eu le double effet d'encourager les départs à la retraite anticipés et d'imposer un lourd fardeau financier.

Donc, les Français font des erreurs. Mais dire que la France a mal géré sa politique des retraites n'est pas du tout la même chose que de déclarer l'économie française « paralysée par un État-providence surdimensionné ». Il est tout à fait fallacieux d'invoquer l'exemple français pour récuser l'idée qu'il faut aider davantage les pauvres et les nécessiteux.

L'arithmétique de l'égalisation

Supposons que nous soyons d'accord pour rapprocher les États-Unis du modèle des autres pays avancés, où le système fiscal et les prestations sociales œuvrent bien plus que les nôtres à réduire l'inégalité. Que faudrait-il faire ?

Il faudrait d'abord abroger bon nombre des réductions d'impôts en faveur des riches qu'ont introduites les conservateurs de mouvement depuis 1980. Le tableau 11 montre ce qui est arrivé à trois taux d'imposition dont l'impact est important sur les Américains du centile le plus élevé et très réduit sur tous les autres. Entre 1979 et 2006, le taux maximal d'imposition des revenus d'activité a été réduit de moitié ; celui des plus-values a baissé quasiment d'autant ; et celui des profits des entreprises a diminué de plus du quart. Les hauts revenus aux États-Unis sont beaucoup moins taxés qu'avant. Relever les impôts des riches, les rapprocher de leurs niveaux historiques, peut donc financer en partie, mais en partie seulement, une sécurité sociale plus forte qui limitera l'inégalité.

Le premier pas pour restaurer la progressivité du système fiscal consiste à laisser expirer à la fin de l'année 2010, comme

Tableau 11

Trois taux maximaux d'imposition (en pourcentage)

	taux maximal d'imposition des revenus d'activité	taux maximal d'imposition des plus-values à long terme	taux maximal d'imposition des profits des entreprises
1979	70	28	48
2006	35	15	35

Source : Urban-Brookings Tax Policy Center, http://taxpolicycenter.org/taxfacts.

c'est actuellement prévu, les réductions d'impôts de Bush en faveur des richissimes. Cette seule mesure se traduirait par d'importantes rentrées d'argent. Selon un organisme non partisan, l'Urban-Brookings Joint Tax Policy Center (Centre commun de l'Urban Institute et de la Brookings Institution sur la politique fiscale), la non-reconduction des réductions d'impôts de Bush pour ceux qui gagnent plus de 200 000 dollars rapporterait dans les 140 milliards de dollars par an à partir de 2012. C'est suffisant pour payer les aides sociales nécessaires à la mise en œuvre de l'assurance maladie universelle. Ce type de mécanisme – supprimer des réductions d'impôts pour financer la réforme du système de santé – abaisserait considérablement l'inégalité. Il le ferait en partie en diminuant un peu les plus hauts revenus : le Tax Policy Center estime que l'expiration des réductions d'impôts de Bush pour les contribuables gagnant plus de 200 000 dollars par an réduirait d'environ 4,5 % les revenus après impôt des Américains du centile le plus riche, par rapport au niveau qu'ils auraient eu si ces réductions d'impôts avaient été pérennisées. En même temps, les Américains aux revenus faibles et moyens accéderaient à l'assurance maladie garantie – l'un des aspects essentiels d'un vrai statut de classe moyenne[1].

Une autre initiative relativement simple du point de vue politique consisterait à supprimer certaines niches fiscales évidentes. Par exemple, la disposition réglementaire, évoquée plus haut, qui autorise des financiers, comme les managers des fonds spéculatifs, à déclarer leurs revenus en tant que plus-values pour qu'ils soient imposés au taux de 15 % et non de 35 %. Parmi les principales dérogations fiscales, citons aussi les dispositions qui permettent à des entreprises, notamment les compagnies pharmaceutiques, de transférer dans des pays étrangers à faible fiscalité des bénéfices comptabilisés, ce qui coûte encore des milliards ; selon une étude récente, l'« évitement fiscal* » des multinationales prive les finances publiques de 50 milliards de dollars par an environ[2].

Faire davantage qu'annuler les réductions d'impôts de Bush et supprimer les niches fiscales flagrantes serait politiquement plus difficile. Mais il peut y avoir des changements rapides dans ce qu'on perçoit ou non comme politiquement réaliste. À la fin de l'année 2004, il semblait tout à fait possible que la Social Security, le pilier du New Deal, soit privatisée et, en fait, progressivement éliminée. Aujourd'hui, la Social Security paraît inattaquable, et l'assurance maladie universelle à notre portée. Si la réforme du système de santé est effectivement mise en œuvre et ressuscite l'idéal du New Deal, en démontrant que l'État peut être une force bénéfique,

1. Tax Policy Center, « Options to Extend the 2001-2006 Tax Cuts, Static Impact on Individual Income and Estate Tax Liability and Revenue ($ billions), 2008-17 », tableau T07-0126, http://taxpolicycenter.org/numbers/index.cfm.

* L'évitement fiscal (*fiscal avoidance*) ne relève pas de la fraude comme l'évasion fiscale (*fiscal evasion*) : c'est l'usage de tous les moyens *légaux* pour payer le moins d'impôts possible.

2. Kimberly A. Clausing, « Multinational Firm Tax Avoidance and U.S. Government Revenue » (document de travail, Wellesley College, Wellesley, MA, 2007).

des mesures qui aujourd'hui semblent exclues pourraient bientôt paraître moins inimaginables.

Les données historiques et internationales montrent qu'il y a de la marge pour augmenter les prélèvements fiscaux sur les plus riches, au-delà de la simple annulation des réductions d'impôts de Bush. Même avant ces réductions, les taux maximaux d'imposition aux États-Unis étaient historiquement faibles : la tranche supérieure n'était imposée qu'à 39,6 % au cours des années Clinton, contre 70 % dans les années 1970 et 50 % même *après* la réduction d'impôts décidée par Reagan en 1981. Les taux maximaux américains sont faibles aussi quand on les compare à ceux des pays européens. En Grande-Bretagne, par exemple, le taux le plus élevé de l'impôt sur le revenu est de 40 %, à peu près le même, semble-t-il, que celui des années Clinton. Mais les employeurs britanniques paient également une « taxe d'assurance sociale » – du même type que la part patronale de la FICA aux États-Unis – qui s'applique à l'ensemble du revenu d'activité. (Son équivalent américain n'est prélevé, dans la plupart des cas, que sur une partie du revenu, jusqu'à un plafond de 97 500 dollars.) Par conséquent, les salariés britanniques dont la rémunération est très élevée sont soumis à un taux d'imposition effectif de près de 48 %. En France, les taux maximaux effectifs sont encore plus importants. Ajoutons qu'en Grande-Bretagne les plus-values sont taxées comme les revenus ordinaires : pour les particuliers à très hauts revenus, le taux d'imposition effectif sur les plus-values est donc de 40 % – à comparer aux 15 % des États-Unis [1]. Taxer aux États-Unis les plus-values – les revenus du capital – comme les revenus ordinaires augmenterait considérablement les recettes fiscales, et limiterait les possibilités d'abus comme la niche fiscale des fonds spéculatifs.

De plus, du New Deal aux années 1970, on jugeait normal et convenable de « surimposer » les particuliers ayant un

1. Base de données fiscales de l'OCDE : www.oecd.org/ctp/taxdatabase.

revenu vraiment très élevé. Dans les années 1970, seules quelques personnes appartenaient à la tranche la plus haute, imposable au taux de 70 % – pour ne rien dire des taux de plus de 90 % des années Eisenhower. On faisait souvent valoir, à l'époque, que surimposer les revenus très élevés n'avait d'autre objectif que de punir les riches, car cela ne rapportait pas beaucoup d'argent. Ce n'est plus vrai. Aujourd'hui, le centile supérieur des Américains, catégorie où le revenu minimum est d'environ 1,3 million de dollars et le revenu moyen de 3,5 millions de dollars, reçoit plus de 7 % du revenu total – contre 2,2 % seulement en 1979 [1]. Surimposer ces gains rapporterait des recettes importantes, que l'on pourrait utiliser pour aider quantité de pauvres. Donc, tout compte fait, après l'annulation des réductions d'impôts de Bush et la mise en œuvre du système d'assurance maladie universelle, nous devons nous attacher à rétablir la progressivité de l'impôt aux États-Unis, en utilisant ces rentrées d'argent pour accroître les prestations susceptibles d'aider les familles à faibles et moyens revenus.

Mais soyons réalistes : cela ne suffira pas à financer des dépenses sociales comparables à celles des autres pays avancés ; nous ne parviendrons même pas au niveau relativement modeste des Canadiens. Ces pays ne se limitent pas à imposer plus lourdement les riches, ils imposent aussi plus lourdement les classes moyennes, par deux dispositifs : des contributions sociales plus élevées et une taxe sur la valeur ajoutée (TVA) – en fait, une taxe sur les ventes intérieures. En elles-mêmes, les contributions sociales et la TVA ne sont pas progressives. Leur apport à la réduction de l'inégalité, certes indirect, n'en est pas moins important : elles financent les prestations sociales, et ces prestations constituent un plus gros pourcentage du revenu chez les plus défavorisés.

Politiquement, après des décennies de propagande hostile aux prélèvements fiscaux et à l'État, il sera bien difficile de

1 Th. Piketty et E. Saez, estimations préliminaires 2005 : http://elsa.berkeley.edu/~saez/TabFig2005prel.xls.

persuader l'opinion que, si les familles à revenus moyens payaient des impôts un peu plus élevés en échange d'une sécurité sociale plus forte, elles y gagneraient. J'ai le vif désir de voir les États-Unis ajouter à l'assurance maladie 2 ou 3 % de leur PIB afin de financer d'autres dépenses sociales, mais cet effort devra probablement attendre le moment où les libéraux pourront présenter un bilan solide d'utilisation réussie des ressources de l'État en vue d'améliorer et de sécuriser les conditions de vie de la population. C'est l'une des raisons pour lesquelles la réforme du système de santé, qui est en soi d'une importance énorme, devrait avoir aussi des suites bénéfiques : elle va ouvrir le chemin à un programme progressiste général. Et c'est pour cela aussi que les conservateurs de mouvement sont absolument déterminés à empêcher son succès.

Réduire l'inégalité des revenus primaires

Les politiques de transfert peuvent beaucoup contribuer à réduire l'inégalité. N'en faisons pas, cependant, notre unique préoccupation. La Grande Compression est passée aussi par une forte réduction de l'inégalité des revenus primaires. Ce résultat a été en partie atteint par le contrôle des salaires lors de la Seconde Guerre mondiale, expérience que nous ne souhaitons pas revivre. Mais plusieurs mesures pourraient être prises.

La première l'a déjà été. En 2007, le Congrès, pour la première fois depuis une décennie, a augmenté le salaire minimum. Dans les années 1950 et 1960, celui-ci représentait en général la moitié du salaire moyen. En 2006, son pouvoir d'achat avait été si érodé par l'inflation qu'il n'avait jamais été aussi bas, en termes réels, depuis 1955, et le salaire minimum ne pesait plus que 31 % du salaire moyen. Grâce à la nouvelle majorité démocrate au Congrès, il devrait remonter de son niveau actuel de 5,15 dollars de l'heure à 7,25 dollars en 2009. Si cela ne compense pas intégralement l'érosion, c'est un premier pas important.

Contre l'augmentation du salaire minimum, on entend souvent deux objections quelque peu contradictoires. D'un côté, on soutient qu'elle réduit l'emploi et aggrave le chômage. De l'autre, qu'elle n'impulse pas, ou fort peu, une hausse générale du niveau des salaires. Les données suggèrent, en fait, qu'un relèvement du salaire minimum aura de modestes effets positifs.

Selon une étude classique effectuée par David Card, de l'université de Berkeley, et Alan Krueger, de l'université de Princeton, deux des meilleurs économistes du travail américains, rien ne prouve que des augmentations du salaire minimum de l'ordre de celles qu'ont connues les États-Unis aient provoqué des pertes d'emplois [1]. Ce travail a été furieusement attaqué, à la fois parce qu'il semblait contredire les manuels d'économie et parce qu'il était idéologiquement perturbant pour beaucoup de gens. Il a fort bien résisté aux efforts de falsification répétés, et de nouvelles études de cas confirmant ses résultats continuent à paraître. Par exemple, le salaire horaire minimum est plus élevé de près de 3 dollars dans l'État de Washington que dans l'Idaho, son voisin. Or l'étude des entreprises proches de la frontière entre ces deux États semble indiquer que, si cet écart a eu un effet, c'est l'État de Washington qui a gagné des emplois aux dépens de l'Idaho. « Les propriétaires de petites entreprises du Washington », a écrit le *New York Times*, « disent que leurs affaires ont prospéré bien au-delà de leurs attentes. [...] Les adolescents de l'Idaho passent la frontière pour venir travailler dans les fast-foods du Washington ».

---

1. David Card et Alan B. Krueger, « Minimum Wages and Employment : A Case Study of the Fast-Food Industry in New Jersey and Pennsylvania », *American Economic Review*, vol. 84, n° 4, 1994, p. 772-793.

Toutes les données empiriques suggèrent que les augmentations du salaire minimum *de l'ordre de grandeur que le législateur envisage actuellement* n'entraînent pas de pertes d'emplois importantes. Certes, porter le salaire minimum, disons, à 15 dollars de l'heure ferait probablement perdre des emplois, parce qu'une telle mesure augmenterait considérablement le coût du travail dans certains secteurs d'activité. Mais ce n'est pas ce type de hausse qui est sur la table, ni même près de la table.

D'autre part, l'augmentation du salaire minimum peut avoir des effets assez importants sur les bas salaires. L'Economic Policy Institute estime que celle qui vient d'être votée relèvera les rémunérations des 10 % les moins payés de la population active américaine, 13 millions de salariés. Sur ce chiffre, 5,6 millions se situent actuellement au-dessous du nouveau salaire minimum : ils seront donc les bénéficiaires directs de la mesure. Quant aux autres, qui gagnent plus que le nouveau salaire minimum, ils profiteront des effets secondaires de la hausse.

Il reste que le salaire minimum est surtout important pour les salariés les moins rémunérés. Tout effort général pour réduire l'inégalité des revenus primaires devra aussi faire quelque chose pour ceux qui gagnent davantage. Le principal à cet égard sera probablement de mettre fin à trente ans de parti pris antisyndical de l'État.

J'ai soutenu au chapitre 8 que le déclin spectaculaire du mouvement syndical aux États-Unis n'était pas, comme on l'a souvent affirmé, l'inévitable résultat de la mondialisation et de l'intensification de la concurrence. Les comparaisons internationales montrent que l'affaiblissement des syndicats aux États-Unis est exceptionnel, alors que les autres pays subissent les mêmes pressions mondiales. Répétons-le : en 1960, le Canada et les États-Unis avaient des taux de syndicalisation fondamentalement égaux, 32 et 30 % des salariés respectivement ; en 1999, le taux américain avait chuté à 13 %, mais le taux canadien n'avait pas changé. Je l'ai montré, la déconfiture du syndicalisme aux États-Unis ne s'explique pas par les mécanismes du marché : c'est le climat politique créé par le conservatisme de mouvement qui a permis aux employeurs de passer à l'action pour éliminer les syndicats et punir les salariés qui soutenaient les organisateurs. Sans ce contexte politique, une grande partie de l'économie des services – en particulier, les géants de la vente au détail comme Wal-Mart – serait probablement syndicalisée aujourd'hui.

Un nouveau climat politique pourrait rendre au mouvement syndical sa vitalité, ce qui devrait être un objectif essentiel des progressistes. Une législation spécifique comme l'Employee Free Choice Act*, qui réduirait l'aptitude des employeurs à intimider leur personnel pour l'obliger à rejeter le syndicalisme, n'est qu'une composante de la politique nécessaire. Il est tout aussi crucial de faire respecter le droit du travail qui existe déjà. La plupart, la quasi-totalité peut-être, des activités antisyndicales qui ont entraîné la chute considérable du taux de syndicalisation américain étaient illégales, même au regard de la loi actuelle. Mais les employeurs ont estimé, avec raison, que leurs actes resteraient impunis.

Dans quelle mesure un mouvement syndical américain redevenu fort réduirait-il l'inégalité ? C'est une question à laquelle il est difficile de répondre. Les comparaisons internationales indiquent que cela pourrait faire une très grosse différence. Les plus fortes hausses de l'inégalité des salaires dans le monde occidental se sont produites aux États-Unis et en Grande-Bretagne, deux pays où le nombre de syndiqués a considérablement baissé. (Si la Grande-Bretagne reste beaucoup plus syndicalisée que les États-Unis, son taux historique de syndicalisation dépassait les 50 %.) Bien que son économie

* L'Employee Free Choice Act est un projet de loi porté par la nouvelle majorité démocrate au Congrès et déjà voté à la Chambre des représentants. Il durcit les sanctions contre les employeurs en cas de violation des droits des salariés au cours du processus de syndicalisation, et surtout modifie ce dernier en substituant au vote la simple signature individuelle par les salariés de cartes postales autorisant le syndicat à les représenter.

soit étroitement liée à celle des États-Unis, le Canada semble avoir connu une croissance bien moins prononcée de l'inégalité des salaires – et la persistance d'un mouvement syndical fort y est probablement pour beaucoup. Les syndicats font monter les salaires de leurs adhérents, qui se situent en général vers le milieu de l'échelle des revenus. Ils ont tendance aussi à égaliser les salaires entre leurs membres. Plus important, peut-être : ils constituent une force qui fait contrepoids aux directions d'entreprise, et ils font respecter des normes sociales qui posent des limites aux salaires très élevés ou très bas de personnes qui ne sont pas elles-mêmes syndiquées. Ils mobilisent également leurs membres afin qu'ils votent dans un sens progressiste. Ramener les États-Unis à leur taux de syndicalisation historique suffirait-il à défaire une large part de la Grande Divergence ? Nous n'en savons rien, mais c'est possible, et un objectif majeur d'une politique progressiste devrait être d'encourager une résurgence des syndicats.

Le retour en force du mouvement syndical n'est pas le seul changement qui pourrait réduire les très fortes inégalités de salaires. Comme je l'ai rappelé au chapitre 8, plusieurs autres facteurs ont découragé les rémunérations extrêmement élevées durant plusieurs décennies après la Seconde Guerre mondiale. L'un d'eux était un changement de climat politique : les salaires mirobolants des dirigeants d'entreprise provoquaient le débat public, des auditions du Congrès et même l'intervention du président. Tout cela a pris fin avec les années Reagan.

Néanmoins, l'expérience historique suggère qu'une nouvelle majorité progressiste ne doit pas hésiter à contester les salaires du secteur privé quand ils paraissent exorbitants. Autrefois, la persuasion morale était efficace, et elle pourrait bien le redevenir.

Une nouvelle Grande Compression ?

La Grande Compression, la réduction abrupte de l'inégalité économique qui a eu lieu aux États-Unis dans les années 1930 et 1940, s'est produite en période de crise. Or, si la situation actuelle de l'Amérique est difficile, nous ne vivons ni une Grande Dépression ni une guerre mondiale. Il ne faut donc pas s'attendre à des changements aussi tranchés ou soudains que ceux d'il y a soixante-dix ans. Notre processus de réduction de l'inégalité ressemblera probablement davantage à une Grande Modération qu'à une Grande Compression.

Mais réduire l'inégalité, refaire de l'Amérique une nation de classe moyenne reste possible, tant économiquement que politiquement. Et c'est maintenant qu'il faut agir.

13

LA CONSCIENCE D'UN DÉMOCRATE

C'est l'un des apparents paradoxes de l'Amérique du début du XXIe siècle : nous qui nous disons libéraux sommes dans une large mesure des conservateurs, ceux qui se disent conservateurs sont pour l'essentiel des révolutionnaires radicaux. Les libéraux veulent restaurer la société de classe moyenne où j'ai grandi ; ceux qui se disent conservateurs veulent nous ramener à l'Âge doré, en défaisant un siècle d'histoire. Les libéraux défendent des institutions bien établies comme la Social Security et Medicare, ceux qui se disent conservateurs veulent les privatiser ou les fragiliser. Les libéraux veulent le respect de nos principes démocratiques et de l'état de droit ; ceux qui se disent conservateurs veulent que le président ait des pouvoirs dictatoriaux, et ils félicitent l'administration Bush d'incarcérer des personnes sans inculpation et de les torturer.

La clé de ce paradoxe est l'histoire que j'ai relatée dans ce livre. Dès 1952 – et, en fait, un peu prématurément –, Adlai Stevenson déclarait :

> L'étrange alchimie du temps a, en un sens, fait des démocrates le vrai parti conservateur dans ce pays – le parti qui veut conserver tout ce qui est bon et construire sur ces fondations sûres et solides. Les républicains, en revanche, se comportent en parti révolutionnaire – le parti des agités et des aigris, décidé à

démanteler des institutions qui ont été fermement intégrées à notre tissu social[1].

Il voulait dire que les démocrates étaient devenus les défenseurs de la Caisse de retraite publique, de l'assurance chômage, d'un mouvement syndical fort – les institutions du New Deal qui avaient créé et qui maintenaient une société de classe moyenne –, tandis que les républicains s'efforçaient d'abattre ces institutions.

Quelques années plus tard, la définition de Stevenson n'était plus valide. Dans la période qui a suivi son discours, les républicains « modernes » d'Eisenhower ont pris le contrôle de leur parti, en l'arrachant à la vieille garde qui livrait encore bataille au New Deal, et, durant deux décennies, le GOP a été essentiellement dirigé par des hommes qui en acceptaient les acquis. Mais, avec l'ascension du conservatisme de mouvement, l'assaut a repris. Les grandes luttes politiques intérieures des quinze dernières années – Newt Gingrich essayant d'étrangler Medicare, George W. Bush s'efforçant de privatiser la Social Security – ont été parfaitement conformes à l'analyse de Stevenson : le parti des agités et des aigris a tenté de démanteler des institutions qui sont des composantes essentielles du tissu social de l'Amérique moderne.

L'enjeu de la lutte a été le maintien de notre démocratie autant que de notre tissu social. Le New Deal n'a pas seulement créé une société de classe moyenne. Il a aussi rapproché l'Amérique de ses idéaux démocratiques, en donnant à ses citoyens qui travaillent un pouvoir politique réel et en mettant fin à la prépondérance de l'élite de la fortune. Il est vrai qu'il s'est appuyé sur une « alliance par intérêt » avec les ségrégationnistes du Sud, mais, finalement et inévitablement, l'esprit du New Deal a fait des démocrates le parti des droits civiques et des droits politiques. Le Social Security Act de 1935 a conduit, par sa dynamique naturelle, au Voting Rights

1. Cité *in* P. Viereck, « The New Conservatism », *op. cit.*

Act trente ans plus tard. Autrement dit, le libéralisme, ce n'est pas seulement l'État-providence : c'est aussi la démocratie et l'état de droit. Et ceux qui se disent conservateurs sont de l'autre côté, car leur stratégie politique repose, au plus profond, sur l'exploitation de l'état d'esprit des Américains qui ne veulent pas accorder l'égalité des droits à leurs concitoyens – à ceux qui ne partagent pas leur couleur, qui ne partagent pas leur foi, qui ne partagent pas leur orientation sexuelle.

Comme je l'ai montré dans ce livre, le conservatisme de mouvement est antidémocratique et fasciné par l'autoritarisme depuis le début, depuis l'époque où la *National Review* chantait les louanges de Franco et soutenait que les Blancs du Sud avaient le droit d'interdire aux Noirs de voter. Cet esprit autoritaire et antidémocratique ne l'a jamais quitté. Quand libéraux et conservateurs s'affrontent sur le droit de vote aujourd'hui aux États-Unis, c'est toujours parce que les premiers s'efforcent de donner ce droit à des citoyens, tandis que les seconds cherchent à empêcher certains citoyens de voter. Quand ils s'affrontent sur les prérogatives de l'État, c'est toujours parce que les libéraux défendent les procédures régulières, tandis que les conservateurs affirment que le pouvoir a le droit de faire ce qu'il veut. Après le 11 septembre, l'administration Bush a tenté d'instaurer un climat politique profondément contraire à la tradition américaine, dans lequel toute critique contre le président serait perçue comme antipatriotique – et, à de rares exceptions près, les conservateurs américains ont applaudi.

Je crois à une société relativement égalitaire, soutenue par des institutions qui limitent l'extrême richesse et l'extrême pauvreté. Je crois à la démocratie, aux libertés civiles et à l'état de droit. C'est ce qui fait de moi un libéral, et j'en suis fier.

Le libéralisme et le mouvement progressiste

De nombreux citoyens très engagés dans l'action politique, qui partagent les convictions que je viens d'exprimer, préfèrent se dire progressistes et non libéraux. C'est en partie une réaction à des décennies de propagande des conservateurs de mouvement, qui ont parfaitement réussi à inspirer aux Américains le mépris du *mot* « libéral », sans parvenir à les détourner des *politiques* libérales. Les sondages montrent le plus souvent que relativement peu d'Américains, en général moins de 30 %, se disent libéraux. En revanche, de fortes majorités se dégagent en faveur de positions qu'il faut bien qualifier de libérales, comme l'assurance maladie garantie à tous.

« Progressiste » n'est pas un simple synonyme de « libéral ». La distinction entre les deux termes – du moins dans l'usage que j'en fais, et beaucoup d'autres aussi – est celle qui sépare la philosophie et l'action. Les libéraux croient aux institutions qui limitent l'inégalité et l'injustice. Les progressistes participent, explicitement ou implicitement, à une coalition politique qui défend ces institutions et s'efforce de les élargir. On est un libéral, qu'on en soit conscient ou non, si l'on estime que les États-Unis doivent avoir l'assurance maladie universelle. On est un progressiste si l'on participe à un effort pour instaurer l'assurance maladie universelle.

L'un des changements importants sur la scène politique américaine dans les années Bush a été la coagulation d'un mouvement progressiste, qui, par certains côtés – seulement certains –, ressemble au conservatisme de mouvement. Comme ce dernier, c'est un ensemble d'institutions associé à un grand parti politique sans pour autant se confondre avec lui. Beaucoup de démocrates sont progressistes, et la plupart des progressistes soutiennent les démocrates, mais le mouvement est bien plus large que le parti. Il comprend des éléments de la vieille coalition du New Deal, notamment les syndicats, un large éventail d'instituts de réflexion, et de nouvelles entités comme les *netroots*, la communauté virtuelle rassemblée par les blogueurs et les sites Internet progressistes comme Daily Kos, sur lesquels de grandes figures du parti démocrate s'expriment aujourd'hui régulièrement. À d'autres égards, le mouvement progressiste est très différent du conservatisme de mouvement. Il est infiniment moins centralisé : la droite voit la main cachée de George Soros derrière tout ce qui bouge, mais en réalité la gauche n'a rien de comparable au financement coordonné du conservatisme de mouvement. Et rien de comparable non plus à la pensée monolithique imposée par les financeurs, ni au serment d'allégeance implicite que prêtent les conservateurs de mouvement

Ce qui transforme les institutions progressistes en mouvement, ce n'est pas l'argent, c'est la conscience de soi. Beaucoup d'Américains aux convictions plus ou moins libérales *se considèrent* aujourd'hui comme membres d'un même mouvement ayant des objectifs communs : limiter l'inégalité et défendre les principes démocratiques. Ce mouvement méprise profondément les démocrates qui ne font pas front face à la droite, qui cèdent sur la privatisation de la Social Security ou sur l'escalade guerrière en Irak.

Durant les années Clinton, il n'y avait pas de mouvement progressiste dans ce sens-là – et le pays en a payé le prix. Avec le recul, il est clair que Bill Clinton n'a jamais eu de programme bien défini. Fondamentalement, il ne savait pas ce qu'il était censé faire. Quand il est arrivé au pouvoir, ses conseillers étaient obsédés par l'idée d'un affrontement commercial avec le Japon, thèse superficielle qui n'avait pas grand sens ni fondement réel. Si le plan d'assurance maladie de Hillary Clinton a échoué pour de nombreuses raisons, une de ses grandes faiblesses est évidente : il ne concrétisait pas les objectifs d'un mouvement de masse – c'était une aventure personnelle, élaborée isolément, sans coalition de soutien. Et, après la victoire républicaine de 1994, Bill Clinton a été réduit à effectuer des réformes politiques marginales. Il a bien géré l'État, mais il n'a pas fait avancer un programme et n'a pas construit un mouvement. Si cela devait se reproduire, les progressistes se sentiraient trahis, et à bon droit.

Le programme progressiste

Être libéral, c'est en un sens être conservateur, vouloir que nous redevenions une société de classe moyenne. Être progressiste, c'est vouloir aller de l'avant. Cela peut paraître contradictoire, mais ça ne l'est pas. Atteindre les objectifs traditionnels du libéralisme exige des politiques nouvelles.

Prenons l'ajout à Medicare du remboursement des médicaments prescrits. On peut soutenir qu'il s'agissait d'une mesure conservatrice, qui maintenait la mission initiale de ce programme. Medicare a toujours été conçu pour couvrir les principaux frais de santé. Si les médicaments n'ont pas été inclus dans sa version initiale, c'est parce qu'à l'époque ils ne constituaient pas une grosse dépense. Quand le coût du traitement médicamenteux des maladies chroniques est devenu très lourd pour beaucoup de personnes âgées, la concentration initiale de Medicare sur la couverture hospitalière ne lui permettait plus d'accomplir sa mission – et le remboursement des médicaments prescrits est devenu nécessaire pour maintenir la visée originelle du programme.

On pourrait en dire presque autant, avec un peu moins de force, de l'assurance maladie universelle. Si le Social Security Act de 1935 a créé des pensions de retraite et un système fédéral d'assurance chômage, l'histoire officielle de la Social Security Administration précise qu'il avait un objectif plus général : « répondre aux graves problèmes d'insécurité économique qui se posent dans une société industrielle [1] ». Protéger

1 www.ssa.gov/kids/history.htm.

les familles contre de lourdes dépenses de santé sert entièrement cet objectif. En fait, Roosevelt avait envisagé d'inclure l'assurance maladie dans la loi. Il a reculé pour des raisons politiques. La réussite de cette réforme du système de santé parachèverait son œuvre. De plus, l'assurance maladie est à notre sécurité sociale ce que le remboursement des médicaments est à Medicare. C'était autrefois une dépense relativement faible, mais on pourrait soutenir qu'aujourd'hui l'insécurité face aux frais médicaux est le plus gros risque financier auquel sont confrontés les Américains qui travaillent. Et, si nous nous donnons pour objectif de faire vivre une société de classe moyenne, il est essentiel de garantir l'assurance maladie : l'assurance fondée sur l'emploi était peut-être suffisante pour la plupart des gens il y a trente ans ; aujourd'hui, elle est lamentablement inadéquate. Une société où 40 % de la population n'est pas assurée ou l'est si insuffisamment qu'elle doit différer des soins trop coûteux n'est pas une société de classe moyenne [1].

Un programme progressiste exigerait donc des changements majeurs de politique, mais ne serait absolument pas révolutionnaire. Il aurait pour objectif d'achever le travail du New Deal, notamment par une extension du système de sécurité sociale afin de couvrir des risques évitables qui sont devenus beaucoup plus importants dans les dernières décennies. Et économiquement, ce programme serait tout à fait réalisable. Il reviendrait seulement à donner aux citoyens américains, face au risque financier et à l'infortune personnelle, le niveau de protection qu'ont déjà les citoyens des autres pays avancés.

De fait, on ne peut observer la scène politique actuelle sans remarquer à quel point le programme progressiste est bien formulé – et combien le conservatisme de mouvement est devenu intellectuellement décrépit. Alors que j'écrivais ce

1. Résultats d'une enquête de *Consumer Reports*, septembre 2007 : www.consumerreports.org/cro/health-fitness/health-care/health-insurance-9-07/overview/0709_health_ov.htm.

livre, les candidats à l'investiture démocrate discutaient de plans d'assurance maladie universelle, de nouvelles méthodes de lutte contre la pauvreté, de solutions pour venir en aide aux victimes de la crise des prêts immobiliers, et de bien d'autres choses. Pendant ce temps, leurs opposants républicains n'avançaient pas la moindre proposition concrète. Ils paraissaient plutôt faire un curieux concours : c'était à qui parlerait le plus comme Ronald Reagan et s'enthousiasmerait le plus pour la torture. Dans la mesure où le parti démocrate représente le mouvement progressiste, il est devenu le parti des idées.

Prendre parti

Le programme progressiste est donc clair et réaliste, mais il se heurtera à une opposition féroce. Le fait central de la vie politique américaine moderne est le contrôle du parti républicain par les conservateurs de mouvement, dont la vision de ce que doit être l'Amérique est diamétralement opposée à celle du mouvement progressiste. En raison de ce contrôle, imaginer, comme adorent le faire les grands commentateurs, que nous pourrions progresser en pratiquant le consensus bipartisan est une aimable plaisanterie. Sur la réforme du système de santé, qui est la grande priorité des progressistes en politique intérieure, aucun compromis bipartisan n'est possible entre les républicains qui veulent étrangler Medicare et les démocrates qui veulent l'assurance maladie pour tous. Lorsqu'un plan de réforme du système de santé sera concrètement présenté au Congrès, les dirigeants du conservatisme de mouvement feront comme en 1993 – ils inciteront les républicains à s'y opposer par tous les moyens, de peur qu'un succès de cette réforme ne porte un coup sérieux à leur programme. Et il est probable que la plupart des républicains les suivront.

Être progressiste veut donc dire prendre parti, s'engager pour un parti – du moins pour l'instant. Il n'y aura mise en application d'un programme progressiste que si les démocrates ont à la fois la présidence et une majorité assez large au Congrès pour surmonter l'opposition républicaine. Et, pour établir ce type de prépondérance politique, il faut un dirigeant capable de faire payer aux adversaires du programme progressiste le prix politique de leur obstruction, un dirigeant prêt à dire, comme Franklin Roosevelt : « Leur haine me fait plaisir » – prêt à affronter la fureur des groupes de pression qui voudraient nous empêcher de rendre notre société meilleure.

Si le nouveau mouvement progressiste réussit, la nécessité de l'engagement partisan finira par s'atténuer. Dans les années 1950, on pouvait approuver la Social Security, soutenir les syndicats et voter Eisenhower en toute bonne conscience, parce que le parti républicain avait finalement (et temporairement) accepté les acquis du New Deal. À long terme, nous pouvons espérer un retour à ce type de politique : deux partis raisonnables, qui ne remettront pas en cause les acquis positifs de notre pays, rivaliseront d'ingéniosité pour assurer mieux encore une vie décente à tous les Américains, et se surveilleront l'un l'autre pour éviter toute corruption.

Pour l'instant, être un libéral agissant signifie être progressiste, et être progressiste veut dire être partisan. Cependant le but ultime n'est pas un régime de parti unique. C'est le rétablissement d'une vraie démocratie, dont la vitalité repose sur la compétition. Parce qu'au fond, être un libéral, un progressiste, c'est vouloir la démocratie.

REMERCIEMENTS

D'abord et surtout, merci à Robin Wells, mon épouse et fréquent coauteur. Elle a largement participé à toutes les étapes de cette entreprise : la formulation des idées, le travail de recherche et la rédaction des chapitres. C'est vraiment son livre autant que le mien.

Merci également à deux historiens. Sean Wilentz a lu de très près une première version, a corrigé beaucoup d'erreurs et m'a mis sur la bonne voie. Rick Perlstein a discuté avec moi de certaines idées fondamentales et m'a montré une première rédaction de son prodigieux ouvrage à paraître, *Nixonland*, qui a considérablement amélioré ma compréhension de la période de transition – cruciale – dans l'économie politique de l'après-guerre.

Merci aussi à Drake McFeely, chez Norton, de son aide stylistique et du calme olympien qu'il a gardé au cours du sprint final.

Enfin, bien que personne au *New York Times* n'ait directement participé à ce livre, je tiens à adresser un mot de remerciement à l'équipe du journal – en particulier à Gail Collins, responsable de la page des éditoriaux de 2001 à 2006, qui m'a soutenu durant une période où s'est exercée une énorme pression pour que les adversaires de l'administration Bush se taisent.

INDEX

Table

Composition et mise en page

NORD COMPO
multimédia

Cet ouvrage a été imprimé par
CPI Firmin-Didot
Mesnil-sur-l'Estrée
pour le compte des Éditions Flammarion
en août 2008

Imprimé en France
Dépôt légal : août 2008
N° d'édition : L.01EHBN000215.N001 – N° d'impression : 91412